高职高专“十三五”规划教材

服装生产管理

第二版

张吉升　石吉勇 ◎ 主编

化学工业出版社

·北京·

本书为适应高职高专服装类专业培养“高技能、实用型”人才的需求，以及服装产业发展的需要，系统地介绍了服装生产管理的基本知识。全书共分为服装生产管理概述、服装生产设备、服装生产过程的组织与管理、质量管理、成本管理以及现代服装生产管理的发展趋势六章，重点放在生产技术管理部分，对服装生产的四个环节：准备、裁剪、缝制、后整理做了详尽的介绍与阐述。

本书实用性强，既可以作为高职高专服装类专业的教材使用，也可以作为工商管理专业的辅修课程教材，还可以作为服装企业技术人员和管理人员的指导用书。

图书在版编目（CIP）数据

服装生产管理/张吉升，石吉勇主编. —2版. —北京：化学工业出版社，2016.8（2022.1重印）
ISBN 978-7-122-27409-0

Ⅰ.①服… Ⅱ.①张… ②石… Ⅲ.①服装工业-生产管理-高等职业教育-教材 Ⅳ.①F407.866.2

中国版本图书馆CIP数据核字（2016）第141324号

责任编辑：蔡洪伟 陈有华　　文字编辑：李 曦
责任校对：宋 玮　　装帧设计：刘亚婷

出版发行：化学工业出版社（北京市东城区青年湖南街13号 邮政编码100011）
印 装：大厂聚鑫印刷有限责任公司
787mm×1092mm 1/16 印张12 字数280千字 2022年1月北京第2版第6次印刷

购书咨询：010-64518888　　售后服务：010-64518899
网 址：http://www.cip.com.cn
凡购买本书，如有缺损质量问题，本社销售中心负责调换。

定 价：38.00元

前言

《服装生产管理》(第一版)自2009年出版以来，得到了广大职业院校的好评，被选为服装专业的首选教材，但随着服装产业的升级和产业结构的调整，一些新的管理思想和方法在服装行业得到运用，为适应新形势下服装企业的需求，我们在保持第一版特色的基础上对本书作了部分修订。

《服装生产管理》(第二版)运用企业生产现场管理原理，结合服装企业实际，以服装企业生产工艺流程为主线，全面、系统地介绍服装企业生产管理的内容、管理过程和管理方法。着重介绍了服装生产计划与过程控制、服装生产技术与管理的基础知识、成衣生产准备工程管理、服装裁剪组织与管理、服装缝制组织与管理、服装后整理组织与管理以及服装质量控制、服装成本管理的基础理论、基本知识和基本技能。

《服装生产管理》(第二版)由山东服装职业学院张吉升、石吉勇担任主编，负责全书的编写组织和统稿工作。具体编写分工为：山东服装职业学院张吉升、泰安技师学院刘华编写了第一、二、六章；山东服装职业学院石吉勇、马宝利编写了第三、四章；李先国编写了第五章；最后由张吉升定稿。鉴于编者的经验和学识有限，书中难免出现疏漏和不妥之处，恳请广大同仁批评指正。同时，本书在编写过程中参考和借鉴了相关的文献资料，在此谨对文献资料的所有者表示真挚的感谢。

编者
2016年3月

第一版前言

随着我国市场经济的发展与完善，成衣产业也向着自动化和信息化的方向转化，并涌现出了一大批国内乃至国际的服装品牌，但与发达国家相比，我国的成衣产业还有较大的差距，要缩小这个差距，实现中国在本世纪成为“世界服装中心”的目标，就必须在成衣生产管理的能力和水平这个薄弱环节上提高。

本书正是适应高职高专服装设计与服装工艺专业培养“高技能、实用型”人才的需求，以及成衣产业发展的需要，系统地介绍了成衣生产管理的基本知识，力求使学生成为“懂技术、会管理”的全面人才，全面改善和提升我国成衣企业管理的落后的现状。

本书共分为成衣生产管理概述、生产技术管理、质量管理、成本管理以及现代服装生产管理的发展趋势等五个部分，重点放在生产技术管理部分，对成衣生产的四个环节：准备、裁剪、缝制、后整理作了详尽的介绍与阐述。本书力求实用，既可以作为服装专业的教学使用，也可以作为工商管理专业的辅修课程，还可以作为服装企业技术人员的指导用书。

本书由石吉勇、李先国、宋勇任主编，侯华东、王贞为副主编，其中第一章由宋勇编写，第二章由石吉勇编写，第三章由王贞编写，第四章由李先国编写，第五章由侯华东编写，全书由石吉勇统稿。

由于编写时间仓促，编者水平有限，书中难免有疏漏之处，敬请读者批评指正。

编者

2009 年 4 月

目录

第一章　服装生产管理概述

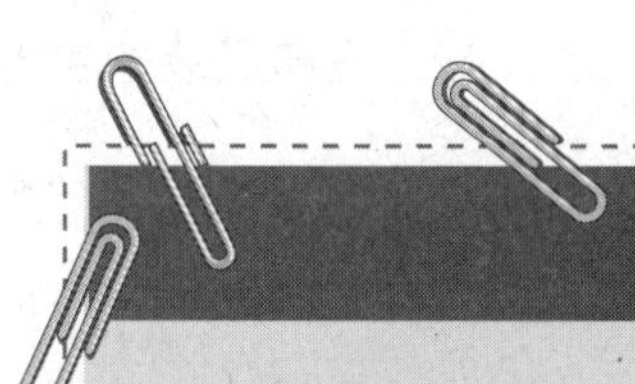

知识目标

1. 掌握服装生产基本流程、管理和生产管理的基本概念。
2. 掌握服装生产管理的基本内容、任务、要素和方法。
3. 掌握服装生产的特征和服装生产运行链。
4. 了解服装企业的特征和服装生产管理的组织结构。

能力目标

1. 能够根据服装企业的生产规模确定服装生产管理的组织机构。
2. 能够制订服装生产技术管理工作计划。

第一节　服装生产流程概述

一、服装生产方式

作为生活的必需品之一，服装伴随着人类历史的每一个进程。而服装生产的组织形式则随着生产力的发展发生了很大的变化。纵观服装历史，人类早期的衣食住行采取自给自足的方法，随着人们共同进行生活、集体居住的意识加强、使用工具的出现，人与人之间的地位、价值观念发生了变化，社会出现了分工。现代的消费者获得服装通常采用以下几种方式。

1. 成衣化

成衣化（ready-to-wear）是工业化标准生产方式。在我国，成衣化服装通常以国家装号型为基准，结合款式工艺特征，由流水线作业工人分工序批量完成服装制作。

成衣化率是表示一个国家或地区服装工业化生产水平和服装消费结构的标志之一。国外的成衣化率普遍比较高，尤其是经济比较发达的国家，成衣化率达到95%以上，而我国相对较低。

成衣化服装生产的特点：

① 利用专业科学知识进行标准化连续生产；

② 能有效地利用人力、物力及各种专业化、自动化程度较高的设备，提高服装的生产效率及质量；

③ 服装的生产成本相对较低，价格适中。

2. 半成衣化

半成衣化（easy order）是以工业化标准生产为基础，由用户对某些部位提出改进要求，结合工业化生产的方法，投入工厂生产完成。

3. 定做

定做（made-to-order）指以个人体型为准，量体裁衣单件制作。部分消费者到专门的服装工作室订做服装，而知名的设计师工作室或知名的品牌定制往往成为社会名流或高收入阶层光顾的地方。美国定制服装的价格是成衣化服装的4倍，德国为3倍，日本为2倍。

4. 家庭制作

家庭制作（home dressmaking）指自己购买面料、自己设计、自己缝制服装。这种也是最原始的服装生产方式。目前只有极少部分人还采用这种生产方式。定做和家庭制作成衣的生产方式有以下特点：

① 根据个人的体型量体裁衣，成品比较合体。若采用较好的设备，服装质量可达到较高的水平，但价格较高；

② 对制作者要求较高，即从裁剪、缝制、整烫到钉锁，制作者需独立完成整件服装的加工；

③ 生产效率低、制作周期长，成本较高。

促使单件家庭制作向服装工业化生产的转变主要是由劳动分工和新机型的出现引起的。亚当·斯密（Adam. Smith）在1776年发表的《富国论》中，已对组织和社会将从劳动分工中获得巨大经济利益作出了论断。劳动分工指的是将工作分解成若干个单一和重复性的作业，亚当·斯密总结劳动分工能提高生产率的原因在于它提高了每个工人的技巧和熟练程度，节约了由于变换工序、工作地所浪费的时间，以及有利于机器的改进、发明和使用。同样，在服装制作领域劳动分工的高效性促进了生产的工业化，使得服装由单件制作走向分工协作。

推动服装工业化生产的另一个重要原因是新机械的出现。18世纪英国的工业革命大大促进了纺织工业的发展，服装制作机械化也成为当务之急。1790年英国人托马斯·赛特发明了单线链式缝纫机，开了机械缝纫的先河。1882年美国胜家兄弟又发明了双线梭缝缝纫机，到1890年电动机问世，出现了用电动机驱动的缝纫机，开创了服装工业生产的新纪元。在缝纫机械迅速发展的同时，裁剪、黏合、整烫等服装生产其他工序的设备也有了长足的发展，形成了完整的生产设备体系，极大地改善了传统的加工工艺和生产组织形式。如何管理人员，如何分配工资，如何按计划正常工作，如何管理生产就变得非常重要，于是计划、组织、领导和控制等管理活动就成为必不可少的环节了。所以，随着工业化生产的出现，管理变得非常重要，并且逐渐发展成一项独立的工作。

二、成衣的生产流程

我国现在的服装生产企业主要有两种形式，一种是品牌运作型企业，自己拥有自己的设计、生产和销售能力；另一种是纯粹的服装加工型企业，其不具备设计和销售的能力，比较多见的是外贸加工企业，也有部分是为内销品牌作加工的。不同的企业在生产成衣时，其生产过程是不同的，即使是同一款式的服装生产过程也不尽相同，其产品质量也会有一定差异。但服装生产大体上由以下生产环节组成，如图1-1所示。

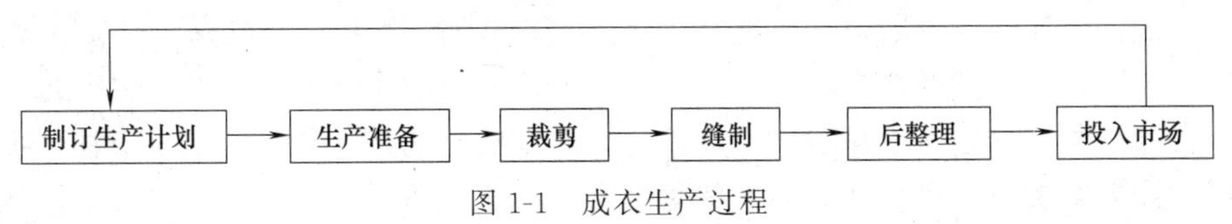

图1-1　成衣生产过程

1. 制订生产计划

主要是根据订单来制订生产计划。订单一种来自于企业内部，品牌运作型企业集设计、生产、销售于一体，往往根据本企业服装产品的特点及品牌的定位来制作订单，对于这种服装厂来说所下达的生产任务就如同指令性计划，服装厂通常只是接受，而不存在签订合同的问题。当然，有时所要求的生产量或生产难度超出了本厂的生产能力，也会将订单发到其他企业加工。另一种来自于企业外部，订单的确定是一个双向选择的过程，客户要结合服装产品特点选择生产企业，企业要结合自身的生产能力选择订单。目前服装生产企业往往组织生产部门、技术部门、质量管理部门、采购部门等相关人员进行订单和合同评审。外贸加工型企业的订单来自于企业外部，理想程序是先进行样衣试制和报价，在客户确认后，再签订合同，此为合同确认样。但在实际操作中，对于已经有多年合作关系的双方，往往是根据经验进行评判，而省略合同确认样这一环节，简化操作流程提高运作效率。

2. 生产准备

当接下订单后，理想程序是技术部先进行样衣试制，不同于上面合同确认样。样衣得到客户确认后，再开始面辅料采购和其他工作。但是随着竞争的加剧，货期缩短，企业往往接下订单后马上组织面辅料的采购，同时还要考虑印染的问题。因为印染一般不在服装厂完成，是影响交货期的主要因素。样衣得到客户或设计师的确认后，开始推板放码制作工业样板，包括根据工艺设计要求做好一些必要的工艺缝制样板，以备大货生产需用。同时生产部门编制生产计划，落实生产任务。质量部门根据工艺设计和客户要求，设计质量检验过程、方法和要求。

3. 裁剪

面辅料准备好后经检验入库，裁剪车间根据面料的特点、生产任务、工艺单和样板进行面料预缩处理。制订分床、排料方案，然后进行划样、铺料、裁剪，对裁片进行打号，以避免色差和方便生产，同时要进行裁片检验。

4. 缝制

裁片准备完成，便进入缝制环节。在大货开始之前，承担生产任务的流水线以首件或小批量试制，进行确认封样，作为质量评判的基准。同时确定流水线的生产能力和质量水平，缝制过程中有缝制和熨烫工作，同时会进行质量过程检验。

5. 后整理

缝制完成的服装需要进行进一步整烫，经整烫检验后，可以进行包装。包装完成的成品如果交货期已到，会直接装箱出厂，在装箱出厂前，客户的质量控制人员会进行出厂前的抽验，根据抽验结果，决定是否可以出厂，不符合质量要求的产品需要进行返修甚至客户可以拒绝接受。如果交货期未到，成衣会先保管在仓库中。

整个生产过程是循环流通的过程，最后投入市场的信息反馈会直接影响生产计划落实和制造过程的决策和活动。前一个订单的质量问题，会直接影响下一个订单的签订和合同的内容，会影响设计师的设计方向，甚至会使企业失去信任。通过反馈到生产过程中，有助于提高产品的质量和生产效率，有助于改进生产技术。

如图 1-2 所示，供应链是围绕核心企业通过对信息流、物流、资金流的控制，从设计采

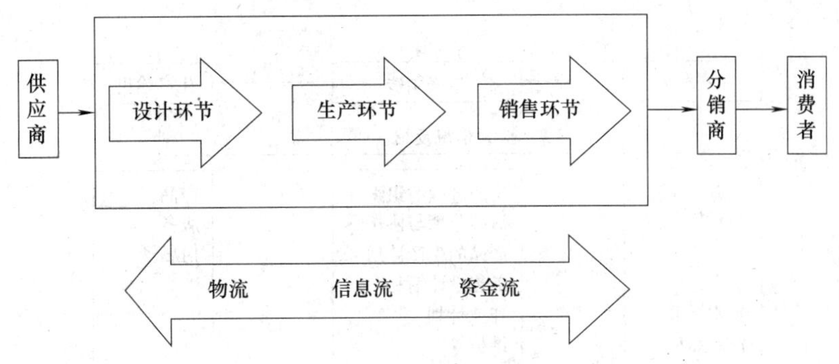

图 1-2　供应链示意图

购原材料开始，制成中间产品及最终产品，最后由销售网络把产品送到消费者手中，形成一个整体的网链结构和模式，服装生产环节是此供应链的中间环节，它既要满足设计的要求，又要满足市场的需求。服装生产管理的好坏直接影响着企业供应链。

三、管理与服装生产管理

（一）管理的概念

管理是运用科学的思想、组织、方法和手段对企业的人力、财力、物力以及生产和经营的全部活动与进程进行计划、组织、指挥和协调，通过对职工的鼓励和教育，保证企业和经营活动的连续性、均衡性、有效性、经济性和安全性，以期更好地完成预定的生产和销售目标，最大限度地满足社会的需要。服装企业管理的根本任务有以下两项。

（1）经营管理　由经营计划、产品开发、财务物资供应、销售等体系组成。

（2）生产管理　指以产品的生产过程为对象的管理，即对原材料投入、工艺加工到产品完工的具体生产活动过程的管理。内容包括生产准备工程管理、生产过程的组织与管理、质量管理和成本管理。

（二）服装生产管理

1. 服装生产管理的概念

所谓生产管理就是生产活动的管理。具体地说，生产管理是根据企业的经营目标和经营计划，从产品品种、质量、数量、成本、交货期等要求出发，采取有效的方法和手段对企业的人力、材料、资金、设备等资源进行计划、组织、协调和控制，通过对职工的教育鼓励、各项规章制度的贯彻执行，以期更好地完成预定的生产任务，生产出消费者需要的产品等一系列活动的总称。生产管理的含义有广义和狭义之分，广义的生产管理是有关生产活动方面的一切管理工作的总称。它由质量、成本、生产计划、生产组织、生产调度与控制等管理系列组成。企业生产系统包括生产输入、生产制造过程、生产输出和反馈四个环节，如图 1-3 所示。

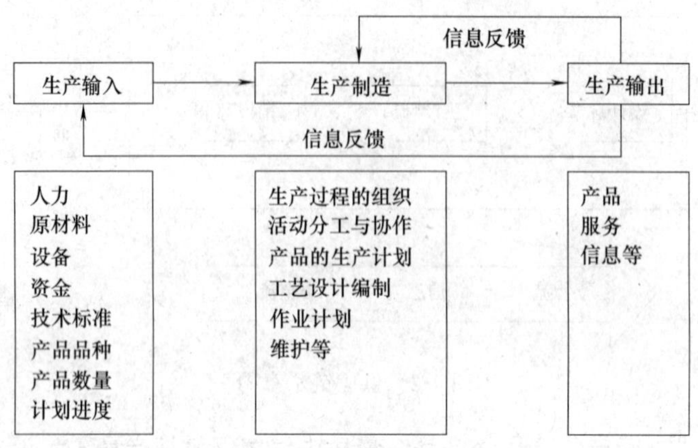

图 1-3　生产管理体系

生产系统的输入包括两个方面：一是生产指令的输入，具体规定了生产的品种、质量、数量和进度等要求；二是资源的输入，包括资金、原材料、人力、外购零部件、设备工具、图纸、工艺规程等生产技术要素及各种标准。生产的制造过程是指产品的具体生产过程，这一过程的主要内容是进行生产过程的组织，生产活动的分工与协作，按照预定的产品生产流程，完成产品的制造过程。生产的输出是指产品和服务信息。信息反馈是将输出的信息如产量、质量、进度、成本等反馈到输入和制造过程中，以便于指导下一步的输入和生产制造。

狭义的生产管理通常是指生产型企业的生产调度部门所负责的管理工作。即对基本生产过程和辅助生产过程生产作业部分的管理。它的管理范围只限于生产计划工作、生产过程的组织和车间布局、生产技术准备、技术检查、生产作业计划工作、生产调度工作、在制品管理和生产作业统计工作等。

2. 服装生产管理的任务

生产管理作为一个子系统，有它自身的运动规律，从图 1-3 看出，生产管理就是输入生产要素，经过生产过程，输出产品或劳务，并且在生产过程中不停地进行信息反馈。这个系统由四个部分组成。

(1) 生产要素　在现代化生产的条件下，生产要素一般包括人、财、物、信息。人是指企业的全体职工；财指资金；物指土地、建筑物、机器设备、工艺装备、原材料、零部件和能源；信息是指计划、工艺图纸、情报等。生产要素的作用：一方面它是从事生产活动必须具备的前提条件；另一方面，它是实现目标的保证。为此，对生产要素有三条要求：第一，生产要素在质量、数量、时间等方面必须符合生产过程的要求；第二，生产要素在生产过程中必须有效地结合起来；第三，生产要素在生产过程中的结合还要形成一个有机的体系。

(2) 生产过程　对服装企业来讲，生产过程就是产品的加工制造过程，即从面辅料投入生产到形成成衣的过程。

(3) 产品和劳务　服装产品是指新制造的、具有一定使用价值的成衣。劳务是指来料加工以及服装的洗染等服务项目。服装产品由一定的产品要素构成的，产品要素有品种、款式、规格、数量、质量、交货期、成本等。

(4) 信息反馈　信息反馈是指生产过程输出的信息，返回到输入的一端。目的是使生产管理人员掌握生产过程的运行情况，使出现的问题能够及时得到解决，以保证生产过程的正常运行和生产计划的完成。反馈在生产管理系统中对生产过程的控制起着及时提供信息的作用。

以上四个部分是相互影响、相互制约的。从整个系统的运行规律看，生产管理的任务就是运用组织、计划、控制的职能，把投入生产过程的各种生产要素有效地结合起来，形成有机的体系，按照最经济的方式，生产出满足市场和消费需要的产品和劳务。具体包括：组织完成生产计划；维持和提高产品质量；遵守货期和缩短货期；维持标准成本和降低成本；设备的维修、维护和保养；生产现场的维护和管理以及生产现场的安全保障等。

3. 服装生产管理的内容

(1) 服装生产准备工程管理　服装生产准备工程管理是指服装在投入生产前的各项准备工作的管理。包括服装生产信息管理、服装设计管理、服装生产计划管理、服装物料管理、服装设备管理以及服装生产技术管理。

(2) 服装生产过程的组织与管理　服装生产过程的组织与管理是指服装生产过程的技术管理。它包括三个阶段的管理：裁剪工程管理、缝制工程管理、整烫及包装工程管理等。

(3) 服装的质量管理　服装的质量管理是为了确定和达到质量要求所进行的管理。包括质量保证体系、质量检验和质量控制三部分内容。

(4) 服装的成本管理　服装的成本管理是对各项成本进行预测、计划、控制、核算、分析和考核，采取降低成本的有效措施，制订成本开支范围、成本管理责任、监督与奖惩等规章制度的重要生产活动。

4. 服装生产管理方法和指导原则

为进行有效的生产管理，采用世界大师爱德华·戴明博士提出的PDCA工作循环原则是有必要的。PDCA即指计划 (Plan)、实施 (Do)、检查 (Check)、改进 (Action) 四个阶段循环，如图1-4所示。

(1) 计划阶段　从人力、物力、财力和时间计划等方面进行周密策划，确定管理目标、内容、评价标准以及具体措施。

(2) 实施阶段　根据拟定的计划，贯彻执行。

(3) 检查阶段　检查计划的执行情况，并根据目标和标准对过程进行控制。

(4) 改进阶段　对照评价标准、检验结果，总结经验把获得好经验和知识反馈到下一个计划中。

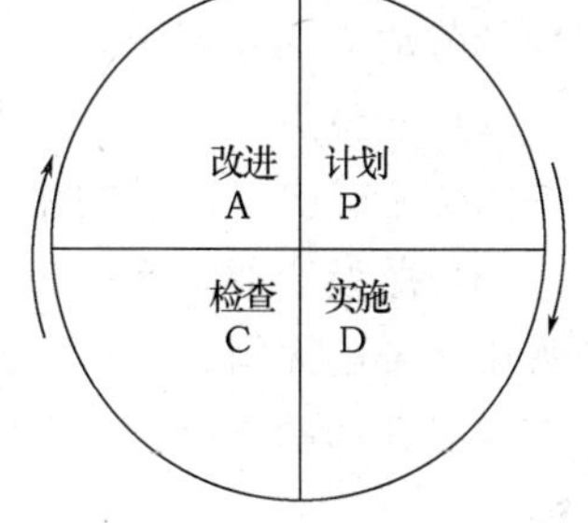

图1-4　PDCA循环

通过PDCA管理活动，把成功的经验肯定下来，使之标准化，当下一次再进行同样的工作时，不必再进行研究、讨论和请示，可直接按标准进行生产，工作管理绩效在不断进行的工作循环中提高。

服装生产管理的指导原则就是从经济效益角度出发，实行科学管理，组织均衡生产。讲究经济效益就是提高生产效率降低原材料投入成本，以尽可能少的投入获取尽可能多的产出，所以要做好生产计划，使得生产效率尽可能地高。要做好面辅料的采购，购买物美价廉的材料，这对服装企业来说尤为重要。因为一件衣服60%～80%的成本来自于面辅料。成本管理是服装生产管理的出发点，也是改进生产管理的原动力。质量是服装生产管理的落脚点，产品是实现效益的载体，只有能销售出去的服装才能够为企业获取利润。因而生产管理要坚持以市场为中心，以质量为根本，使服装能适销对路。在服装厂的生产管理中经验很重要，许多厂长、车间主任、组长的经验很丰富，善于解决许多难题，但是他们中许多人缺乏一些科学管理的基础知识，不善于做精神管理，不善于使用统计工具来分析问题，缺乏长远规划。实行科学管理不仅是提高劳动效率的要求，也是创建学习型组织的要求。科学管理强调统计分析用数据说话，强调系统性，这样可使组织的知识得以积累，而不仅仅是个人知识的积累。科学管理的系统性则使得组织的提高是全面的、长远的。均衡生产是指生产安排的协调体现在整体的生产计划安排和对生产能力的应用，也体现在服装生产过程中各环节、各工序之间的效率和能力的协调。实际生产情况表明，均衡生产的效率远远高于间歇性的生产，所以均衡生产是服装生产管理的重要指导原则之一。

第二节 服装企业及组织结构

一、服装企业概述

1. 服装企业的特点

服装企业跟其他企业相比，具备以下特点。

(1) 服装企业是劳动密集型企业　在服装企业的总生产成本中，直接人工成本占了很高的比例，也就是说，服装企业是劳动密集型企业。因此，很多服装投资者将工程设在能够提供廉价劳动力的发展中国家，可使企业的竞争力相应提高。

(2) 投资少　成立一家服装企业并不困难。因为缝纫设备和裁剪设备的价格较低，需要投入的资金较少；服装的生产周期较短，投资的回收期也不长。

(3) 服装企业是半手工生产的企业　服装企业除了在生产过程中规定生产技术外，生产产品所需要的面料、辅料、人工、机械设备之间必须适当配合，才能保质、保量、按时完成既美观又适体的服装。

2. 服装工业化生产的特征

服装生产管理工作，就是在现代工业企业管理中，对发生的一切生产经营活动，按照行业自身的特点和规律，参照政府、企业发布的各项技术政策，有机会、有组织、有目的地进行指挥和协调、检查和控制。了解服装企业生产特点，是做好服装生产管理的前提。服装工业化生产具有以下几个特征。

(1) 生产之间的协作性　服装生产的发展和科技的进步以及先进的专用设备的配备，使生产形式发生了很大的变化，批量的成衣生产代替了个体或作坊式的生产方式。生产方式的改变和生产技术的进步给生产管理带来了新的课题，那就是针对生产过程的广泛协作性，如何加强各部门、各工序之间的衔接与协调，使之建立良好的协作关系。现代服装企业的生产，每道工序都有其独立性，各工序又有相当紧密的相关性，使工序之间形成有机结合。由众多工人合作完成一件产品，如果没有合理的工艺流程及严格的流程管理，没有严谨、有效的生产技术的组织者和指挥者，没有部门之间、工序之间的相互协调、检查和监督，要使生产有序地进行是不可能的。广泛的协作不仅在企业内部，而且还延伸到原料、供应及有关生产协作单位。由此可见，广泛的生产协作性是服装生产管理的内容之一。

(2) 生产技术的专业性　服装产品款式各异、颜色多样，生产所需原料广泛复杂，不同产品的生产加工技术差异较大，服装流水线工人的技术单一，专业性较强，不仅各大类品种之间“隔行如隔山”，即使在同一个企业，生产流水线上大多数工人只有2～3道工序，技术全面的工人较少，生产技术的专业性，为企业的生产管理增加了难度。

(3) 服装生产对材料的依赖性　服装生产过程基本上只能改变面料和辅料的形状和用途，不能改变面料和辅料的性质和质地。面料和辅料的质量问题将会转嫁为服装产品的质量问题。因此，在服装生产管理中，必须严格控制面辅料的质量，绝不允许未经检验和测试不合格的面料和辅料投入到生产中去。

(4) 服装生产的季节性　现代服装生产采用流水线的作业方式，为使生产流程通畅，每道工序作业节拍以分秒计算，以保持生产的均衡性。但是生产计划的均衡性与服装产品使用的季节性产生了明显的矛盾，由于服装使用和销售的季节性，形成了服装生产的淡旺季，这一服装生产的特点，给生产管理带来了挑战。

(5) 成衣生产标准化　成衣生产的流水作业不同于个体手工业生产方式，工业化生产的成衣要满足一批人的需要，反映一批人的共性，这就要由国家或企业制订的技术标准来统一，从原料进厂到裁剪、缝制直至成品出厂。

二、服装企业组织结构

1. 小型企业的组织结构

在我国，200人以下的“服装厂”称为“小型服装企业”，大多数小型服装企业是为大、中型服装企业或服装贸易公司做来料、来样加工，只赚取加工劳务费。也有的小型企业，其生产方式为自产自销，产品一般在附近的小商品批发市场批发和零售。小型服装企业因人员少，所以管理层次也较少，通常是直线式组织机构，如图1-5所示。

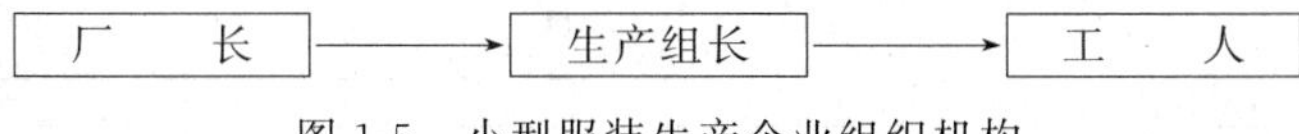

图1-5　小型服装生产企业组织机构

2. 中型企业的组织结构

在我国，一般把200人以上、千人以下的服装企业称为“中型服装企业”。中型服装企业生产方式实行流水生产，从产品开发到成衣销售分工较细、层次较多、部门齐全，具有较强竞争力和较稳定的销售渠道。中型服装企业的组织结构较为复杂，通常采用直线式职能机构，如图 1-6 所示。

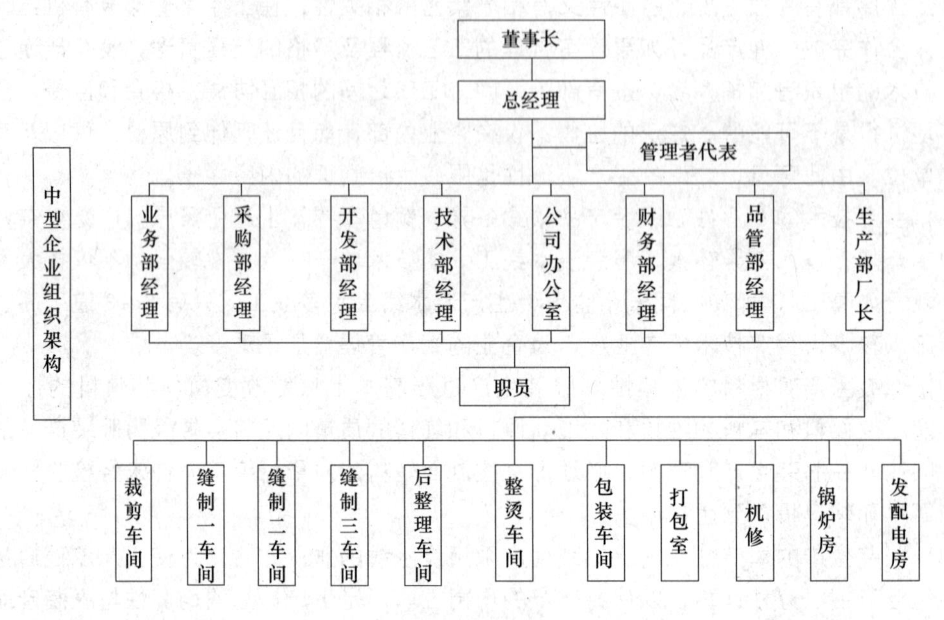

图 1-6　中型服装生产企业组织机构

3. 大型服装企业组织结构

千人以上的服装企业为大型服装生产企业，大型服装生产企业的组织结构仍然以直线式职能机构为基础，如图 1-7 所示。

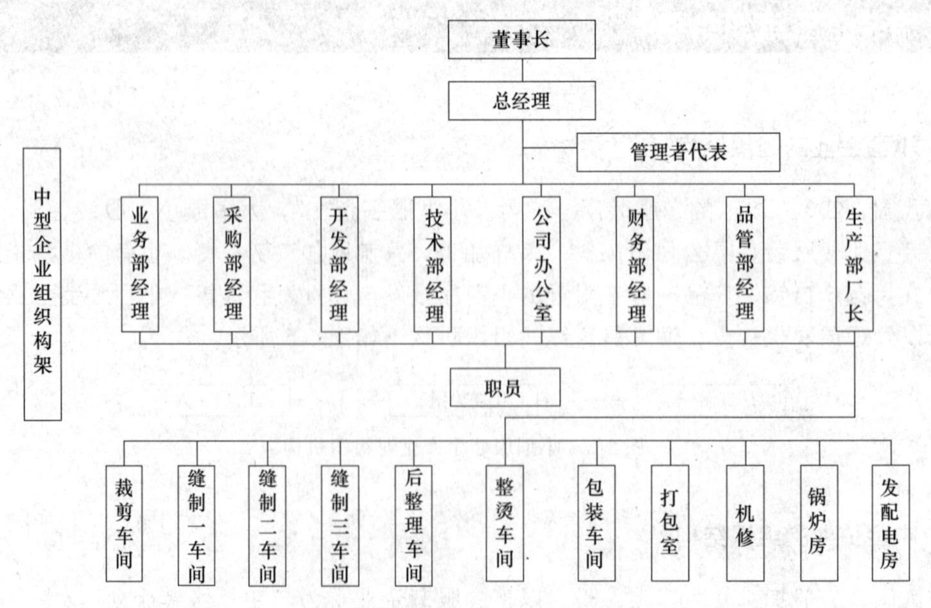

图 1-7　大型服装生产企业组织机构

第三节　服装产业的发展历程

纺织服装工业是历史悠久的传统产业，从 18 世纪产业革命开始直至现在，一直在产业部门中占据重要地位，并在国际贸易领域令人瞩目。随着全球经济的发展和各国经济结构的变化以及现代高科技向传统纺织服装业的导入，世界纺织服装业的发展正在经历着一场历史性的变革。纺织服装业本身正在从劳动密集型向资金和技术密集型转变，发达国家的资金，技术优势和发展中国家的劳动力优势，不断改变着世界纺织品服装生产和贸易的格局。

一、世界服装工业发展的阶段

考察世界工业发展史可以发现，当今工业发达国家如英国、美国和其他欧洲国家以及日本，几乎无一不靠纺织服装工业起家，而被称为亚洲“四小龙”的国家及地区，早期也以纺织服装为主导工业，以此促进工业化。有人曾把一个国家的纺织服装工业的发展工程划分为六个阶段，即所谓的“托因（Toyne）模式”：萌芽期、初级服装出口期、高级面料和服装生产期、黄金时期、全盛时期和衰退期，详见表 1-1 所示。

表 1-1　服装工业发展的特征

阶段	主要特征
萌芽期	作坊式工业，生产简单面料和服装，主要产品在国内消费，纯纺织品进口，少量生产天然纤维供出口
初期服装出口期	以劳动密集型生产服装为特征，以向发达国家出口为目的，产品质量偏低，技术要求相对较少
服装生产期	扩大并改善面料和服装生产，生产的面料用于本地和出口，纤维生产发展规模扩大，产品多样化、集中化，在国际市场中更活跃
黄金时期	面料和服装生产更加巩固和多样，大额贸易顺差，纤维质量提高，产量扩大，开始在海外投资
全盛时期	职工人数开始减少，生产工艺水平提高，产品复杂、高档，生产转向资金密集型
衰退期	所建工厂和职工人数明显减少，很多方面出现贸易逆差，劳动密集型企业倒闭而技术高端及资金和技术密集型企业健康地发展，加强海外投资

虽然各个国家及地区经济发展的内部环境不同，纺织服装业发展历程也不相同，但从托因模式对纺织服装业漫长的发展历程看，各国的发展过程基本上是一致的。

二、中国服装业发展的历程特征

改革开放以来，中国纺织服装业的发展，是在深化改革扩大开放加快发展等宏观经济背景下展开的。经过 20 多年的发展，中国服装业已进入世界服装生产和贸易大国行列。服装工业发展模式也发生了巨大转变，其基本特征表现如下。

① 从计划经济型向市场经济型转变，由市场进行调控。

② 从单一国有型企业转向多种所有制企业并存，使得三资企业和民营企业蓬勃发展，并显现出较强的竞争力。

③ 从数量增长型转向质量效益型，一改中国服装低质量、低价位和低档次的国际形象，产品质量有了大大的提高，能为国际知名品牌加工中高档次的各式服装，从而提高了中国服

装的国际竞争力。

④ 从需求导向型转向出口导向型的产业结构，通过发展外向型的纺织服装工业，推动了产业结构的调整，形成了一批具有国际竞争力和快速反应的服装加工企业，许多世界著名品牌服装都在中国设有加工企业，产品生产与国际市场接轨使得我国纺织服装出口排名自1994年以来一直居于世界首位，中国服装已销往世界各地。

⑤ 从资源密集型、劳动密集型转向资金、技术和知识密集型企业，由于化纤工业的迅速发展以及服装业开始注意款式设计品牌形象的建立，因而涌现出了一批中国知名的品牌服装。

⑥ 从满足衣着基本消费需求转向注重服装的文化内涵建设，并较好地将东西方服饰有机结合，形成了具有中国特色的服装产品和品牌。

三、我国服装生产现状

1. 我国是服装大国而不是强国

我国服装的生产能力、出口量均居世界第一，但是整体水平不高，主要表现在产品结构上，中低档产品所占比例大，高附加值产品占的比例小。

2. 企业集中度低、数量多、规模化程度不高

服装企业数量非常多，但规模普遍偏小，服装企业近70%的生产能力集中在产业集聚地。近几年，服装制造业的竞争，已从单个企业战略逐步向全方位的集聚地战略演变，根据中国服装协会对各地区的调查，全国现有39个服装集聚地，主要分布在珠江三角洲、长江三角洲、环渤海地区和东南沿海地区。

3. 投资增速过快，竞争进一步加剧

由于缺乏有效的市场调查和研究，缺乏有效的引导，社会服装生产规模的扩张也难免带有一定盲目性和短视性。一些新增生产能力都集中在利润相对较高的常规产品，如羽绒服，男装中的西服、衬衫等产品上。男装生产渐成格局，知名品牌追求“系列化、层次化”的趋势明显，在扩大规模效益、经销策略和营销方式上大动脑筋，在深入市场调研、提高产品创新能力、提高企业人员素质、加强企业经营管理、研究服装板型设计以及相关基础研究等方面要多下工夫。其实这些都是动摇企业发展根基、妨碍企业和产品提高附加值、持续扩大和保持市场占有率的关键因素。这也是我国服装产品发展缓慢的原因所在。

4. 企业投资和经营方式多元化

目前，服装行业的投资主体是以民营和外贸为主，新一轮国际服装制造业的转移，大量外资企业正在与中国服装企业进行更深层次的合作，行业内企业已完成为独立自主的竞争主体。服装业正面临重新洗牌。过去国有企业、外资企业、民营企业三大块，现在国有企业越来越少，民营企业也在发生变化。服装市场竞争由单纯追求市场份额的竞争转向对市场快速

反应能力的竞争，不进则退，竞争和淘汰业同样会波及大型企业。据调查，1998～2003 年的五年中，中国服装行业的“百强企业”中有 20%已经风光不再。企业的发展战略和市场定位是企业发展第一要务，比运营管理更重要，战略定位可以说是具体经营和管理模式的先决条件。要进行战略定位，必须针对企业所处环境和自身资源进行选择，没有哪种模式是最好的，只有哪种模式最适合。

5. 设计模仿与自主创新并举

服装的设计能力比较弱，纺织品面料缺少新品种，没有领导时尚和潮流的能力，市场竞争过分依赖劳动力成本比较低的优势。国内高档服装的设计、板型和面料在很大程度上还需要依赖和模仿国外的技术。前些年，服装进入市场，不少企业简单用广告宣传，依靠模仿和跟进的能力很快获得了成功。经济全球化改变了服装业竞争的形态，消费市场的提升对服装产品个性化的要求提高，产品生命周期极短，因而激发了企业主动创新的意识，大部分企业加大了自主创新的力度，以保持企业发展的永恒动力。

6. 重视硬件，轻视软件；注重外功，忽视内功

不少服装企业已经不同程度地引进和开发了信息管理系统，但在企业的应用效果不是十分理想。我国服装企业由于对高新技术的应用缺乏认识，对用先进的信息管理技术改变落后的管理现状，推动企业进步缺乏自觉性，企业内部缺乏掌握服装与计算机技术的复合型人才，对信息技术的应用缺乏实际操作与维护的能力，对服装企业开发应用信息技术等方面的认识、扶持和投资力度不够，行业管理组织对信息技术应用的推广力度不够。因此，目前我国服装企业信息技术的开发、应用和发展均相对落后，与国际先进的服装生产和贸易水平还有较大的差距。

7. 品牌缺乏

在服装上表现出了既是“制造大国”又是“品牌小国”的矛盾。缺乏知名品牌是一大弱点，国内市场上品牌的集中度不够，更缺乏世界知名品牌。没有在国际市场上叫得响的民族品牌，一些传统老品牌逐渐萎缩和消亡，新民族品牌诞生缓慢，使得相当多的中国产品只能挂着别人的牌子出口，企业只是替别人“打工”。

8. 复合型人才缺乏

缺乏能够进行品牌运作的企业高级管理人才，缺乏复合型的营销、管理人才，缺乏熟悉国际市场规则的外贸人才，特别缺乏的是能够把握市场的设计人才。

服装行业实现新型工业化，人才问题是关键。随着市场经济的日益深化和完善，以及一批有着较高学历背景的，有着独到、卓越战略眼光的新人加入，服装行业的竞争方式也在时时发生变化和不断升级，企业领导普遍感到了压力。企业迫切需要集创业人、经理人、技术人和财富人于一体的复合型经济人才，需要掌握 WTO 的规则和市场发展规律。因此，行业内的大企业多方采取请进来或走出去的方法，学习和借鉴国际服装企业高精尖的管理方法、先进技术、操作技能等，培养造就知识型的职工队伍。

四、中国服装行业发展现状

我国的服装企业大多属于劳动密集型企业，自动化程度还比较低。中国服装业有四大特征：规模大、产量大、水平低、结构差。水平低指的就是我们的服装设计水平低，这也是我国服装业只能替别人加工高档名牌服装、自己的产品难以成名的原因。中国服装企业结构链停留在传统设计管理的模式，由于设计手段多停留在纸面放样的落后阶段，设计周期长，试制成本高，造成新产品创新能力弱，新品开发周期长，就不容易发掘适销对路的产品，进而造成库存积压，影响资金周转。

众所周知服装是一种追求时尚的商品，库存积压只能带来产品贬值，影响企业利润，形成恶性循环的怪圈。这也是我国服装产品国际市场上的附加值低、品牌优势不明显之根本所在。国内许多大规模的服装企业，实际上是典型的“加工型企业”。其生产能力相对较强，设计能力和营销能力相对较弱，属于“橄榄型”企业结构。这类企业对生产管理和成本核算相对重视，但由于市场营销能力比较薄弱，难以承受较大的市场波动。同时，由于设计能力不足，也限制了这类企业的市场发展战略。

服装企业的现状是以往计划经济体制下形成的“以产品为中心”的经营理念造成的，产品往往是先制造出来再强加给消费者，消费者没有挑选的余地。随着经济的发展，物质生活逐渐丰富起来，消费者有了更多的需求，“顾客就是上帝”，服装企业的经营理念也逐渐转变为“以市场为中心”，开始意识到生产适销对路的产品。但市场是一个模糊的范畴，随着时间的变化和地域的区别，市场截然不同，如何把握市场的脉搏，抓住商机，是几代商海弄潮儿研而不透的永恒话题。在进入信息时代的今天，现代通信技术和计算机技术把社会发展带入了光电快速的轨道，如何实施“需求带动制造系统”的先进理念？就必须以客户为中心。这是社会发展积淀下来的真理。服装企业要做到用快速的反应、准确的理解来赢得先机，就必须进行服装信息的技术改造。

纺织服装业在加入WTO以后，面临关税减免和市场准入，如果只依靠依赖于较低的劳动力成本的价格优势，增长空间将越来越小。因此，纺织服装行业要想在今后获得更大的发展，就必须加快技术进步，用信息技术武装自己，实现产业升级。信息化作为推动工业化的重要措施，已经成为众多企业体制创新、技术创新、管理创新、增强核心竞争力的不可缺少的重要手段。

思考与练习

1. 简述服装生产的方式。
2. 名词解释

   管理　　服装生产管理
3. 简述服装生产管理的要素。
4. 简述服装生产管理的任务和方法。

第二章　服装生产准备

- 第一节　服装生产计划的制订与实施
- 第二节　原材料的准备
- 第三节　服装生产技术准备

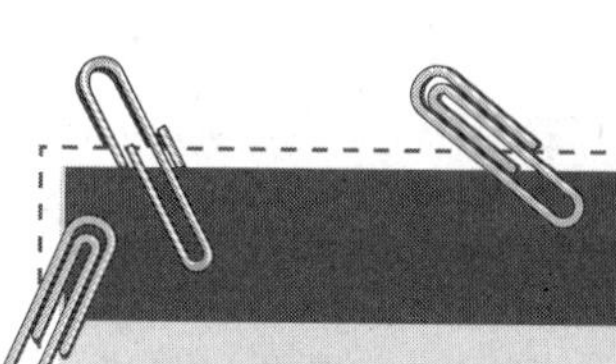

知识目标

1．掌握市场调查和预测的方法。
2．掌握服装生产计划管理的概念和方法。
3．掌握服装生产原材料预算、复核和质量检验的内容和方法。
4．明确样衣试制的目的和工艺技术文件的制订。

能力目标

1．具备把握市场发展趋势的能力。
2．能够制订服装生产技术管理工作计划。
3．具备原材料用量预算、工艺技术文件的制订能力。

服装生产的准备，指首先根据市场调查与预测，搞好产品设计或订单管理，制订出符合生产实际的生产计划，对生产计划中确定的产品所需要的原材料作出预算，进行选购，对进厂原材料进行复核、检验、预算处理；还要对产品生产作出技术准备，制订出指导生产加工的工艺技术文件，进行产品试制。服装生产的准备工作是保障产品质量、降低生产成本的重要前提，应引起高度重视。

第一节　服装生产计划的制订与实施

一、市场调查与预测

（一）服装市场调查

1. 市场调查的概念

市场调查就是运用科学的方法，有目的、有系统、有计划地收集、记录、整理、分析市场营销方面的有关信息、资料，把握市场现状和发展趋势，为企业进行预测和决策提供依据的一种市场营销活动。

2. 市场调查的内容

（1）季节服装调查　一年四季，人们不同季节穿着的服装差异较大，且季节服装随流行趋势每年也在发生变化。季节服装的调查，一般通过各种渠道收集服装市场信息和世界各时装中心的下一季节流行资讯以及流行预测机构发布的色彩、面料流行趋势，对收集来的资料进行整理研究，从中获取素材和流行趋势，结合自身的市场情况，根据市场需求和流行开发设计产品。

（2）主流服装调查　调查季节服装的同时，要注意观察每个季节主流服装的款式、色彩、面辅料的变化以及穿着最多的款式和服装服饰搭配，进而分析整理出流行的款式和搭配。

（3）不同档次服装的调查　调查服装市场中高、中、低档服装采用的典型款式、色彩、面辅料、搭配和价格。

（4）总体流行趋势调查　调查服装的总体流行趋势，为产品设计和开发提供依据。

3. 市场调查的方法

（1）询问法　通过面谈、信访和电话等方式对服装定位的相关消费者进行询问笔录，了解消费者对服装款式、色彩、面料和包装的喜好程度。

（2）观察法　调查者在销售或生产现场直接进行实地考察，或者在不被调查对象感知的情况下，对他们的有关行为进行调查。

(3) 实验法　产品在某一特地地区试销一段时间后，调查者观察、统计、分析其销售效果，了解消费者对该服装产品的款式、色彩、包装、价格等方面的反应，然后决定是否大批量生产和加工。

(二) 市场预测

服装市场预测是对未来一定时期内服装市场的供求变化规律进行分析和判断，是建立在科学、系统的调查内容和方法之上的。市场预测方法较多，下面介绍行业经常采用的几种定量预测方法。

(1) 服装市场需求预测　作为一家服装生产企业，难以得到全行业历年来各种服装的销售统计数字，但是对本公司的可能订货数是可以预测的。可以通过公式［(当年销售量－上年销售量)/上年销售量］×100%，算出前几年的年增长率，然后算出平均增长率，根据平均增长率预测下年度的市场需求量，见表 2-1 所示。

表 2-1　某公司市场需求预测表

年份	销售量/件	年增长率/%
2010	500000	—
2011	550000	10
2012	594000	8
2013	653400	11
2014	712206	9
2016(预测销量与年增长率)	779800	9.5

(2) 服装市场供应预测　跟服装市场需求预测相似，服装市场供应预测也是根据历年来的产量进行预测，同时还要关注库存量，在保证市场需求的情况下，尽量降低库存量。

(3) 服装市场环境预测　服装市场环境的预测，应十分重视扰乱市场的不正当竞争行为和国内外服装市场、贸易形势的变化造成的影响。

(4) 服装流行趋势预测　服装流行趋势的预测，一是根据市场调查的结果，二是与参照设计、面料等方面的专家的预测结果，出口服装还要充分考虑到出口国的民族、民俗、文化等因素，会同历年来外商客户共同研究预测服装流行趋势，争取国外客户订货。

二、服装生产计划管理

服装生产计划管理是服装生产管理的重要职能。生产计划对实现服装企业经营目标、编制企业内部各项专业计划，统一指挥和组织服装企业生产活动，提高服装企业经济效益等都具有重大的现实意义。

(一) 生产计划的种类和指标

1. 生产计划的种类

生产计划是企业一切生产活动的依据。企业的生产计划分为长期计划、中期计划和短期计划三个层次。

(1) 长期计划　长期生产计划期限一般是三年、五年，应反映企业的基本目标和组织方针，主要制订企业的产品战略、生产战略、综合投资战略、销售和市场份额增长战略等，是企业发展的纲领性计划。

(2) 中期计划　中期生产计划又称生产计划大纲或年度生产计划，根据产品市场预测和顾客订合同信息制订，确定企业计划年度内的生产水平，是考核企业生产水平和经营状况的主要依据。

(3) 短期计划　短期计划主要是指生产作业计划，是年度生产计划的继续和具体化，是贯彻实施生产计划，为组织企业日常生产活动而编制的执行性计划。通过生产作业计划把全厂的生产任务分解，具体分配到每个车间、班组，直至每个工人，把全年的计划细化，落实到各季、各月、各周，直至每天和每个作业班。

2. 生产计划的主要指标

(1) 产品品种指标　产品品种指标是指企业在计划内应生产的产品种类。为了使企业立于不败之地、适应市场需求、提高企业竞争能力，就要不断地开发新产品、扩大产品品种、实行多产品生产。产品品种指标在一定程度上反映了企业适应市场的能力。

(2) 产品质量指标　产品质量指标是企业在计划期内各种产品应达到的质量标准，是产品的使用价值满足市场需要的程度，是反映企业产品能否符合市场的一个重要指标，也是反映生产技术和管理水平的重要指标。通常以产品合格率指标、返修率指标、调片率指标等来表示。

(3) 产品产量指标　产品产量指标是指企业在计划期内必须生产的合格产品的实际数量。反映企业的生产能力、专业技术和综合管理水平，是企业组织计划与生产活动的依据，是企业的主要任务。

(4) 产值指标　产值指标是用货币量来表示产品产量的指标，综合反映企业生产的总成果。产值指标按其作用和所包含的内容的不同，可分为工业总产值、工业净产值和商品产值。

(二) 生产计划的编制

企业生产计划面临的核心问题是生产均衡性要求与需求之间的矛盾，解决的主要问题是生产能力、生产任务、市场需求三者之间的关系，因此，生产计划的编制是一个在一定条件下方案优化的过程。

1. 生产能力的核定

生产能力，是指一定时期内直接参与生产过程的固定资产，在一定的生产组织和技术水平条件下，能够生产一定数量的产品或加工处理一定原材料数量的能力，反映企业的生产规模。核定生产能力，先核定设备、生产线、班组的生产能力，再核定车间的生产能力，最后确定企业的生产能力。

(1) 设备生产能力的计算　计算机器设备生产能力时，要将机器按其生产特征分类，然后根据不同的设备按式（2-1）分别进行计算。

$$生产能力=\frac{作业时间}{单件标准作业时间}\times 机器台数\times 开机率 \tag{2-1}$$

例 1　假定一般平缝机每分钟可出产品 10 件，现有平缝机 20 台，开机率为 80%，每天工作时间为 8h，假设标准时间宽裕率为 10%，则单件标准作业时间为

$$单件标准作业时间=\frac{60}{10}\times(1+10\%)=6.6\ (s)$$

每天的生产能力为

$$生产能力=\frac{8\times 60\times 60}{6.6}\times 20\times 80\%=69818\ (件)$$

（2）劳动生产能力的计算　劳动生产能力的计算主要是根据生产任务计算所需人员数，其计算公式见式（2-2）。

$$人员需求数=\frac{计划生产总标准时间}{每人每天工作时间\times 工作天数}\times(1+时间宽裕率) \tag{2-2}$$

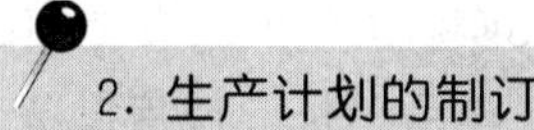

2. 生产计划的制订

（1）收集、筛选信息资料　信息资料包括编制生产总体计划依据的企业外部环境和内部条件，收集资料的基本要求是系统、准确、及时、经济。

（2）初步拟定生产计划指标，提出备选方案　根据掌握的信息，统筹兼顾，全面安排，拟定计划指标，提出几个备选方案，便于优选。

（3）综合平衡，优选计划方案　综合平衡是编制生产计划的重要步骤。这一步需要和可能结合起来，将提出的初步生产计划指标和各方面的条件进行平衡，使生产指标得到落实。

（4）确立正式生产计划　根据综合平衡的结果，编制生产计划表。

（三）生产计划的实施

1. 做好作业准备工作

为了有计划地组织好生产，使生产有条不紊地进行，首先要做好与生产有关的各项准备工作，其主要内容有技术、材料、设备、人员、工作地等五个方面的准备工作。

（1）技术准备　技术准备是指为批量生产所需要的技术准备工作，主要任务包括：投入生产样品的试制以及样品试制以后的工艺改进意见；编制批量生产所需要的工艺文件；制作好裁剪样板、服装样板及缝纫过程使用的净样板；做好各生产工序的工艺分析、作业程序、时间及使用设备等；组织好生产工艺流程，明确生产流水过程中的主流和支流；制订好产品质量标准及质量检测细则。

（2）材料准备　材料准备是指为落实生产计划所需要的，并通过检测为合格的面料和辅料。面料准备是指面料的品种、颜色、数量必须配齐，质量必须符合技术标准规定。辅料是指服装生产所需里料、衬料、线、扣类以及商标、尺码带、成分带、洗涤说明等，

另外，还包括包装用的塑料袋、纸盒、纸箱等。材料准备的重点，一是要检查品种、数量、质量是否符合生产技术要求；二是严格控制进度，准时交货，以免影响生产计划的执行。

(3) 设备准备　设备准备主要是用于本生产计划所需要的通用设备和专用设备。除企业现有的设备外，还需要添置设备的种类、用途、功能及数量等。设备准备要一切从实际出发，设备的选择既要技术上先进，又要经济上合理，要从设备的效率、精度、耐用性、维修性、节能性、配套性、环保性、安全性、灵活性及投资费用等方面综合分析，统筹考虑做好设备的准备工作。

(4) 人员准备　人员准备是指为了完成生产计划所需要的人员配备，包括管理人员、工程技术人员以及生产工人。人员配备要注意两个方面：一是部门之间、车间之间、上下工段之间的人员配备的比例要与生产实际相适应，防止由于人员安排不合理造成流水线生产的不均衡；二是管理人员、工程技术人员、生产工人之间的组合要合理，防止片面追求高学历、高职称，造成人员的浪费和生产的不同步。

(5) 工作地准备　工作地是指完成生产计划所需要的工作地和生产的场地。工作地准备要注意以下几点。

① 按产品容量准备工作地，生产棉衣和呢子大衣与生产衬衣和衬裤的工作地应有区别。

② 依据生产计划生产的品种所需的工种、工序变化安排工作地。按平缝机、专用设备、手工作业所需要的面积和数量安排工作地。

③ 新增设备的工作地。

④ 依据不同产品合理计算需要堆放在制品的场地。

2. 做好产品分析

为有效地落实生产计划，在实施计划时有必要对产品工艺、生产技术、人员结构、生产能力以及品种变化等情况进行分析和研究，便于预测作业计划实施的可行性。

(1) 产品工艺分析　工艺分析的主要内容：一是工艺难度分析，包括工艺繁简程度及作业顺序先后的分析；二是作业时间分析，包括各部门环节与各工序的作业工时，便于计算生产流水线节拍以及计算单件产品总的工时定额；三是作业方法及作业手段的分析，其内容包括作业所需要的工具、夹具、模具及各类设备的应用。

(2) 生产技术分析　分析生产全过程的技术工作，主要有工艺文件、图纸样板等各项生产技术准备工作的工作质量及工作进度的分析，同时也包括生产现场管理能力及技术辅导能力等方面的分析。

(3) 人员结构分析　分析各工种人员的配备是否合理，是否按工艺难易的程度来配备人员，各工段、工序人员的知识结构、操作能力的分配是否恰到好处。

(4) 生产能力分析

① 各部门、车间、小组完成生产计划的能力分析。

② 各部门、车间、小组在生产上能够按照产品技术标准，生产出完全达标的合格产品的能力分析。

③ 在生产过程中出现产品品种突然调换、工艺方法紧急变更、生产工期要求大幅度提前等突发事件应变能力的分析。

3. 生产计划的实施

生产计划规定了企业、各部门、各车间生产品种、数量、生产周期、交货日期及产品质量的要求。企业的生产作业计划是企业生产技术方面的法规。各部门、车间必须根据企业总体作业计划的安排，确定每一个车间或班组对生产过程进行管理和控制，在现有人员、设备及生产技术的条件下，确保按质、按量、按期完成生产任务。

（四）生产计划的控制

生产作业计划下达后，当车间和班组启动作业时，生产管理人员的工作重点应移至生产第一线，控制生产的产量、质量和进度，加强动态管理。

(1) 控制日产量　日产量是完成总体作业的基础，每个车间、班组的日产量不会完全均等。对总体作业计划的完成会出现两种情况：一是各班组的日产量虽不均等，但在最后截止日期都能完成，这取决于各班组对新产品的适应能力及生产潜力，可以等额下达作业计划；另一种是班组之间的生产能力有强有弱，生产能力强的班组，转换品种时适应能力强，日产量马上就能达到，并能逐日上升，与其他班组的差距越来越大，管理人员应预测各班组完成计划的可能性，依据各班组的生产能力，差额下达生产作业计划。

(2) 控制部门之间的衔接　服装生产计划的完成要依靠各个部门的努力，哪些部门要首先完成，哪些部门可以最后完成，中间各部门的衔接时间，都应有明确的规定，部门之间如有脱节，将会影响整个作业计划的完成。为此，对服装材料的准备、生产技术的准备以及裁剪、缝纫、整烫、包装、检验的每一过程规定作业的起止时间，以确保总体计划的完成。

(3) 控制产品质量　服装在加工生产过程中，由于品种的变化、工人技术水平和责任心的差异，很容易出现产品质量问题，为满足客户对产品质量的要求，在生产作业计划过程中应注重产品质量的控制。主要包括以下内容。

① 加强工艺教育。投产期必须对班组的每个工人进行工艺方法和产品质量标准的教育，使每个工人都明确本工序的工艺方法和质量要求。

② 重视首件封样。计划部门也要配合技术和质量部门做好首件生产试样产品的封样工作，未经封样合格的班组不准领取裁片，不准投入生产。对封样合格的产品做好标记，放在车间入口处，作为班组生产的标样。

③ 在生产过程中要加强在制品质量的自查、互查和专职检查，发挥生产工人自我把关作用。

④ 重视工序的产品质量。流水线作业过程中，要严格控制不合格工序产品进入下道工序，以保证整件产品的质量。

⑤ 组织好班组之间的自查、互查和质量交流活动。制订产品质量百分制，对质量分数偏低的班组限期改进。

⑥ 控制返修率，扩大一次合格品率，质量返修指标要列入考核内容。凡是退回班组返修的次品应及时修好返回，防止混入合格品内造成不良影响。

第二节　原材料的准备

原材料是服装生产的所必需的最基本条件。原材料主要包括面料与辅料两大类，常用的服装面料有机织物、针织物、裘皮与皮革以及非织造布等，同时还包括包装材料。在服装企业生产中，辅料中最主要的是衬料和缝纫线。原材料的准备主要是面料和辅料的预算、复核与检验、预缩整理等工作。

一、原材料的消耗预算

在材料的准备工作中，对原材料的消耗作出准确预算，作出正确的用料计划，可以有效地降低损耗，降低产品成本。

1. 原材料消耗的构成

（1）产品本身损耗　指服装制作完成后本身所净使用的面里料和其他辅料。

（2）加工工艺性损耗　在生产过程中产生的消耗。包括铺料余料、段料损耗、残次品的损耗、试样用料损耗、特殊面料的正常损耗、含疵点的面料所产生的损耗。

（3）其他损耗　包括面料自身收缩所产生的损耗、生产过程中裁错的衣片、管理过程中所产生的损耗等。

2. 原材料损耗预算

（1）自然回缩损耗　面辅料生产之后，都会产生自然的回缩，特别是对于天然纤维面料来说，收缩更为突出，一般天然纤维面料的自然回缩可达 0.5%～1%。

（2）缩水损耗　经浸水收缩产生的损耗。

（3）疵点损耗　布料中有较大的疵点，需将布料断开去除疵点部分，同时断开后面增加的预料损耗，一般在 20～30cm。

（4）段料的损耗　指在铺料过程中产生的损耗。由以下几个部分组成。

① 不够铺料长度又不能裁制单件产品的余料，一般控制在 20～30cm。

② 布匹两端需要去掉的部分，如变形部分和盖有印章记号的部分，一般两端各占 6～10cm。

③ 段料时由于裁剪技术原因，落料不齐而产生的损耗，一般在 1～3cm。

（5）残疵产品的损耗　由于操作不当而产生的规格不符的衣片、熨烫时烫坏的衣片等；还包括由于大的疵点而出现的废衣片。

（6）特殊面料的正常损耗　由于在裁剪时需要对条对格等原因需要增加的用料，如绒毛类织物、条格类面料、有方向性的面料等，在裁剪时需要一定的加放量。

（7）试样用料损耗　样品的试制以及材料的检验也会产生材料的损耗，所以在材料的预算中也要计算在内。

二、原材料的复核与检验

服装生产在投料前必须对使用的面辅料进行全面的检验和测试，包括规格、数量、质量和性能，以及对面辅料表面存在的瑕疵进行检查，从而确保材料的数量和质量满足生产所需，并能更好地提高材料的利用率。

检测一般按比例进行抽检。根据面辅料的价格的不同，抽检的比例也有所不同。价格越高，抽检的比例就越高，高档材料的抽检率要达到 100%，低档材料的抽检 10%即可。

1. 规格数量的复核

服装材料规格数量的复核主要包括品名、数量、色泽的复核，匹长的复核以及门幅规格的复核。材料入库时，要按照出厂等级标签上的品名、数量、色泽进行复核。同时，对所有的辅料要逐一核对数量和规格是否相符。一般情况下，要进行开包抽查，逐一检查并做好记录。匹长和门幅规格的复核一般在量布机上进行，而且现在企业中把其和疵点的检验放在一起进行。

2. 质量的检验

面辅料产品在出厂时，虽然按照国家标准进行了检验，评定出了等级，但面里料的色差、色牢度、纬斜、疵点和收缩率与成衣的质量密切相关，企业进料后，还要对这些项目进行重点检验。

材料的纬斜、色差和疵点可以在验布机上同时进行检验，也可在台板上进行。在台板检验时，要把布料平摊在验布台上，面向朝北的窗口，以使光线柔和均匀，然后逐层翻阅检查，台板检验适用于折叠包装的材料，这种方法简便易行，适合于小型企业采用。

(1) 纬斜检验　纬斜是纬纱与经纱不呈垂直状态而形成的疵点。如图 2-1 所示。

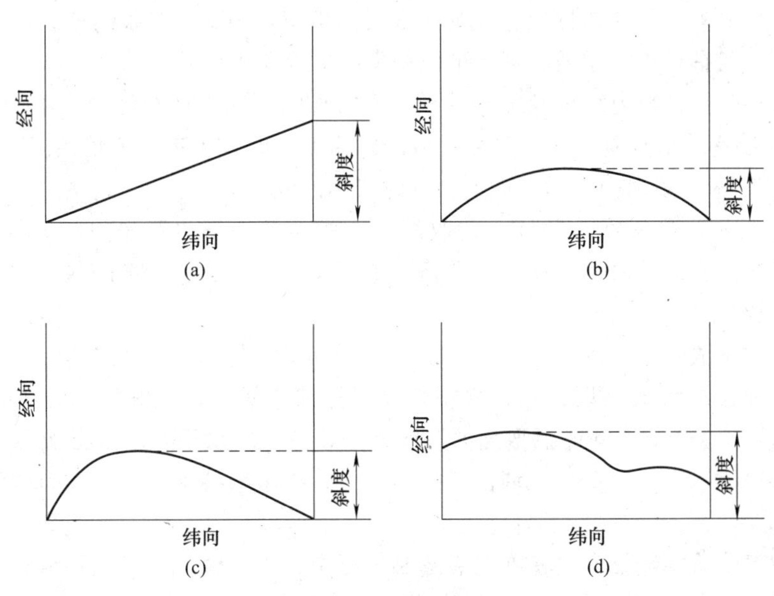

图 2-1　纬斜的种类

平纹布料的纬斜不得超过5%，有条纹和格子类的布料纬斜不超过2%，印染条格布料的纬斜不得超过1%。

(2) 疵点检验　布匹的疵点种类很多，对服装质量影响较大的如下。

① 机织物面料。断经断纬（经纬纱断头）、松经（经纱松弛导致布面呈现上下波浪形状）、双经双纬（经纱和纬纱双根织入）、荷叶边（布边呈波浪形）、烂边（布边破烂）、油污纱（经纬纱有油污）、稀密路（经纬纱密度不匀）、破洞（布面上经纱或纬纱断裂而形成的洞疵）、飞花（飞花织入布内，或是纱线上有飞花）、跳花（经纬花纹错乱）和沾污（油污、色点或是水渍）。

② 针织物。粗细纱（纱线有粗有细）、油纱（纱线有污渍）、漏针纱（纵向的某一纱线漏织或断裂）、混纱（错用不同的纱线编织）、飞花（飞花织入布内，或是纱线上有飞花）、稀路（织针弯曲等原因造成的纵向条纹）、破洞（布面上经纱或纬纱断裂而形成的洞疵）、错花（花纹错乱或色纱用错所致）、污渍（油污、色点或是水渍）。

(3) 色差检验　对服装生产来说，避免使用有色差的面料是十分重要的，即使是不严重的色差，如果出现在拼接部位，将会对服装的外观产生严重影响。因此，每隔10m将布匹中间与两边的颜色进行比对，整匹布验完后，还要对整匹布的头尾与中间进行比较，不符合要求的要安排另行使用或退货。

(4) 染色牢度检验　染色牢度差的面里料，制成服装后，在穿着使用和洗涤保养的过程中会出现褪色和沾色现象，影响服装的外观和穿着质量。面里料的检验内容包括摩擦色牢度测试、熨烫色牢度测试、水洗色牢度测试。

(5) 耐热性能测试　耐热性能是指面料所能承受的最高熨烫温度。测试的方法是在高温状态下，观察其有无变黄、变色，强度有无下降，是否有发硬、融化、皱缩等现象。

(6) 收缩率检验　面里料在服装加工制作过程中，会受到各种张力的作用，同时还有熨烫等湿热因素的作用而产生变形，当外部因素去除后，变形会逐渐回复，即出现收缩。面里料还会有缩水和自然回缩的情况。面里料的收缩，会使服装穿着使用后出现尺寸的变化，严重的会影响服装的外观和穿着性能，使其失去使用价值。因此，在投料前，应对面里料的收缩率进行测试，包括干烫、湿烫、浸水的收缩率。收缩率的计算公式为

$$收缩率=(试样收缩前长度-试样收缩后长度)/试样收缩前长度\times100\%$$

① 干烫收缩率。面料加热时而产生的收缩，为粘衬时作为参考值使用。

② 湿烫收缩率。喷水受潮后，进行熨烫时产生的收缩。

③ 浸水收缩率。面料浸水后产生的收缩称为缩水率。缩水率是面料收缩的常用指标，因此在面料选购时，必须对缩水率提出严格要求。对需要水洗、砂洗的服装，打板时需根据缩水率进行预放尺寸。

在确定尺寸预放时，可以进行小样测试。方法如下：每批取三块试样，经向50cm，纬向全幅，在距经纬边缘5cm以上处，平整地量取经纬向尺寸，做好标记。然后将试样放入60℃左右的温水中浸泡，30min后取出并滤除水分，晾干或烘干后，量出做标记处的经纬向的尺寸，计算出缩水率。计算出三块试样的平均值，提供给技术部门，作为制作样板时预放的依据。

(7) 缝缩率检验　缝缩率是指在服装缝制过程中，由于缝针的穿刺和缝纫线的张力，使面里料产生纵向和横向的皱缩变化。缝缩率对于缝制加工有着重要意义，最好是在加工前测

出准确的缝缩率，为技术部门提供缝制的工艺参数。缝缩率的测定方法如下：取经向或纬向面料试样 6 块，长 50cm，宽 5～7cm，在长度方向中作出 40cm 的标记，分别将两层重叠在一起，在正常缝纫条件下对 3 个重叠的试样按长度方向进行缝合，然后分别测量出缝合后 3 个试样上 A、B 两标记点之间的长度，计算 3 次的平均值，如图 2-2 所示。

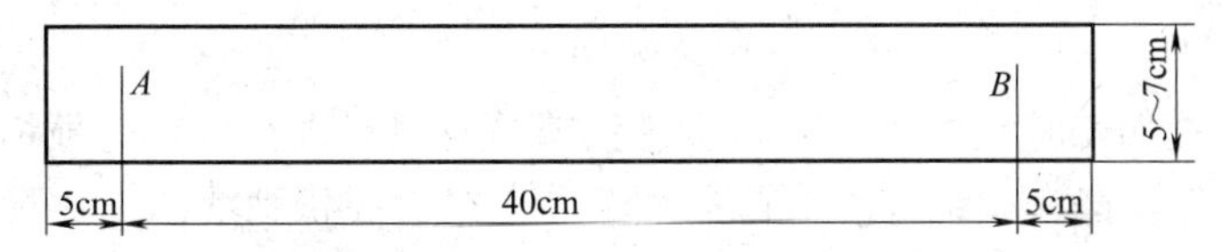

图 2-2　缝缩率测定试样尺寸

(8) 黏合衬的质量检验　随着服装加工质量的提高，黏合衬的使用越来越多，黏合衬的质量检验主要包括剥离强度、缩水率、热收缩、耐干洗和水洗性能、渗胶性能等。

① 剥离强度测试。取 25cm×15cm 黏合衬样品一块，28cm×18cm 的面料一块，将样品和面料压烫后，在标准状态下，放置 4h 以上，然后将试样剪成 25cm×2.5cm 的试样三条，分别将三条试样剥开一部分，留下 5cm 未剥离部分待测试，将试样夹在剥离试验以上的上下夹头内，启动电动机进行测试。分别量取三个最大值和三个最小值，然后计算得出的平均值即为该试样的剥离强度。

② 热缩率试验。沿经纬向分别剪取 50cm×18cm 的黏合衬各一块，作出三处长度标记。在 180℃、196kPa 的条件下压烫 20s，冷却后量取各长度标记间的距离，取其平均值，计算出热收缩率。

③ 耐水洗性能试验。取 25cm×25cm 的黏合衬样品两块，压烫黏合后，在标准状态下放置 4h，在洗衣机中加入规定温度的水，并加入洗衣粉，放入试样后搅拌 45min，用 40℃ 的水冲洗，甩干后在 60℃左右的烘箱中烘干。然后观察其平整度和起泡情况。分别检验 1 次、5 次、10 次的水洗后的情况。

④ 渗胶性能测试

取 25cm×25cm 的黏合衬样品一块、面料一块和薄纸两张，将薄纸片放于面料之上和黏合衬之下，进行黏合，冷却后检查薄纸片是否自动脱落，检查面料正面和黏合衬的反面有无热熔胶渗出的情况。

服装黏合衬的质量要求见表 2-2 所示。

表 2-2　黏合衬性能指标

项　　目		衬衫黏合衬		外衣黏合衬	
		优级品	一级品	优级品	一级品
剥离强度/[N(kgf)/2.5cm]		≥10.80	≥7.86	≥12.77	≥8.84
缩水率/%	经	≤1.0	≤1.5	≤2.5	≤3
	纬	≤1.0	≤1.5	≤1.5	≤2
热缩率/次	经	≤0.4	≤0.6	≤0.6	≤1.0
	纬	≤0.4	≤0.6	≤0.6	≤1.0
耐洗性能	水	≥20	≥10	≥5	—
	干	—	—	≥5	≥5
渗胶性能		不渗胶	不渗胶	不渗胶	正面不渗胶 背面有轻微渗胶

三、原材料的预缩与整理

1. 材料的预缩

为了使面里料在加工时尺寸稳定，必须在裁剪前对材料进行预缩。预缩的方法有自然预缩、湿预缩、热预缩及蒸汽预缩等。对自然预缩，一般需在松弛状态下放置 24h。湿预缩时，棉麻类、化纤类面里料直接用清水浸泡，然后铺平晾干即可，但对毛呢类高档面料，不能浸水，只能采用喷水和盖湿布熨烫的方法进行预缩处理，通常情况下，精纺毛织物采用喷水熨烫的方式，粗纺毛织物采用盖湿布熨烫的方式。对吸湿性较差的合成纤维面料，如涤纶、丙纶等织物，采用浸水的方式达不到预缩的目的，这类面料只能采用干热预缩的方法。蒸汽预缩是在湿热两种介质同时作用下，使织物内存的各种应力和变形得到消除，织物得到充分预缩，这种方法的预缩效果最好，适用于要求较高的各种高档服装材料，也用于收缩率大的辅料。

2. 材料的整理

材料在检验后会发现很多如上所述的缺陷，通过整理给予修正和补救，对提高材料的利用率、提高服装的质量、降低产品成本是很有必要的。

(1) 疵点、色差的整理　对有规则的疵点和色差，在排版和铺料时进行避让，或是放在裁片允许的范围内。对无法避让的疵点和色差，可以冲断或除去，或是调片使用。

(2) 矫正纬斜　纬斜严重的面料可以通过手工矫正和机器矫正的方法进行矫正。手工矫正是将面料喷湿，然后在纬斜的反方向对拉，再用电熨斗烫干使其保持形态的稳定。机器矫正是采用专用的矫正机，可以较好地调整纬纱歪斜，改善织物的外观质量。

四、原材料准备的设备

1. 验布机

验布机既可以检验面料的疵点，还可以对面料的幅宽、色差、纬斜进行检验，同时对长度进行复核，如图 2-3 所示。

图 2-3　验布机

2. 预缩机

预缩机主要由给湿、预烘、整幅、烘筒、呢毯等五个部分组成。图 2-4 中的呢毯式预缩机，使用时面料经过给湿装置均匀给湿和短时间整幅后，随着呢毯进入大烘筒，实现面料的收缩。

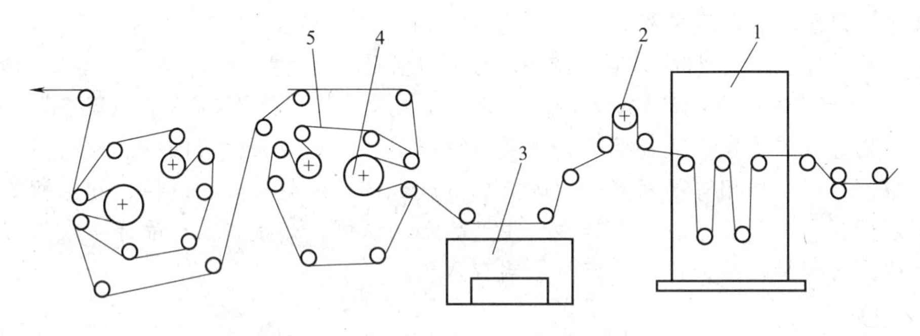

图 2-4　呢毯式预缩机

1—给湿装置；2—预烘烘箱；3—整幅装置；4—烘筒；5—呢毯

第三节　服装生产技术准备

服装生产技术准备就是在服装大货生产前做的一系列准备。包括样衣试制、制订工艺技术文件，以用来指导大货生产。

一、服装样品试制

服装样品的试制是根据服装设计人员设计的服装款式图，或是来样和订单的款式图，经分析设计出结构图，然后裁剪试制出样品的过程。服装样品是企业生产的技术资料，也是订单生产中用于提供客户审核、评价和确认的依据，同时检验款式设计和样板设计是否合理，样品试制又称样品确认。

1. 样品试制的目的

(1) 原材料的确定　通过样品试制可以检验设计师选用的材料是否合理，服装的外观效果能否实现。如果达不到要求的，需要调整选用面料，直到达到要求为止。

(2) 规格尺寸的确定　样品试制时，一般按中间号型设计服装各部分的尺寸，决定投产后，在中间号型基础上缩放出其他系列规格的尺寸。

(3) 确定样板　通过样品试制，根据款式和中间号型打出最初样板，经制成样衣后，看是否达到设计效果，达不到要求的，要进行修改，直到达到要求为止。

(4) 确定材料消耗　根据样品的试制，可以通过单件产品原材料的消耗，确定出该批产品所需要的各种原材料的总量，为原材料的预算提供更为可靠的依据。

2. 样衣试制的数据测定与记录

(1) 确定加工工序 通过样衣的试制，确定出缝制加工的工序顺序，并按此顺序进行缝制，为流水线的制订和安排提供依据。

(2) 确定加工工时 通过样品试制，在确定工序的同时，对每个工序要测出标准作业时间，这些数据是确定生产定额和成本核算的依据。

(3) 技术数据的记录 样品试制完成后，必须将款式图、裁剪图、纸样、排料图、成品规格单、工艺单、生产中的各种工艺参数以及技术标准等，用文字和图表记录清楚，收集整理并归档。

(4) 实物标样的收集 实物标样，主要包括材料标样和成品标样两种。材料标样是指将面料、里料、衬料、线扣等所有辅料，收集后列成标样，注明货号、规格、花色和要求。成品标样，是指样品试制完成后，经技术、生产等部门认可，如是订货产品还必须为客户所确认，成品样品必须是正品，并按规定手续封存入档。

3. 成本核算

服装成本包含材料费和加工费。材料费的核算为材料消耗量×材料单价。加工费则包含劳务费和加工费用。劳务费简单地说是指企业所支付的工资，加工经费的种类较多，包含生产所耗用的动力费、燃料费、交通运输费、机器折旧费、税费等等一切开支。样品试制时一定要准确搜集材料消耗量、工序作业时间等。一般一件服装的成本费用，是在完成服装任务后，逐项进行核算，而得到准确的数据。但在对外贸易中，要对服装加工费用进行估算，合理的报价是企业获得最大利润和赢得客户的保证。

4. 批量试制

(1) 小批量试制 小批量试制的目的是再一次验证产品是否完全符合设计要求，系列规格的样板是否准确，工艺和设备是否齐全，质量能否保证等。小批量试制的数量，一般各类规格至少试制 5～10 件，以便验证样板的准确性和排料是否合理。

(2) 中样和大样试制 中样试制和大样试制的目的与小批量试制的目的相同，模拟批量生产的加工条件和工艺制作生产一打和几打产品，放入车间进行试制，若发现问题，提供给技术部门调整改进。

5. 样品试制的鉴定

样品试制完成后，要按照设计要求进行全面或逐项的鉴定。鉴定包括产品的材料、造型结构、各部位规格、工艺的完整性、产品质量、流程编排是否符合要求。经过鉴定合格以后，要在鉴定意见栏内签名同意投产以后方可正式投产。对问题较少的，要在提出改进意见后，同意投产的必须在成批投产时用书面说明作出改进和补充规定。对问题较多和较严重的，必须对存在的问题重新进行试制，经鉴定合格后方可准予正式投产。

6. 封样

当生产任务下达后，车间班组要按照工艺技术文件规定的技术要求进行封样，对精工制作的工艺复杂的零部件，还要进行部件的封样，只有封样合格后才能进行大批量生产。

(1) 封样的内容

① 产品的型号、名称是否准确。

② 产品的面辅料是否相符。

③ 合约号和订货单是否一致。

④ 各部位的规格是否准确。

⑤ 批量试制中发现的具体问题、成因及改进措施。

⑥ 同意投产的意见。

⑦ 封样日期要填写准确，验收人要签名。

⑧ 挂上封样合格标记。

⑨ 签发同意领片单。

(2) 封样的作用

① 确保产品质量。

② 确保工艺文件的贯彻执行。

③ 作为产品质量检验、评比和验收的依据。

④ 领取原材料的凭证。

⑤ 各有关部门都有封样，便于各部门之间的协调合作。

二、工艺技术文件

工艺技术文件是用于指导生产的技术文件，是进行整个服装生产的技术标准，也是统一操作的技术法规。技术文件要完整、准确并便于操作执行。一般来说，内销产品按照设计的款式、用料的要求来制订，外销产品根据客户提供的加工说明的内容来制订。所有技术文件的制订，都是在样品试制结束后的准确、成熟的意见，一旦制订后，各加工单位就要严格执行，如发现确需修改之处，须经主管人员批准后，办理文件更改手续，补发更改文件，在新文件没有下发前，不得进行更改原文件的技术要求。技术文件的内容包括其适用范围、款式图和产品介绍、产品规格、原辅料明细、排料图、裁剪方案、缝制工序流程图、整烫作业标准等。

1. 文件的适用范围

服装企业在生产时，会有几种生产任务共同制作的情况，为避免出现混乱，工艺技术文件必须详细说明产品的全称、型号、色号、规格、合约及订货合同编号等内容，如表 2-3 所示。

2. 款式图与产品概述

款式图除了用于说明服装的款式外，还要说明服装缝制的工艺特征，包括有款式的正视图和背视图。如图 2-5 所示。产品概述是结合款式图，介绍产品的外形特征、结构以及主要使用的原辅料。

表 2-3　生产通知单

内/外销合约______ 编号______													
合约			对象				交货期　月　日				生产组		辅助料
品号			品名										
面料	里料	颜色	规格及搭配									交货期	
													包装要求
													1—商标
													2—吊牌
													3—织带
													4—塑袋
													5—纸盒
													6—纸箱
开单人：											日期		年　月　日

图 2-5　款式图

3. 产品规格

产品规格是按照国家号型系列标准规格确定出来的，是样板制作依据，如表 2-4 所示。

4. 原辅料明细表

原辅料明细表是供应部门、生产部门和财务部门购买材料、用料以及成本核算的依据。

原辅料明细表要将一件服装所有原辅料的种类和用量全部列出，并将面里料的样卡贴在相应位置。在辅料使用栏中，对不同规格的服装的辅料要给予详细的说明。所用线的粗细和颜色可在最后一栏列出，商标和吊牌可将其实样附在明细表中，如表 2-5 所示。

表 2-4 产品规格（女连帽女上衣）

<table>
<tr><th rowspan="2">项目
部位名称</th><th colspan="4">成品规格尺寸/cm</th><th rowspan="2">测量部位</th><th rowspan="2">公差/cm(±)</th></tr>
<tr><th>130</th><th>140</th><th>150</th><th>160</th></tr>
<tr><td>后衣长</td><td>60.5</td><td>65.5</td><td>70.5</td><td>75.5</td><td>领根量至下摆</td><td>1</td></tr>
<tr><td>背长</td><td>34</td><td>36</td><td>38</td><td>40</td><td>领根量至腰节线</td><td>0.8</td></tr>
<tr><td>胸围</td><td>107.5</td><td>111.5</td><td>115.5</td><td>119.5</td><td>腋下一周</td><td>1.2</td></tr>
<tr><td>袖长</td><td>57.15</td><td>61.95</td><td>66.75</td><td>71.55</td><td>领根量至袖口</td><td>0.8</td></tr>
<tr><td>袖宽</td><td>53</td><td>55</td><td>57</td><td>59</td><td>腋下横量</td><td>0.4</td></tr>
<tr><td>袖口</td><td>29</td><td>30</td><td>31</td><td>32</td><td>袖口一周</td><td>0.4</td></tr>
<tr><td>止口拉链</td><td>40</td><td>45</td><td>50</td><td>55</td><td></td><td></td></tr>
</table>

表 2-5 原辅料明细表

<table>
<tr><th>合约地区</th><th></th><th>品名</th><th colspan="4"></th></tr>
<tr><th>编号</th><th></th><th>数量</th><th colspan="4"></th></tr>
<tr><th colspan="2">原料使用</th><th colspan="5">辅料使用</th></tr>
<tr><th>面料(附样卡)</th><th>里料(附样卡)</th><th>规格
种类</th><th>S</th><th>M</th><th>L</th><th>XL</th></tr>
<tr><td rowspan="8"></td><td rowspan="8"></td><td>里缝缝线</td><td></td><td></td><td></td><td></td></tr>
<tr><td>外缝缝线</td><td></td><td></td><td></td><td></td></tr>
<tr><td>拉链</td><td></td><td></td><td></td><td></td></tr>
<tr><td>纽扣</td><td></td><td></td><td></td><td></td></tr>
<tr><td>按扣</td><td></td><td></td><td></td><td></td></tr>
<tr><td>牵带</td><td></td><td></td><td></td><td></td></tr>
<tr><td>锁扣眼线</td><td></td><td></td><td></td><td></td></tr>
<tr><td>包缝线</td><td></td><td></td><td></td><td></td></tr>
<tr><td>商标</td><td></td><td>出样</td><td colspan="4"></td></tr>
<tr><td>小商标</td><td></td><td>交接</td><td colspan="4"></td></tr>
<tr><td>服装材料成分带</td><td></td><td>生产负责人</td><td colspan="4"></td></tr>
<tr><td>吊牌</td><td></td><td>填表人</td><td colspan="4"></td></tr>
<tr><td>规格号型带</td><td></td><td>填表日期</td><td colspan="4"></td></tr>
</table>

5. 原辅料检验报告

原辅料检验后要填写检验报告，为生产提供可靠的依据，如表 2-6 所示。

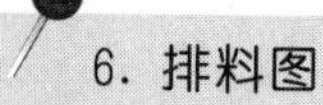

6. 排料图

排料图是为了指导裁剪工程中合理排料而制订的，有关排料的内容在后文中详细讲述。

7. 裁剪方案

裁剪方案，即生产工艺单，是指导裁剪生产的技术文件，包括铺料的长度、层数、铺料的床数、铺料的方式以及打号分扎的技术质量要求及规定，如表 2-7 所示。

表 2-6　原辅料检验报告

合约号	定货单编号	款式	产品名称
原料名称	色号	花型	原料等级
总数/m	抽验数/m	抽验率/%	原料生产单位
两边色差		两头色差	
匹与匹间色差		疵点情况	
样品			
抽验结果 检验员：			
厂检意见 厂检：		技术科意见： 签收：	

注：1. 本表一式三份，一份检验员存，一份报厂检，一份报技术科。

2. 原料到厂后应及时检验，确保技术准备工作正常进行。

3. 对首次使用的和质量信誉不高的原料生产单位的材料，可以加大抽查数，必要时可以全数检验。

表 2-7　裁剪生产工艺单

货号		生产任务	号型			
品名			数量/件			
规格搭配			铺料长度/m			
铺料长度/m			铺料层数/层/床			

8. 缝制工序流程图

缝制工序流程图是在样品试制的基础上制订出来的，是制订缝制生产工艺的基础，也是安排流水线和配备操作人员和安装设备的依据，工序流程图的制订详见后文所述。

9. 缝制作业标准

缝制作业标准是用于指导缝制生产的技术文件。主要包括服装各部位的具体规格、所用的设备、线迹和缝型、熨烫的方法以及每道工序的详细操作说明，还包括商标等各类辅助品的钉缝方法和位置内容等。表 2-8 是一个牛仔裤前表袋缝制作业标准。

表 2-8　牛仔裤前表袋缝制作业标准

产品名：五袋牛仔裤　文件编号：

工序	FDW-04-01 装前表袋			缝型名称：ISO 4915/4915	缝型构造示意图
设备	双针平车			锁式钉口袋[50503/301=301]	
配件	傍靴				
止口	0.96cm	误差	±0.3cm	图　解	
针步	3～4 针/cm			A　B　表袋(面)　右袋衬(面)	
操作指示	1. 在右袋衬注明表袋位，并钻孔 5 个； 2. 将表袋布止口折好，然后将表袋布放于袋位上车缝				
品质要求	1. 表袋口要平行于袋布上边沿线； 2. 缝线迹要均匀； 3. 袋口角位缝线不能超过袋口； 4. 头尾必须回针				

审核人：________　日期：________

10. 整烫作业标准

整烫作业标准是用于指导整理过程中技术文件，主要包括了整烫的工艺参数、设备机操作要求等。在后文中进行详细介绍。

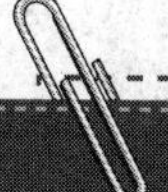

思考与练习

1. 什么是市场调查？市场调查的内容和方法是什么？
2. 服装生产计划的种类和指标有哪些？
3. 简述原材料消耗的组成。
4. 样衣试制的目的是什么？
5. 工艺技术文件包括哪些内容？

第三章　服装生产过程的组织与管理

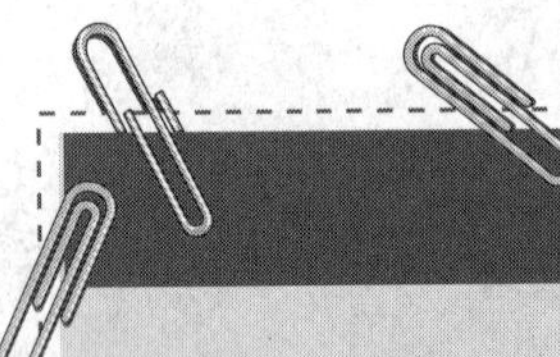

知识目标

1. 了解服装生产过程组织的基本知识，生产过程组织的基本要求。

2. 掌握裁剪方案制订的内容、原则；排料的工艺要求、方式、方法；铺料的工艺要求与方式；裁剪的操作要求；线迹、缝型的概念和种类；缝制的生产类型；半制品的移动与传递方式；设备的布置方式；缝制生产工序的基本类型；缝制工序的图示符号；工序划分的方法；工序流程图的绘制；节拍的计算方法；工序同步化处理的技术要求；工作地安排的原则；整烫的分类及注意事项。

能力目标

1. 能够根据生产任务合理制订裁剪方案。

2. 能够合理安排缝制工序，组织好缝制生产流水线。

生产过程组织，就是以最佳的方式将各种生产要素结合起来，正确处理生产过程中各要素之间的相互关系，对生产过程的各个阶段、环节、工序进行合理安排，使其形成一个协调的系统。

第一节 服装生产过程的基本知识

一、服装生产过程

（一）产品的生产过程

指从原材料投入生产开始，到服装产品制造出来的全过程。它又可分解为劳动过程、自然过程和等候过程。

1. 劳动过程

劳动过程就是劳动者直接参加的生产过程，是产品生产过程的主要部分，又可分为以下几个过程。

(1) 工艺过程　直接使劳动对象的形状、尺寸、性质以及相互位置发生预定变化的那部分劳动过程。在这一过程中，既有劳动的消耗，又有劳动对象的变化。任何一种产品的生产过程都必须包括工艺过程，工艺过程是生产过程的基本部分。

就服装工艺而言，一般可分为裁剪、缝纫、整烫和包装四个阶段。每一个阶段又可分为若干工序。工序就是 1 个工作场地上，由 1 个或 1 组工人，对 1 个或 1 组劳动对象连续进行的那部分工艺过程，是组成工艺过程的最基本的单位。

(2) 检验过程　是对半成品以及成品的性质进行测量分析和判断的过程。在检验过程中，检验人员将测量分析的结果同质量标准进行比较，作出合格与否的判断。

(3) 运输过程　将劳动对象从一个地方搬运到另一个地方的劳动过程。

2. 自然过程

由自然界力量完成的生产过程称为自然过程。

3. 等候过程

在实际生产过程中，劳动对象并不是连续不断地处在被加工状态中，常常由于生产技术或生产管理的原因，需要停下来等候进一步加工，或检验、运输，这便是等候过程。

（二）服装企业生产过程

服装生产过程由以下 3 个部分组成。

1. 生产技术准备工程

生产技术准备工程是指产品在投入车间生产之前所作的各项技术准备工作，主要包括原材料和各类技术文件的准备，同时也包括标准化工作、劳动定额等。

2. 基本生产过程

基本生产过程是完成产品制作所进行的直接生产活动，主要是裁剪、缝制和后整理三个部分。

3. 辅助与服务生产过程

辅助与服务生产过程是为保证基本生产过程的正常进行所采取的各种必需的生产活动，包括材料的供应、保管、动力供应、设备维护等。

上述 3 个部分生产过程的核心是基本生产过程，它是整个生产过程的主体部分，也是生产技术管理的核心部分，是我们学习和掌握的重点。

二、服装生产过程组织的基本要求

生产过程的工作必须符合连续性、平行性、比例性、均衡性的要求，以最小的投入，产生最大的经济效益。

1. 连续性

服装生产的连续性是指生产过程中各工序之间在时间上要紧密衔接，连续不断。生产过程的连续性，可以缩短生产时间，降低生产成本，提高产品的竞争力。

2. 平行性

服装生产的平行性是指生产的全过程都要同步进行，目的也是减少工作周期。平行性既包括服装产品各部件要平行生产，还包括各生产阶段也要平行生产。

3. 比例性

服装生产的比例性是指生产过程的各工序之间在生产能力上要保持一定的比例关系，以保证生产能力的平衡，提高生产效率。

4. 均衡性

服装生产的均衡性是指各生产环节在相等的时间内，生产出相等数量的产品，各工作地负荷相对稳定，避免出现时松时紧、停滞和等待的现象。

第二节　裁剪工程

裁剪工程的主要任务是把各类面辅料按照样板裁成裁片，以供缝制使用。其具体任务是制订裁剪方案、排料、铺料、裁剪、验片、打号、分扎等。裁剪工程是服装在车间实际生产过程中的第一个环节，其质量直接影响到后面的缝制及后整理质量。同时，裁剪中的裁出的衣片是数十成百件同时进行的，一旦出现问题，服装的质量问题也是成批出现的，直接关系到产品的成本。因此，裁剪是服装生产的重要环节，必须按照生产要求严格进行作业，产品质量才能得到保证。

一、裁剪设备

裁剪设备是服装生产中必备的加工设备，技术的不断进步，为服装机械的发展提供了动力，也使现在裁剪设备操作更为方便和实用，工作效率得到了极大的提高，也极大地提高了企业的经济效益。

1. 铺料台

普通铺料台面有木质台板和塑料面层胶木板两种，高度在 85cm 左右，铺料台台面必须光滑有弹性。铺料台有固定式、移动式、折叠式和配置自动铺料机等多种形式。如图 3-1～图 3-4 所示。

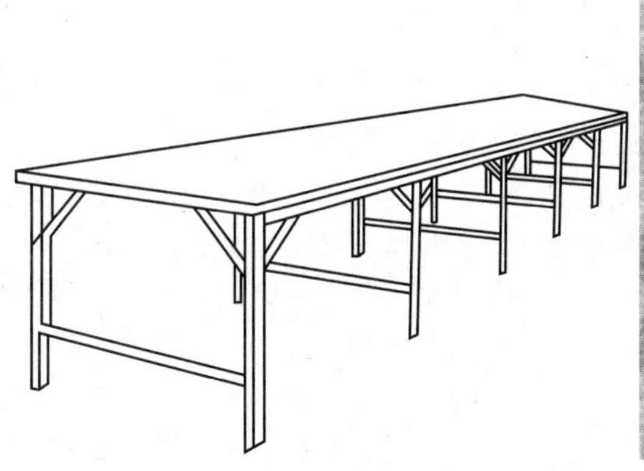

图 3-1　固定式铺料台

图 3-2　移动式铺料台

2. 铺料机

现在服装厂采用的铺料方式有手工铺料和铺料机铺料两种。规模小、生产批量少而且每版件数较少的排料方法，可以采用手工铺料；规模大、生产数量多的要采用铺料机铺料。铺料机又称拉布机，分为简易铺料机和自动铺料机。

图 3-3 折叠式铺料台

图 3-4 配有自动铺料机的铺料台

3. 裁床

在多数情况下，铺料台可以同时作为裁床使用。有些企业还使用气垫吸附裁床和鬃毛垫裁床。气垫吸附裁床能使多层垫置的布料轻快地浮起和移动，不至于发生对布料的牵拉而使布料的尺寸发生变化。鬃毛垫裁床通常与自动裁剪机配套使用，可以使布料吸附在台面上，可以精确裁剪衣片。

4. 裁剪机

裁剪机可分为直刀式裁剪机、悬臂式直刀裁剪机、圆刀式裁剪机、带刀式裁剪机、冲压式裁剪机和电脑式裁剪机。

(1) 直刀式裁剪机 直刀式裁剪机为自动磨刀，如图 3-5 所示，需要人工推动机器进行裁剪，底盘上有滚轮，可以减轻与裁剪台的摩擦力，刀片垂直往复进行切割，压脚可以对面料进行固定，防止面料滑动。

图 3-5 直刀式裁剪机

直刀式裁剪机的结构简单，价格便宜，是服装企业最基本的裁剪设备。但其底盘较大，不容易转弯，对操作工人的要求较高，所以直刀式裁剪机适合于裁剪较大的裁片和形状简单的衣片。

(2) 悬臂式直刀裁剪机 图 3-6 为悬臂式直刀裁剪机。悬臂式直刀裁剪机机头吊挂在两级摇臂上，底盘的尺寸小，操作时的阻力小，而且裁刀的轨迹始终与裁剪台面保持垂直，对工人的技术要求降低，并能保证各层的裁片尺寸一致，并能裁剪曲率比较大的裁片，提高裁片的精度。

(3) 圆刀式裁剪机 图 3-7 为圆刀式裁剪机，人工推动机器操作，通过旋转的刀片对衣料进行切割。圆刀式裁剪机的结构简单，运行平稳，切口整齐，无需压脚，并有磨刀装置，可使刀片始终保持锋利。但圆刀片在切割时始终有仰角存在，所以不适合于多层衣片的切割，故一般用于断料和单层布料的切割。

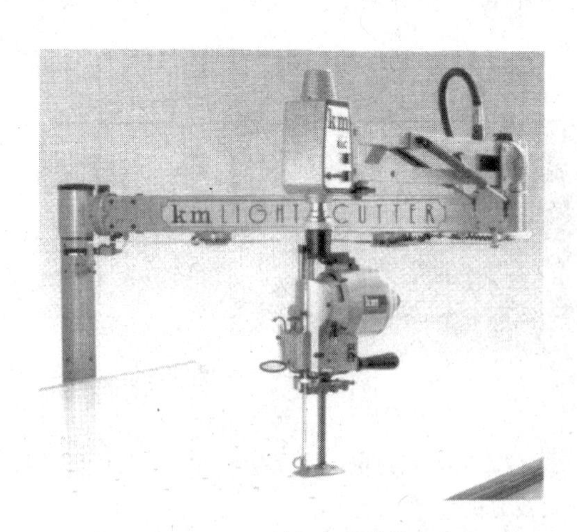

图 3-6　悬臂式直刀裁剪机

图 3-7　圆刀式裁剪机

(4) 带刀式裁剪机　图 3-8 为带刀式裁剪机。和上述三种裁剪机不同的是，使用带刀式裁剪机，是用人推动布料，沿着划样进行切割。该机配备有空气垫层装置，裁剪时可以将面料浮起，人工推动面料轻松自如。

带刀式裁剪机可以裁出优质的裁片，可以切割小片和复杂的裁片，如领子、口袋等。这种设备适合于大、中型服装厂使用。

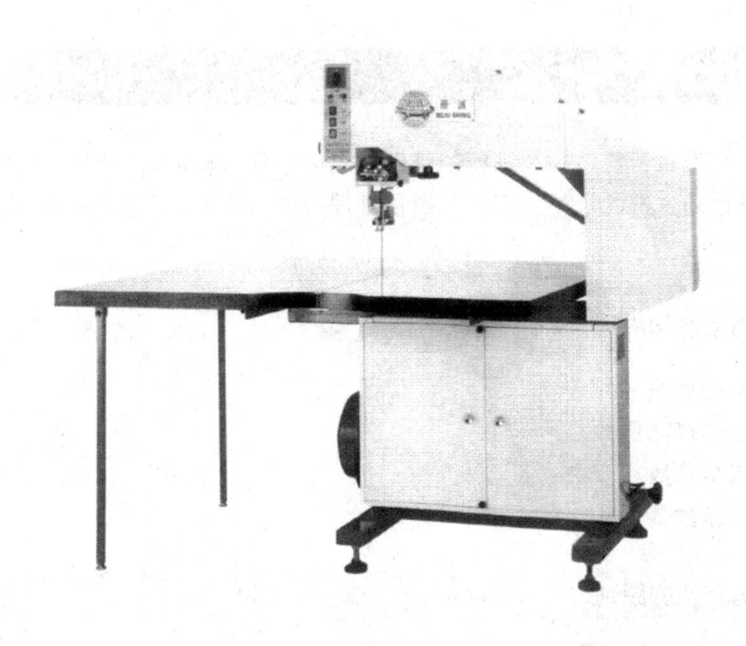

图 3-8　带刀式裁剪机

(5) 冲压式裁剪机　采用这种裁剪方式，要用金属材料按样板制成各种切割模具，将模具安装在冲压机上，利用冲压机产生的压力，将布料按照模具形状切割成所需要的裁片。这种设备成本较高，多用于裁剪款式固定、数量大的产品。

(6) 电脑式裁剪机　电脑式裁剪机是计算机辅助制造加工系统，又称 CAM 系统，如图 3-9 所示。电脑裁剪机在服装企业的应用可以使小批量、多品种、多规格、短周期、高质量的服装加工进入工业化生产规模。

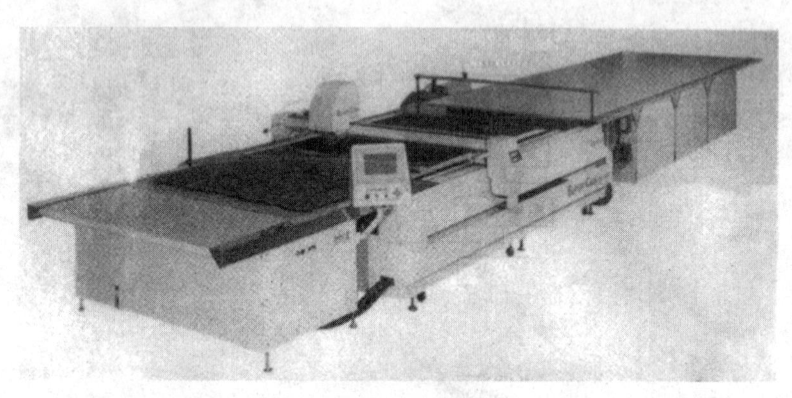

图 3-9　电脑式裁剪机

5. 定位记号和编号设备

(1) 定位记号设备　用于定位记号的设备有电加热钻孔机、发热切痕器、打线钉器等。

(2) 编号码机　裁片完成后，要对每片衣片进行编号，常用的就是用编号码机在每个衣片上打印号码，自动编号码机能每打一个号码就自动变换号码，方便快捷。另一种是用热封标签机编号，一般用在针织品中。

二、制订裁剪方案

制订裁剪方案是裁剪能否顺利进行的基础，也关系到材料的有效利用。制订合理的裁剪搭配方案能够把计划生产的规格、颜色、数量合理地进行安排，使布料的损耗降至最低，生产效率达到最高。

1. 制订裁剪方案的内容

① 每层排料的规格和数量。

② 各种颜色的搭配层数。

③ 每床的铺料层数。

④ 需要的裁床数量。

2. 制订裁剪方案的原则

(1) 符合生产条件　制订裁剪方案时要充分考虑企业的生产条件情况，铺料层数受到铺料台的长度和宽度、裁剪设备、工人的技术水平和所裁布料的影响。排料件数和铺料长度也受到裁床长度的限制。

(2) 节约用料　采用套排的形式排料是节约用料的有效途径。所谓套排就是将两件和两件以上的衣片排列在一张排料图上的排料方式。

(3) 提高生产效率　通过尽量增加铺料长度和层数和尽可能采用先进机械设备的生产方式来达到提高生产效率的目的。

(4) 符合均衡生产的要求　对生产任务较大的情况，如果是多种规格和多种颜色的，就要考虑把多种颜色和多种规格搭配裁剪，以使各颜色和各规格的产品能一同出厂。

3. 制订裁剪方案的步骤

① 算出各颜色、各规格的服装数量的比例。

② 确定套排的件数和规格。

③ 确定每床不同颜色的铺料层数和总层数。

④ 确定裁床数。

⑤ 作出裁剪方案表。

4. 裁剪方案实例

在企业实际的服装生产中，生产任务一般有 4 种情况：各号型数量、颜色都相同（均码均色）；各号型数量相同，但颜色不同（均码不均色）；各号型数量不同但颜色相同（不均码均色）；号型数量和颜色都不相同（不均码不均色）。在制订生产方案时，要根据不同的生产任务，在符合上述原则的前提下，同时制订出几个方案，从中选出最佳的方案。

【实例 1】 某生产任务（各号型数量不同，颜色相同），见表 3-1。

表 3-1　不均码均色的服装（成衣）生产任务实例

规格	S	M	L	XL	XXL	总计
数量/件	200	300	500	300	300	1600

按照上述任务，可制订表 3-2～表 3-4 所示的三种方案。

表 3-2　方案一

项目	S	M	L	XL	XXL	每层件数	铺料层数	每床件数
1	1					1	200	400
2		1				1	300	700
3			2			2	250	500
4				1		1	300	300
5					1	1	300	300

表 3-3　方案二

项目	S	M	L	XL	XXL	每层件数	铺料层数	每床件数
1	1		1			2	200	400
2		1	1			2	300	600
3				1	1	2	300	600

表 3-4　方案三

项目	S	M	L	XL	XXL	每层件数	铺料层数	每床件数
1			2			2	200	400
2	1	1				2	200	400
3				1	1	2	200	400
4		1	1			2	100	200
5				1	1	2	100	200

方案一制订相对简单，铺料方便，操作和管理较容易，生产效率高；但由于每床都是单件排料，不利于充分利用面料，而且每床铺料层数较多，不适合较厚面料的裁剪，使用的裁床数较多。方案一适合于面料薄、价格低、生产任务紧的情况时而采用。

方案二采用了套排的方式，有利于节约材料，减少了裁床数和工作人员，但由于每层的排料件数增多，对生产管理和操作人员的要求高，而且和方案一一样，也存在铺料层数偏多的问题。因此这种方案适合于所裁的面料薄、价格较高的生产任务裁剪使用，以节约面料为主要目的。

方案三既采用了套排的方式，又减少了铺料的层数，有利于节约面料，但对管理的要求高。这种方案适合于面料厚、价格高的生产任务的裁剪，如高档呢绒面料、西服、大衣等。

以上三种方案各有优缺点，要根据生产任务的实际情况来选择最为合理的方案。总的来说在同等情况下，以节约材料和提高生产效率为选择方案的依据。

【实例 2】 某男上衣的生产任务（各号型数量不相同，颜色不同）如表 3-5 所示。

表 3-5　不均码不均色生产任务实例　　单位：件

规格 颜色	S	M	L	XL	XXL	总计
黑	100	200	500	200	100	1100
蓝	100	200	500	200	100	1100
绿	100	200	500	200	100	1100
总数	300	600	1500	600	300	3300

制订如下三个方案，见表 3-6～表 3-8。

表 3-6　方案一

项目	S	M	L	XL	XXL	每层件数	铺料层数	每床件数
1	1		1	1		3	100	300
2		1	1		1	3	100	300
3			2	1		3	100	300
4		1	1			2	100	200

表 3-7　方案二

项目	S	M	L	XL	XXL	每层件数	铺料层数	每床件数
1	1		2		1	4	100	400
2		1	2	1		4	100	400
3		1	1	1		3	100	300

表 3-8　方案三

项目	S	M	L	XL	XXL	每层件数	铺料层数	每床件数
1	1	1	1			3	黑、蓝各 100 层	600
2			1	1	1	3	黑、蓝各 100 层	600

续表

项目	S	M	L	XL	XXL	每层件数	铺料层数	每床件数
3		1	2	1		4	黑、蓝各 100 层	800
4			1		1	2	黑、蓝各 100 层	400
5	1	1	1	1		4	绿色 100 层	400
6		1	2		1		绿色 100 层	400
7			2		1	3	绿色 100 层	300

方案一每种颜色各铺 4 床，方案二每种颜色各铺 3 床，减少了床数，但方案二比方案一增加了排料件数，管理相对复杂，生产条件要求高。方案三采取了两种颜色混合铺料的方法，共铺 7 床便可完成，节约了裁剪时间。采取哪种方案，还是要根据制订原则中的企业的实际条件进行选择。

三、排料划样

排料是将样板在布料上进行合理排列的过程，划样是将排料结果画在纸上或布料上，作为铺料和裁剪的生产依据。科学合理的排料是服装生产中节约材料和降低成本的重要途径之一，要高度重视排料工作。

（一）排料的工艺要求

1. 保证样板经向与布料的经向一致

如果样板的经向和布料的经向不一致，裁剪的衣片就会出现衣襟歪斜、裤腿扭斜的状况，严重的会影响到服装的外观和穿着的效果，因此必须保证排料时样本的经向和布料的经向完全一致（需要采用直纱和斜纱在样板上要特别表明），排料时要在排料纸上作经向标记，如图 3-10 所示。

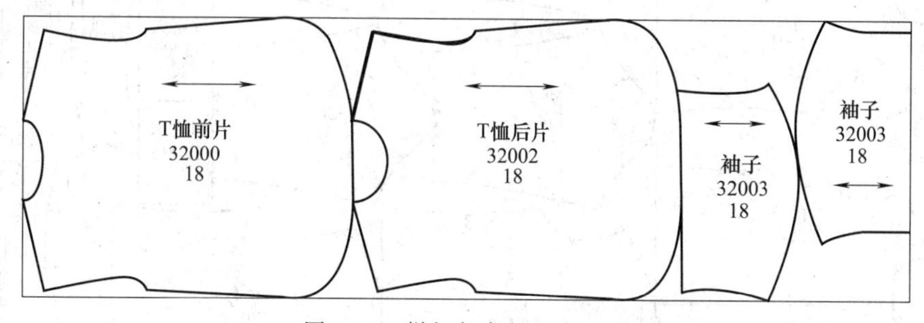

图 3-10　样板与布料经向一致

2. 保证衣片的对称

服装的许多衣片具有对称的特点，为保证每件服装的衣片由同一布料组成，以免由于色差对服装质量产生影响，所以在排料时，每件服装的所有对称衣片都要排上。

3. 保证面料正反面的正确

一般排料划样都画在面料的反面，对于不对称的服装的样板，如果忽视了面料正反的问题，就会出现裁处的衣片与设计的服装方向相反的情况。

4. 保证面料方向的正确

对有方向性的面料，如绒毛类、条格类、带有花纹图案的布料，排料时样板要按同一方向排，以保证制成的服装各部位在光泽、图案、花纹、手感上一致。条格类面料还要考虑衣片衔接处的对条与对格。

5. 节约用料

排料时要尽可能地利用面料，可采用多件套排，尽量减少空余面积，一般把空余的地方留成长条状，以利于余料的利用。

（二）排料方式

服装的排料方式按照方向的不同，分为一顺排和任意排两种。一顺排排料时，所有样板的衣片都按同一方向排列，对有方向性要求的面料采用这种排料形式。任意排没有方向的限制，可以进行任意排列，这种方式有利于充分利用面料。为了更好地利用材料，可以采用套排的形式。套排方式又分为同款同规格的套排、同款不同规格的套排和不同款式的套排三种。如图 3-11～图 3-13 所示。

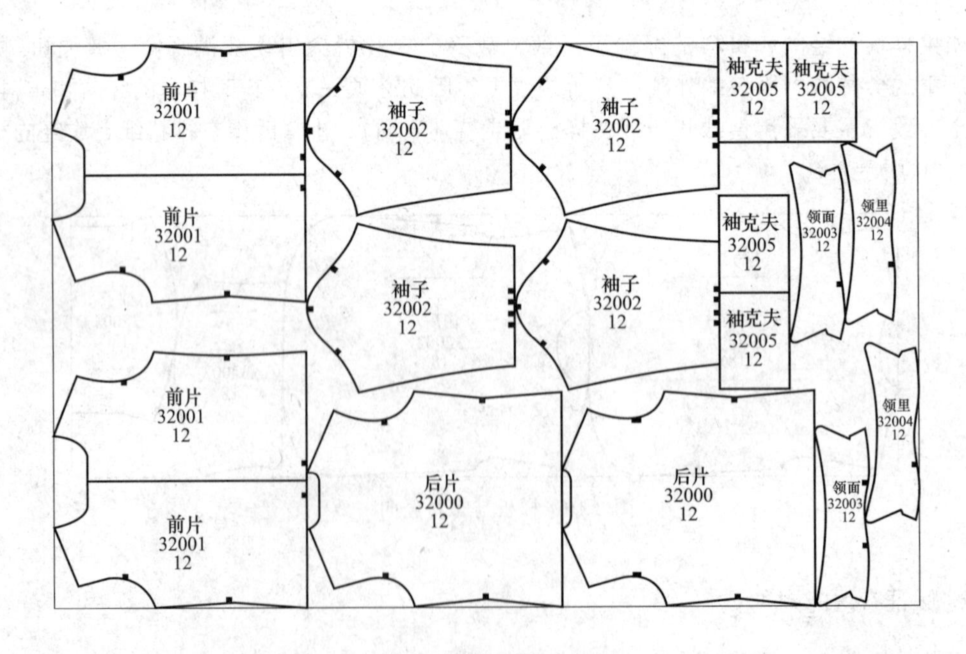

图 3-11　同款同规格的套排

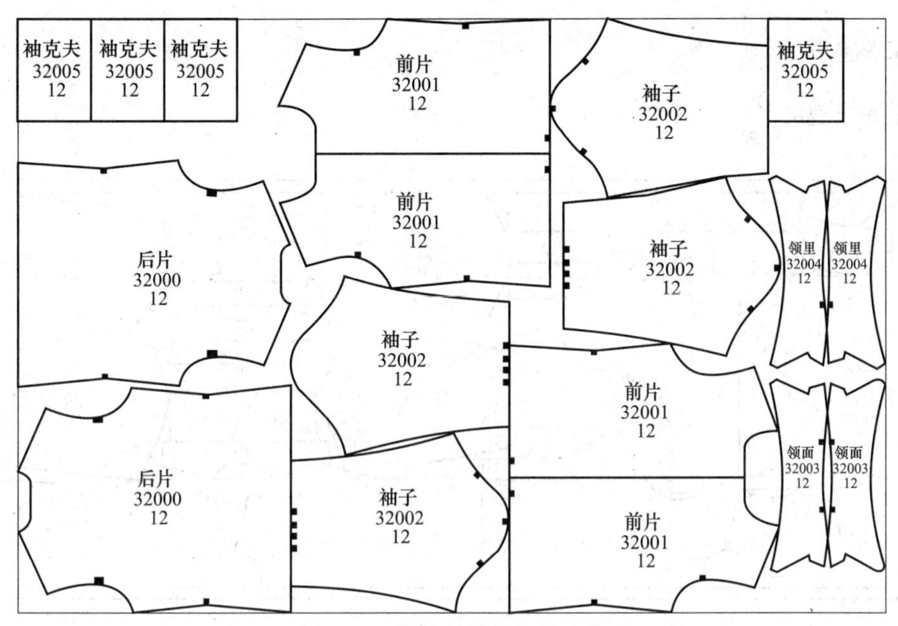

图 3-12　同款不同规格的套排

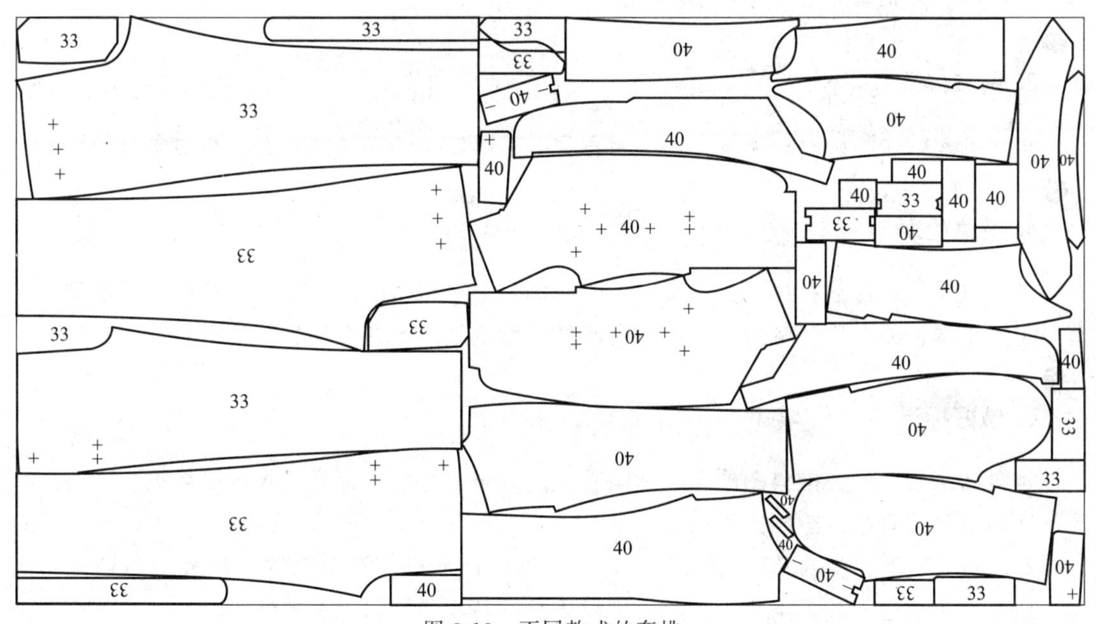

图 3-13　不同款式的套排

（三）排料方法

现在主要有手工和计算机排料两种方法。在用手工排料时，应当注意以下几点。

1. 先大后小

先排面积大的主要部件，然后再排小的部件和零部件，有利于合理排列和节约面料。

2. 紧密套排

应根据板型的形状进行排列，能够达到充分利用面料的效果。如图 3-14 所示。

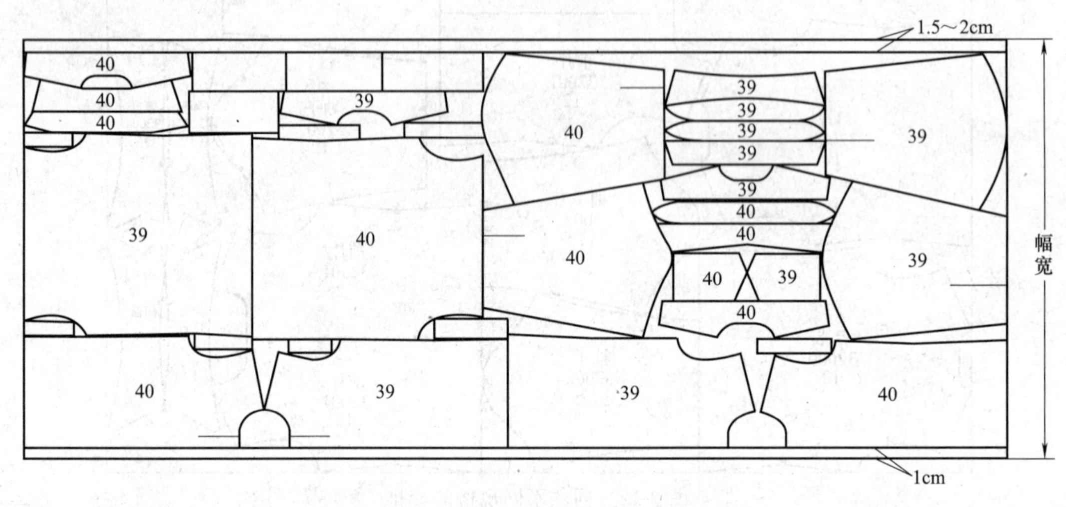

图 3-14 衣片紧密套排示意图

3. 两端排齐

排料的起始端和结束端要排齐，不能有突出的部位，并在两端画上与布边垂直的线。

4. 避免色差

进行拼接与缝合的衣片，其拼接部位的一侧要排在布料的内侧，因为布料两侧的颜色会有一定的差异，缝合后两侧的色差就较为明显，影响服装的外观质量和等级。

5. 做好标记

排料结束后，要在排料图的末端注明服装的编号、号型、幅宽、长度等数据，在每片衣片上注明编号、号型、缝制定位标记。

计算机排料时，把衣片图形和工艺要求提供给计算机，有自动排料和人机对话排料两种。现在很多企业一般采用手工排料，排料质量好坏需要排料人员的经验。

（四）条格面料的排料

条格面料的服装品种较多，也是备受消费者喜欢的服装之一。条格面料的服装设计时，要充分考虑面料的选用和条格位置的安排，即要达到横向格对齐、纵向格对称的要求。如前后衣片的横向格对齐，纵向条对称；大、小袖片横向对格，左右两袖纵横格位置对称；袖子与衣身横向要对格；领子与衣身、挂面与衣领、口袋与衣身等部位的条格配置要合适。为了减少误差，条格面料的排料一般直接排在布料上，然后再进行铺料。

1. 横向格对齐

在排料时，常用的横向格对齐的方法有以下几种。

(1) 以底摆为基准　将衣身的底摆确定在横格的位置上或是两条横格的中间。如图 3-15、图 3-16 所示。

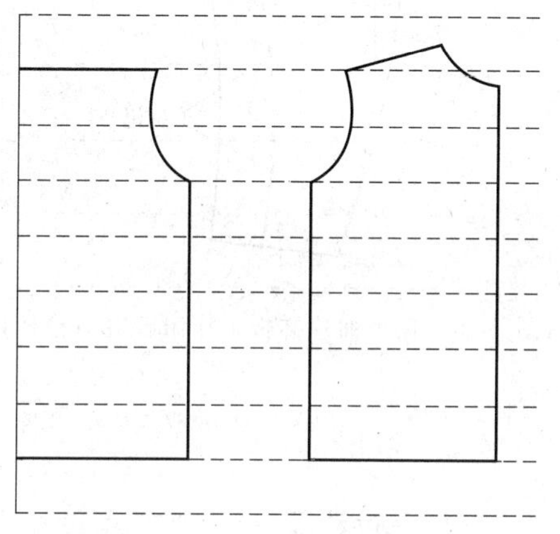

图 3-15　底摆在横格位置

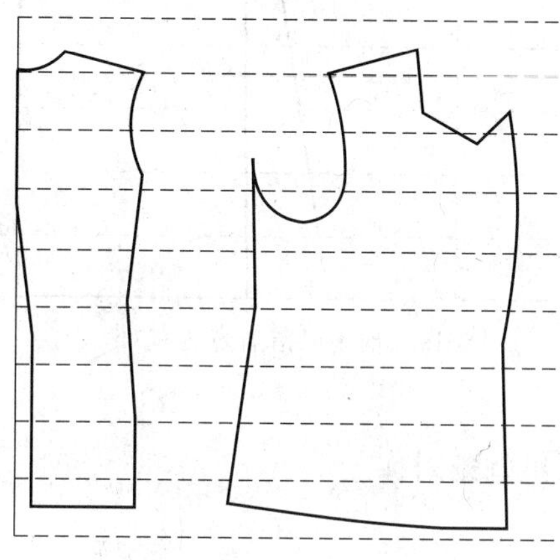

图 3-16　底摆在横格之间

(2) 左右衣片对称排列　对于前止口为垂直状的衣片，为使前门襟处准确对格，可将左右衣片对排在一起，裁剪时中间不裁开，缝制时再断开，这种方法简单有效，如图 3-17 所示。

(3) 袖子以装袖吻合点为基准　排料时按照装袖吻合点确定衣身和袖的相对位置。如图 3-18 所示。对女装和时装可以用此方法使衣身和袖片准确对齐。

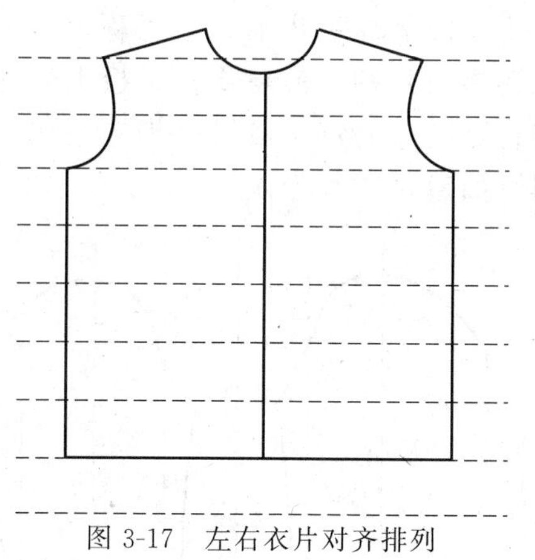

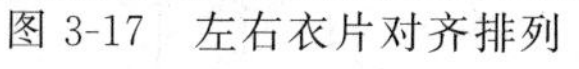

图 3-17　左右衣片对齐排列

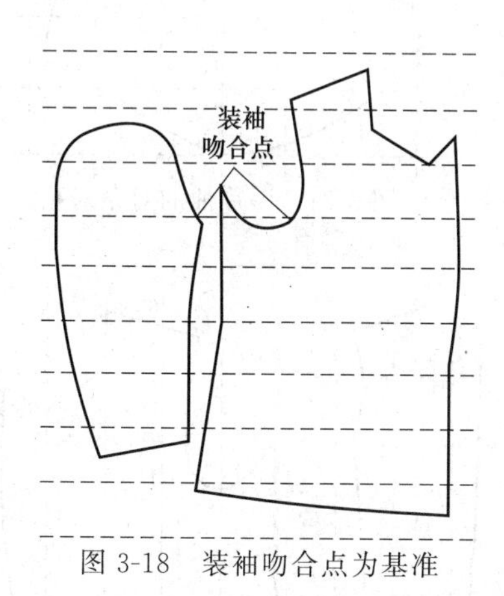

图 3-18　装袖吻合点为基准

(4) 袖子以落肩点为基准　按照落肩点和袖中线端点确定衣身和袖的相对位置，这种方法适用于一片袖的服装，如图 3-19 所示。

(5) 大、小袖片横向对格可按身与袖对格时确定大袖片的横格位置　在小袖片样板上作出合缝对格标记，如图 3-20 所示。

一片袖的服装，如衬衫和短袖衬衫，袖口成水平状态，而且布料不是阴阳格时，可按照图 3-21 所示进行排料。裁剪时袖口不必裁开，缝制时再裁开。

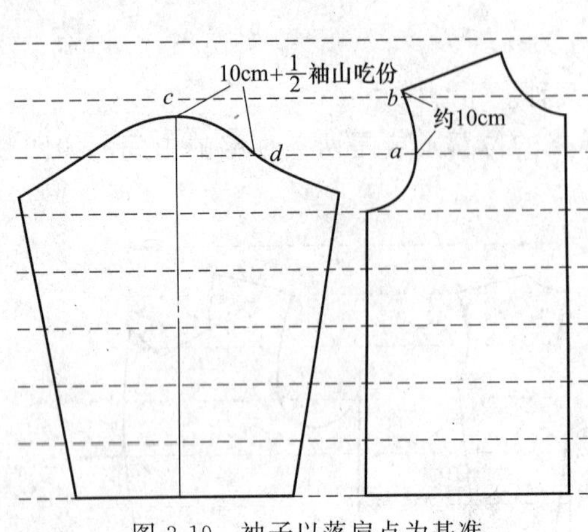

图 3-19 袖子以落肩点为基准

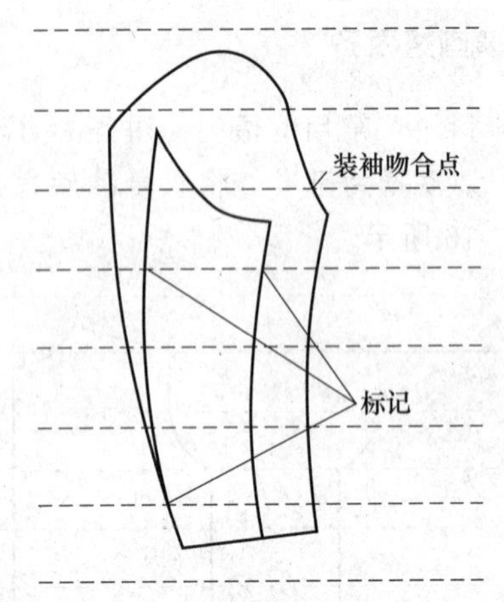

图 3-20 在小袖片样板上作出合缝对格标记

2. 纵向条对称

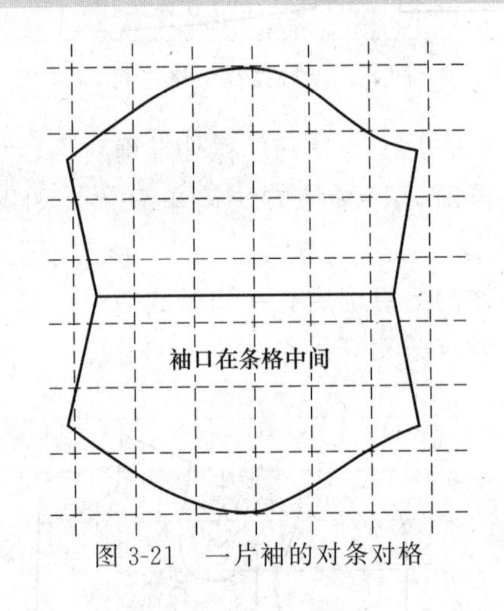

图 3-21 一片袖的对条对格

纵向条对称是指左右衣片和袖子的纵向条格要对称于衣身的前后中心位置。方法如下。

(1) 衣身前后中心位置一般确定在两条纵向条格的中间和主要的纵向条格上，如图 3-22。对有背缝的西装后背缝合后，两侧条格向里收进必须对称。

(2) 左右两片袖纵条对称，不论一片袖还是两片袖，都需要在样板上做对称标记，再按标记对准面料上相应条格进行排料，如图 3-23 所示。

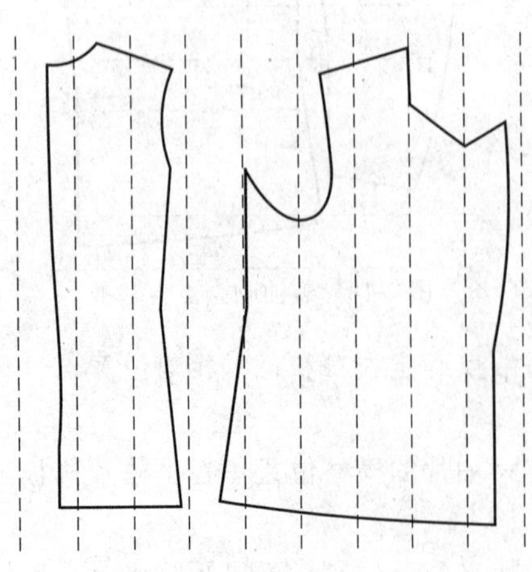

图 3-22 前后中心位置的纵向格排料

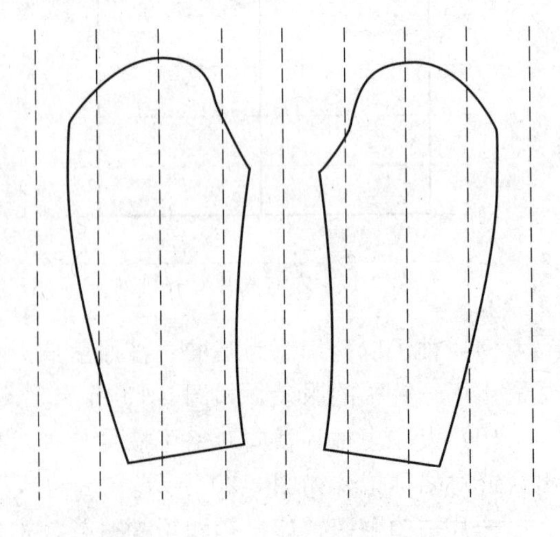

图 3-23 左右两片袖的纵向条对称

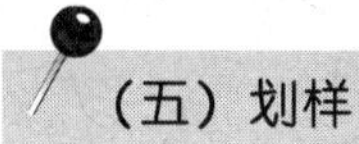

（五）划样

划样的方法有如下几种。

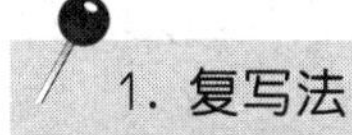

1. 复写法

将排料图用复写纸复制若干份，裁剪时将排料图直接铺在面料上进行裁剪，此种方法用于生产任务少、裁剪床数少的情况，排料图是一次性的，无法重复使用。

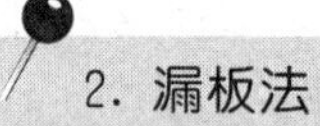

2. 漏板法

把排料图沿衣片的轮廓线打上孔，做成漏板。裁剪时把漏板铺在面料上，沿轮廓线上的孔眼刷上彩色的粉末，把漏板拿去，就留下由粉末形成的排料图，照此进行裁剪。这种划样方法适用于生产任务多、大批量生产的情况。

3. 直接画法

即在布料上直接进行排料划样，然后把这块面料放到铺好的面料上进行裁剪。这种方法一般用于单层面料的裁剪或是条格类面料的裁剪，以便于各部位的对条对格的要求。

四、铺料

俗称拉布，就是根据裁剪方案，把布料铺在铺料台或是裁床上的过程。

（一）铺料的工艺要求

1. 布端布边对齐

铺料时，要做到“上手齐、落刀齐、靠身布边齐”的“三齐”标准。即起始端要齐，每层布料断开时要裁整齐，靠身体一侧的布边要整齐。

2. 长度层数准确

铺料长度是由排料图以及每层铺的排料图的个数决定的，如果铺料长度小于排料的长度，就会无法裁剪；如果多于排料的长度，又会产生浪费。同样，层数不准，也会产生浪费或是影响生产的进度和生产任务的完成情况。

3. 布面平整

如果铺料时布面出现了褶皱，裁出的衣片就会与板型的尺寸不一致，产生废衣片或是需要对衣片进行修正而影响生产。但在去除铺料褶皱时，不能对布料施加过大的拉力，防止产生拉伸变形。

4. 面料正反面正确

不论采用何种铺料方式，如面料的正面和正面相对，反面与反面相对，都要保证正反面的正确，铺料时要认真辨别布料的正反面，避免铺错。

5. 条格图案要对准

对条格类面料的铺料，要保证每层面料的条格和图案上下对准，否则裁出的衣片就会出现不同层上的衣片上的条格或图案不一致，影响整批生产任务的质量。

6. 面料的方向要正确

对起毛起绒类和有图案的具有方向性的面料，铺料时要保证每层面料的方向一致。

（二）铺料方式

服装生产所采用的铺料方式有单程铺料、双程铺料和双幅对折铺料三种方式。

1. 单程铺料

单程铺料的主要特点是铺的面料层与层之间是断开的，即每铺完一层其末端都要断开，单程铺料根据所铺的层与层之间方向的不同，分为单程和合铺料和单程单向铺料两种。

（1）单程和合铺料　即铺料的层与层之间是面对面、底对底的铺料方式，适用于倒顺花型、倒顺毛、倒顺条格等面料，不适宜左右不对称的条格面料，如图 3-24 所示。

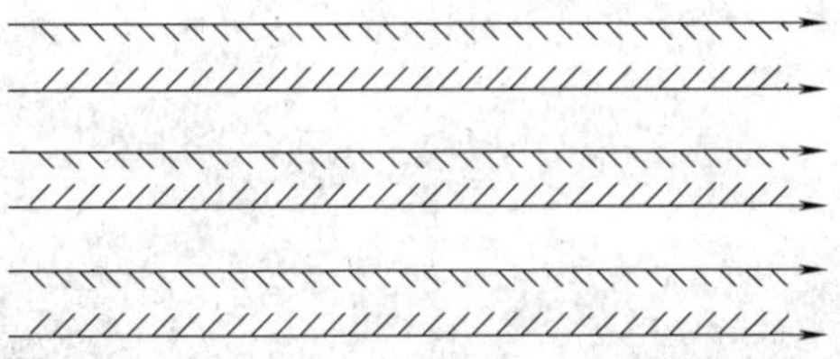

图 3-24　单程和合铺料

（2）单程单向铺料　即铺料的层与层之间面和底相对的铺料形式，多以正面向下铺料。适合于各类面料的铺料，特别是有方向性的起毛起绒织物和花纹图案及条格类织物，如图 3-25 所示。

图 3-25　单程单向铺料

2. 双程铺料

又称双程和合铺料，每层布料铺到长度后不断开，而是直接折回铺料，适用于无倒顺、无规则花型的面料，如图 3-26 所示。

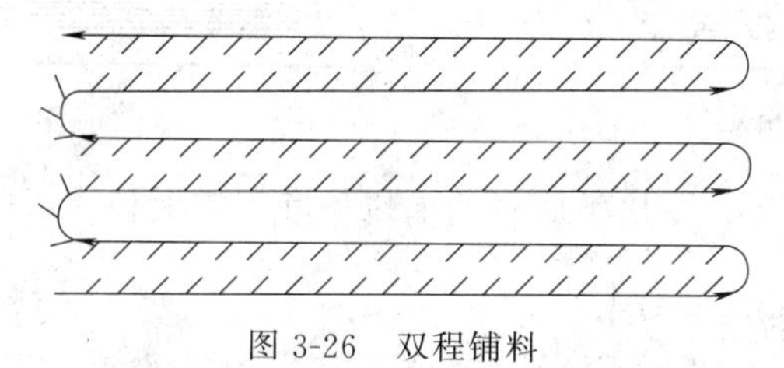

图 3-26　双程铺料

3. 双幅对折铺料

一般采用把布料沿经向对折、正面朝里的铺料方式。适于对称衣片的铺料，便于对条对格或是布料有色差的情况，从而减少对产品的影响，如图 3-27 所示。

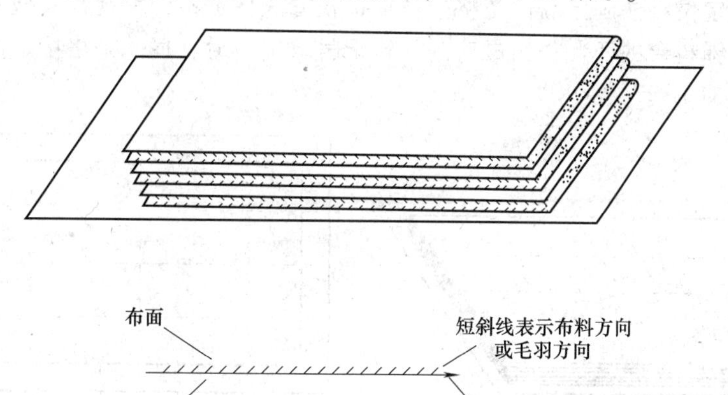

图 3-27　双幅对折铺料

（三）条格面料的对条对格

对条格类面料，铺料时为保证各层面料所裁衣片的尺寸准确，特别是满足做成的服装达到对条对格的要求，必须保证各层面料的纵横格要准确定位。铺料中的对条对格的方法有定位针和定位记号两种方法。

1. 定位针法

铺料时，根据面料条格的距离或是每隔 20～30cm 置一定位针，将每一层布的相同条格的位置固定在同一定位针上，以此来保证条格的定位准确。定位时不要太用力拉布料，同时也要保持布面的平整，横向格布料需要在布幅的两侧放置定位针；纵向条格要在长度方向放置定位针；纵横向都有条格的需要在纵横两个方向同时放置定位针，如图 3-28～图 3-30 所示。

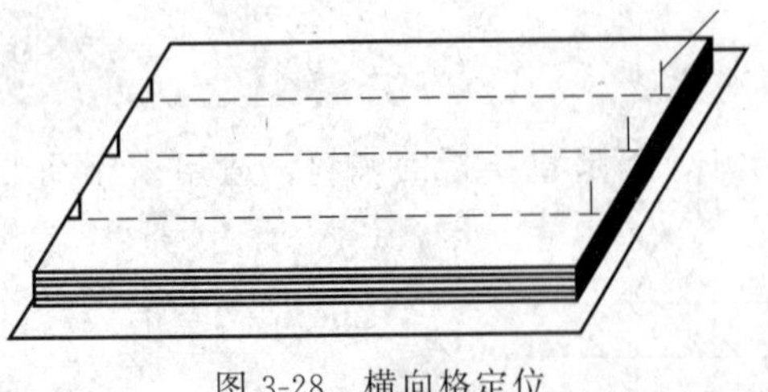
图 3-28　横向格定位

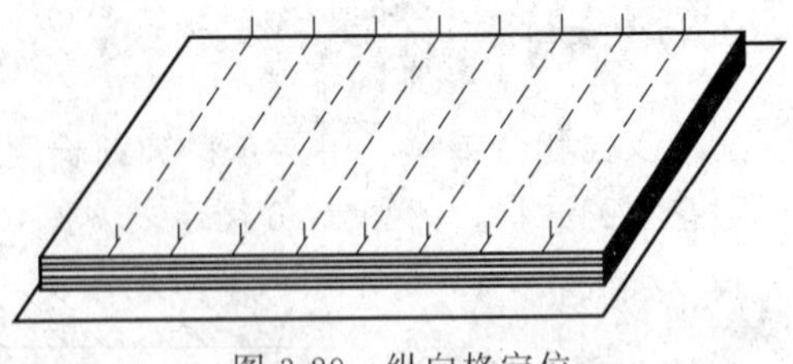
图 3-29　纵向格定位

为保证对条对格的效果，条格类面料的铺料长度不宜太长，所以在排料时宜采用单件排料或是两件套排。

2. 定位记号法

对不要求每件制品的条格位置完全一致，只要求一件服装的自身达到对条对格的要求的服装来说，排料时按照对条对格的要求排，铺料时则不需要用定位针法定位。例如对横条格面料的服装，只需要横格对齐、纵格对称即可，不要求某一横格必须出现在固定的位置，铺料时就可以只用定位针法固定纵向条格的位置，横向只保证不歪斜就行，横向就可以采用定位记号法，即在铺料台的两侧作出成对的平行记号，铺料时，横向条格按定位记号保证横格不倾斜，如图 3-31 所示。

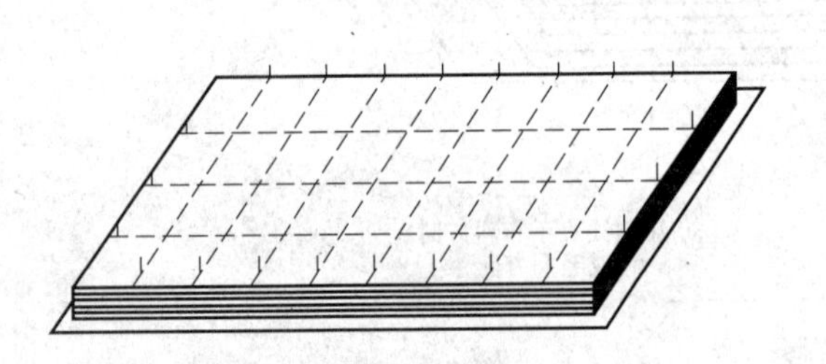
图 3-30　纵横格定位针法

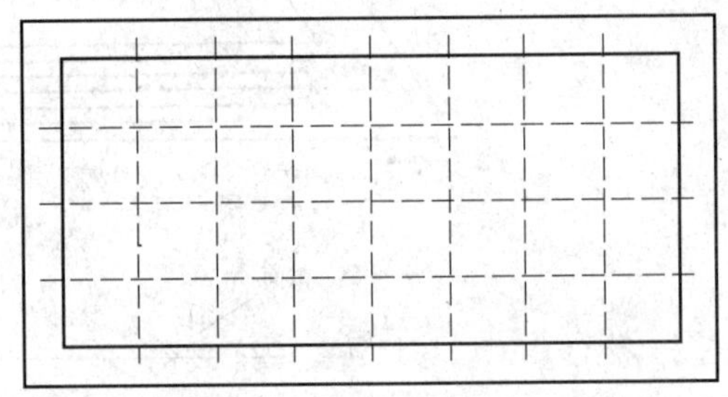
图 3-31　对条对格的定位记号

五、裁剪

裁剪就是将铺好的面料，按照排料划样的样板形状裁成衣片的过程。裁剪需要较高的技术和实际操作经验，其质量的好坏对服装的质量和生产的正常进行有着直接的影响，因此要严格按照技术要求进行裁剪。

1. 裁剪的准备工作

裁剪前要检查排料图的衣片形状和定位标记有无错误和遗漏，拼接处是否符合标准和拼接完整；检查铺料质量。如发现画线不清和其他问题，要及时与技术部门联系，把问题消灭在萌芽状态，否则会造成无法挽回的损失。裁剪前的检查还包括电源及线路的检查和设备的检验。

2. 裁剪的操作要求

（1）保证衣片尺寸的精确　裁片各边的直横线条、弧度、曲线要与样板相符，对称的衣片和合后要对称相符。裁片允许的尺寸误差范围，如表 3-9 所示。

表 3-9　裁片允许的尺寸误差

检验项目	检验内容	允许误差/cm	
		+	−
前片	按工艺文件或样板	0.6	0.3
后片	按工艺文件或样板	0.6	0.3
胸围	按工艺文件或样板	1.0	0.6
袖子	按工艺文件或样板	0.4	0.2
袖口	按工艺文件或样板	0.4	0.4
前后片	摆缝对比	0.3	0.3
大小袖片	袖缝对比	0.3	0.3

（2）保证切口质量　裁出的衣片要顺直、圆顺，切口整齐光洁。这样才能保证衣片尺寸的精确。

（3）定位标记准确　衣片上的省位、兜位要打孔眼做标记，孔眼要从顶层到底层垂直穿透，钻眼要准。刀眼的位置深浅要准确，要做到既能看清标记，又能保持一定的牢度。

（4）三先三后　先裁小的衣片，后裁大的衣片，如果先裁大的衣片，剩下的小衣片裁剪时不易控制，造成裁剪不准；先横裁，再直裁，先横裁后，电动裁剪机易于进入划样图内，便于进行左右的直线条裁剪；先裁外口，再裁里口，这样做仍是为了保证裁片的质量。

（5）刀不拐角　裁刀本身具有一定的宽度，因此不能裁出精确的拐角，所以，在裁拐角时，应从两个方向分别进刀，以保证拐角处的准确，如图 3-32 所示。

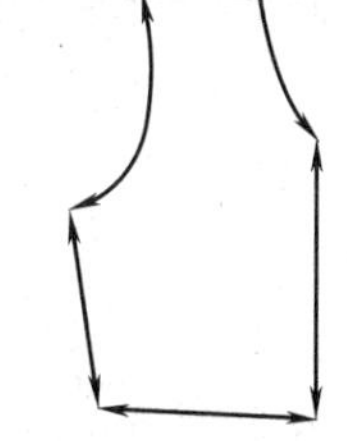

图 3-32　拐角处的裁剪方法

（6）裁刀垂直和避免错动　裁剪时要使电剪刀保持平稳，刀片与台板保持垂直，一手推动裁剪机，一手把裁刀前的布层按牢，严格按划样的画线进行裁剪。压服面料用力要柔和，避免使各层面料产生错位，造成不同层衣片的尺寸误差。

3. 条格面料的放格裁剪

放格裁剪就是将对称的衣片、袖片中的一片裁成净片，另一片则放出一定的余量，然后按照对条对格的要求，横条格布料在纵向加放余量，纵条格布料在横向加放余量。格子面料在纵横两个方向上都要加放余量。余量的大小视条格的循环尺寸而定，一般放出大半个条格循环的尺寸。例如，横条间的距离为 5cm，则需在纵向加放 3cm 左右的余量。

六、验片、打号与分扎

衣片裁出后，要经过检验、打号与分扎，以保证准确有序地把质量合格的裁片交付给缝制部门进行加工。

1. 验片

验片是对裁剪后的衣片进行逐一检查，是为了及时发现裁片有没有规格与形状不合格的，或是有疵点的衣片，并且能对不合格的裁片进行修正或调片，避免不合格成品的出现。验片的方法如下。

① 首先校对样板裁片的规格和形状。

② 将第一层的裁片和最底层的裁片进行比较，检查上、下裁片规格是否相同。

③ 逐层翻阅，检验衣片有无疵点。要注意不同衣片对疵点的要求程度不同，同一衣片的不同部位允许存在的疵点也不相同。

2. 打号

打号就是把裁好的衣片按照布料的层次顺序进行编号，并打印在裁片上。以保证服装各部件缝纫组合正确，并且保证同一产品上的部件出自同一衣片，从而保证色泽一致。编号要仔细、准确，不能出现编错、漏编、编重等情况。

3. 分扎

分扎是将打号后的裁片，按照成衣缝制生产安排，将组成产品的若干部件、零部件捆扎在一起，以便缝制车间的正常生产。分扎要注意同一扎的裁片必须是同一规格的，数量要准确，拉链、商标及其他辅料不得遗漏。

第三节　缝制工程

缝制工程是服装企业生产的重要环节，缝制生产的组织与管理是实现生产效率的重要保证。其主要工作是对缝制工序进行合理安排，确定最佳的工序组合、生产流程和设备配置方案，从而达到缝制的工艺路线最短，缝制的加工时间最少，实现快速、高效和降低成本的目的。

一、基础概念

缝制生产的依据是前面提到的工艺技术文件，在缝制工序的工艺制订中，既包括缝制顺序和方法的确定，又包括线迹、线迹密度和缝型的确定。线迹和缝型是服装缝制中最基本的要素。

（一）线迹

1. 线迹的概念

线迹是指在缝合布料时，缝纫线按照一定的方式穿刺过布面所形成的缝纫线露在布面上的痕迹。线迹的主要作用是把衣片缝合在一起，同时线迹的不同，对缝合的强度和缝合的外观会有不同的影响。

2. 线迹的类型及应用

根据国际标准和我国国家标准的规定，线迹共分为 6 大类，88 个品种。

（1）100 类—单线链式线迹　单线链式线迹是由一根针线往复循环穿套而成的链条状线迹。这种线迹用线量不多，拉伸性一般，只要将最后一根线解开，即可将整个缝纫线抽出，所以此类线迹应用不多。目前很多钉扣机采用这种线迹类型，因为钉扣时缝线的相互穿套是在钮扣的扣眼间完成的，缝线的叠加和挤压，提高了线迹的抗脱散性能。图 3-33 所示为常见的链式线迹图形，其中 103 号线迹为单线链式缲边线迹。此外，服装生产中还采用 101 号线迹做衣片间暂时性的连接假缝。

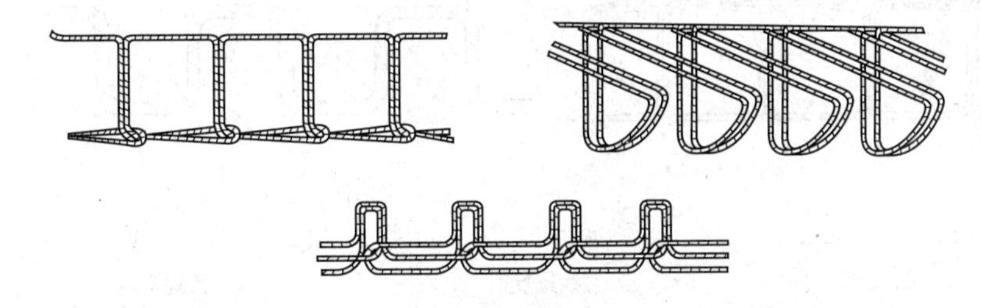

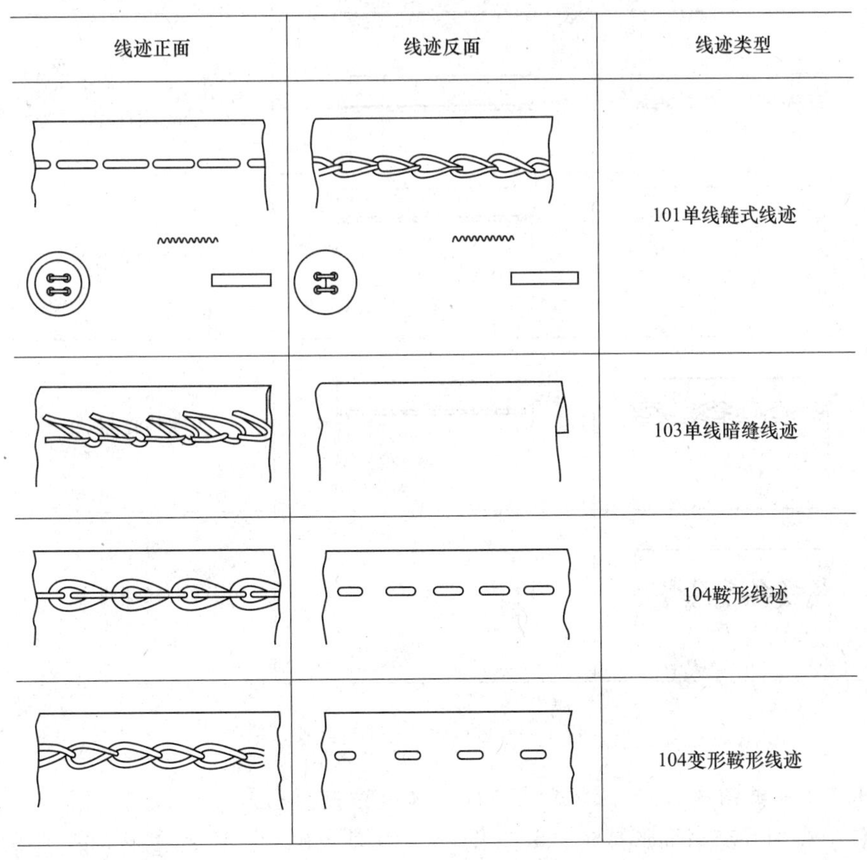

图 3-33　100 类—单线链式线迹

（2）200类—类手缝线迹　这种线迹来源于手工缝纫的线迹形式，是由单根线以穿入、穿出缝料，模拟手针而形成的。它的特点是每针用线量是根据整个缝制长度所用的线长来决定的，因为每缝一针整段缝线都要进入一次缝料，如果用一般缝线的话，很容易发生断线、剥线等故障，因此需要耐磨性较好的缝线。常见于西服的装饰线迹，大衣、裤子等钉扣的手工线迹。图3-34为常见的手工线迹图形。

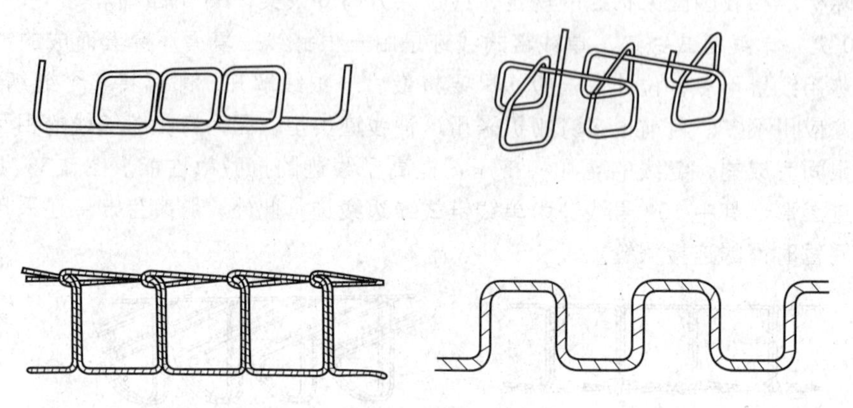

线迹正面	线迹反面	线迹类型
		202扣针线迹
		点线迹 (由扣针线迹形成)
		203装饰链式线迹
		204三角针线迹

图3-34　200类—类手缝线迹

（3）300类—类锁式线迹　锁式线迹也叫梭缝线迹。它是由面线（针线）和底线（梭线）在缝料中央相互交织而形成的线迹。图3-35为常见的锁式线迹图形。如单、双针平缝机、曲折缝机、平头锁眼机、套结机的线迹均属此种类型。这种线迹的特点是结构简单、坚固，线迹不容易脱散，用线量少，在服装缝制中由于面料正反面线迹完全一样而无需区分正反面，给生产带来很大方便。它的缺点是弹性差，容易被拉断，而且经常要换底线。

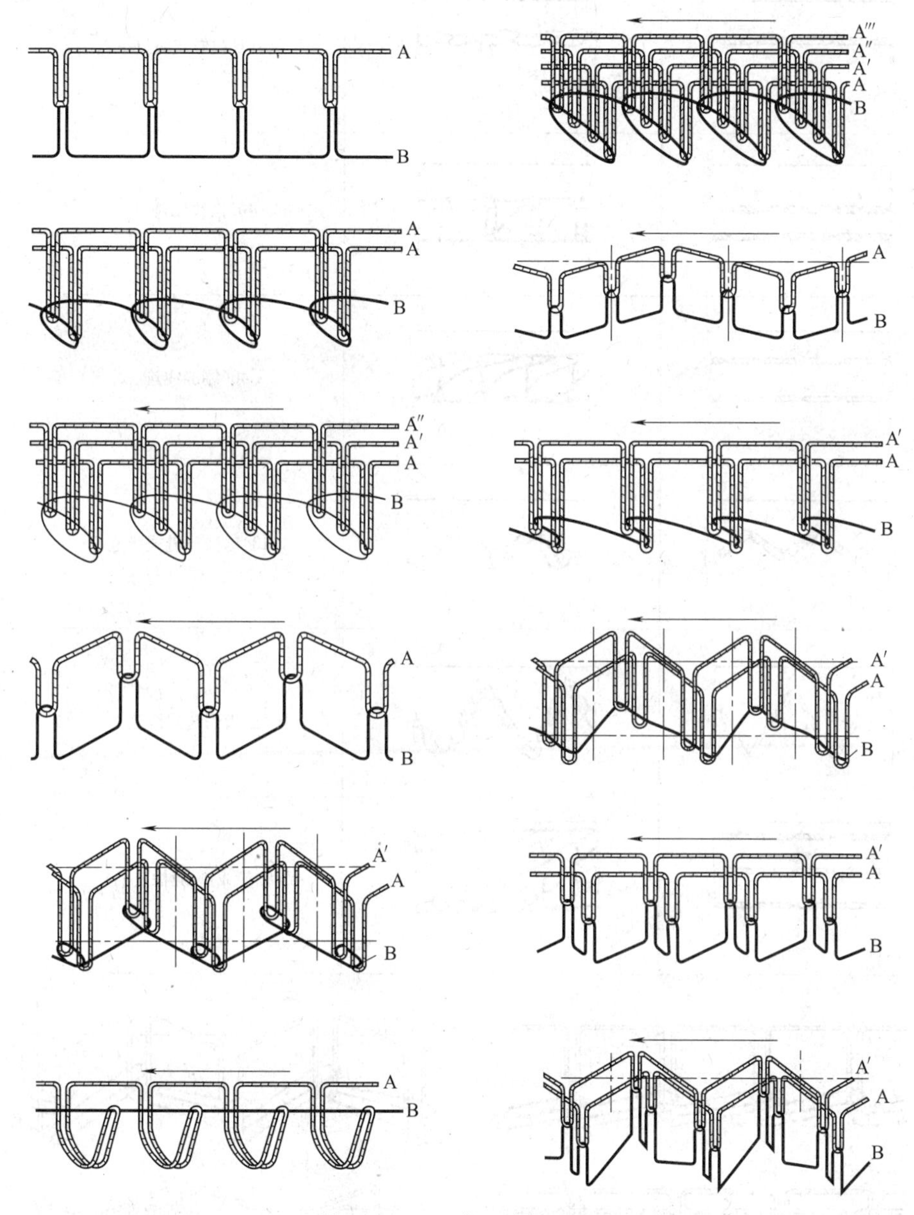

图 3-35　300 类—类锁式线迹

（4）400 类—类多线链式线迹　它是由两根缝线（一根弯针线和一根机针线）或多根缝线（一根弯针线和多根机针线）在缝料中往复穿套而成的。这种线迹用线量较多，正面线迹与锁式线迹相同，拉伸性和强度均比锁式线迹好，有一定的耐磨性，缝线断后不易脱散，适合于针织服装加工，而且在机织面料服装加工中得到了越来越广泛的应用。通常习惯将两根缝线形成的链式线迹称为双线链式线迹，如图 3-36 中 401 号、404 号；由多根缝线形成的链式线迹称为绷缝线迹，如图 3-36 中的 406 号线迹为两针三线绷缝机，407 号线迹为三针四线绷缝机。

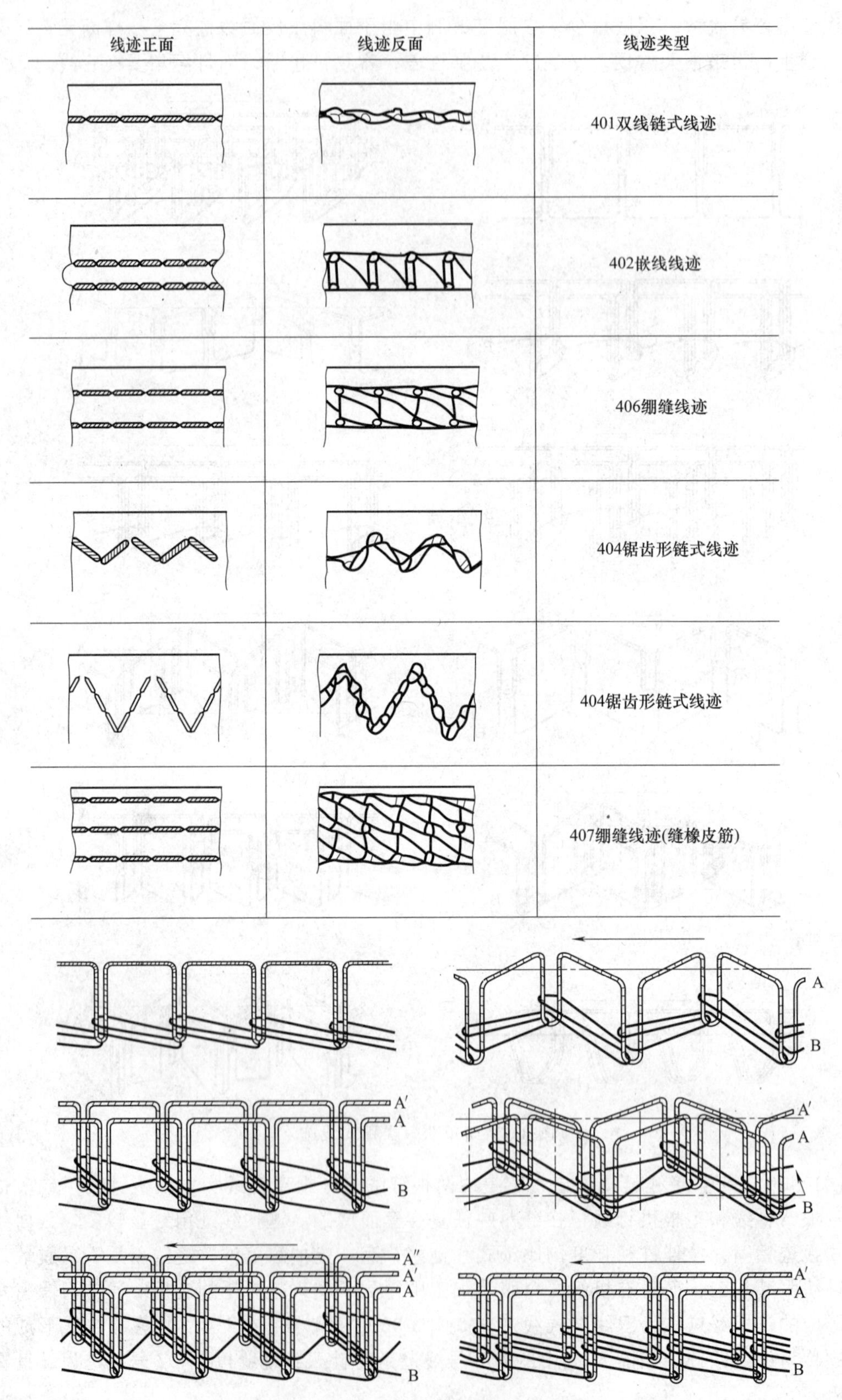

线迹正面	线迹反面	线迹类型
		401双线链式线迹
		402嵌线线迹
		406绷缝线迹
		404锯齿形链式线迹
		404锯齿形链式线迹
		407绷缝线迹(缝橡皮筋)

图 3-36　400 类—类多线链式线迹

(5) 500 类—包缝链式线迹　它是由一根、两根或多根缝线相互循环穿套在缝料边缘上所形成的线迹。这类线迹拉伸性较好，能有效地防止缝料边缘脱散，因此在服装加工中应用非常广泛。其中最常用的是三线、四线和五线包缝线迹。图 3-37 中 504、505、509 号线迹均为三线包缝线迹；507、512、514 号线迹是由两根机针线 1、2 和两根弯针线 a、b 构成的四线包缝线迹，其中机针线 2 和其他缝线的交织使整个线迹牢度和抗脱散能力提高。图 3-38 为五线包缝线迹，实际上它是由三线包缝线迹和双线链式线迹复合而成的，由于是在一台机器上同时完成两种独立的线迹，实现平、包联缝，可以简化工序，提高缝制质量和生产效率。如果双线链式线迹和四线包缝线迹，同时在一台机器上完成，就构成了六线包缝机。

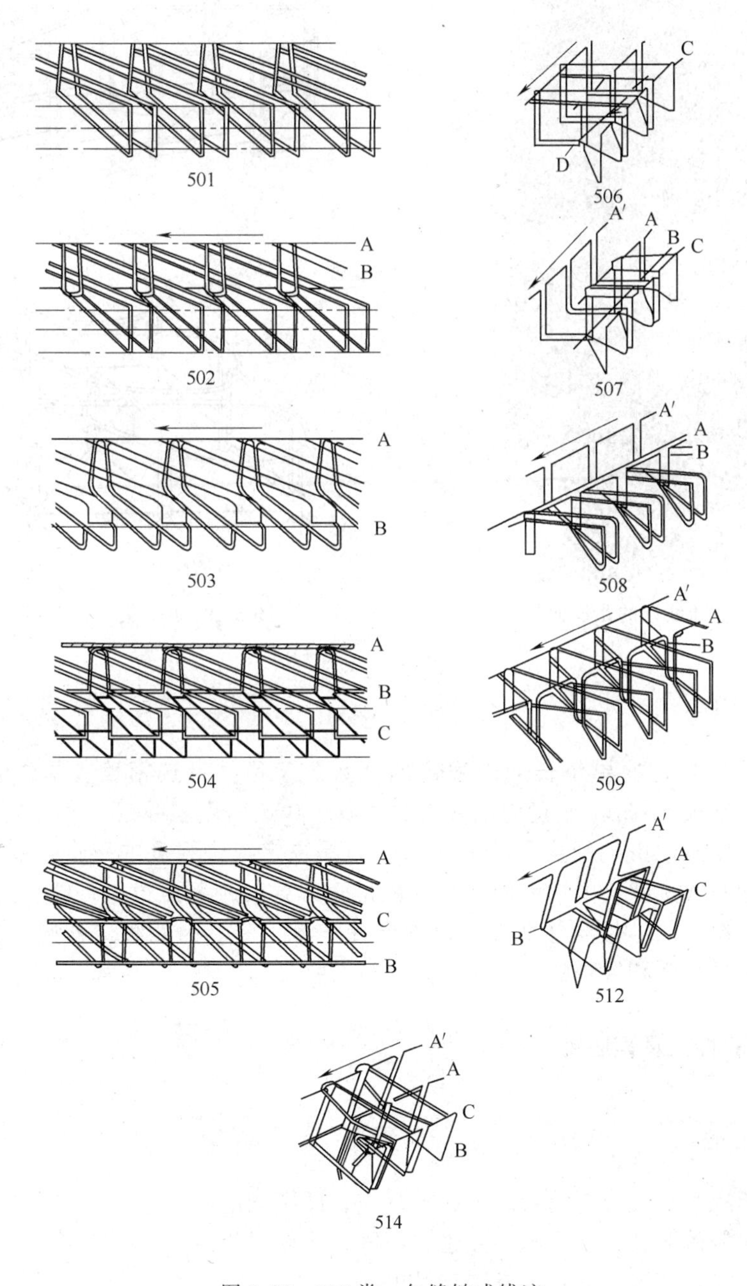

图 3-37　500 类—包缝链式线迹

(6) 600 类—类覆盖链式线迹　它是由两根或两根以上的机针线和一根弯针线相互循环穿套，并在缝料表面配置一根或多根装饰线而形成的。这类线迹的特点是强力大，拉伸性好，同时还能使缝迹平整。在缝料上覆盖的装饰线，可以美化缝迹外观，见图 5-39 所示。通常把这类线迹也称为绷缝线迹，它与 400 系列绷缝线迹的区别在于缝料正面加有装饰线。

图 3-38　504 线迹的正反面外观

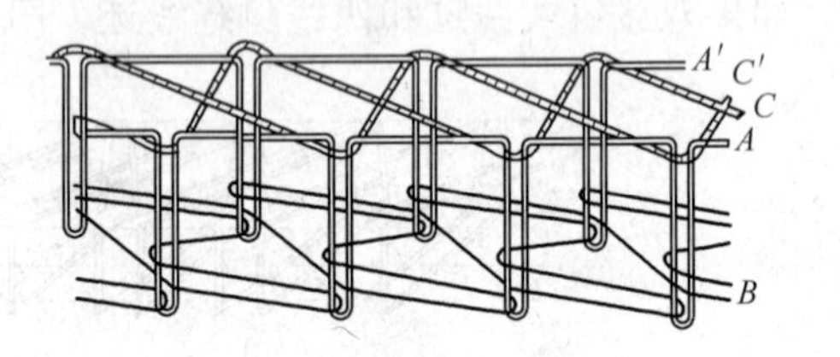

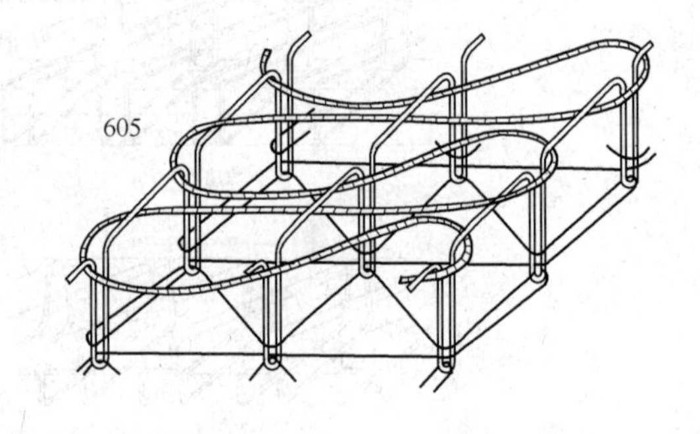

图 3-39　600 类—类覆盖链式线迹

(二) 线迹密度

线迹密度是指规定的单位长度内线迹的个数，又称作针迹密度。单位长度内一般为 2cm、3cm，即用 2cm、3cm 长度内的线迹数量表示线迹密度。线迹密度与缝纫强度有着密切联系，它和缝纫线本身的强度和缝纫线的张力是决定线迹强度的三个重要因素。一般来说，缝合强度随着线迹密度的增大而增加，但是，如果线迹密度过大，缝合强度也会降低，因为针迹过密，布料的纱线会被刺断，反而会使牢度下降。因此线迹密度应在一定的范围内，要按照布料的种类和线迹的用途来确定。

(三) 缝型的种类及其应用

1. 缝型的概念

缝型就是指衣片和线迹在缝合时的配置状态，即不同的衣片以怎样的方式进行缝合。缝型的不同，所缝制的服装的外观和强度也就不同，也就是指缝口的结构形式。缝型的确定对缝纫产品的加工方法和产品质量起着决定性的作用。

2. 缝型的种类

缝型由所缝裁片的数量及相互叠加的形式、缝纫机针穿刺裁片的部位和形式、线迹种类及行数等因素决定，所以由基本缝型变化衍生的种类很多。按照国际标准化组织于 1981 年制订的缝型国际标准（ISO/DIS 4916），有 8 种缝型，285 种裁片料边配置形态，551 种缝型标号。

缝型标号由五位数字组成：第一位数字（1～8）表示缝型的类别，第二三位数字（01～99）表示裁片料边的配置形态，第四五位数字表示缝纫机针穿刺裁片的部位和形式，缝型标号斜线后的数字表示所选用的线迹代号。缝型标号的统一有利于今后推进现代化管理，为设计→工艺→生产→营销→售后服务的信息化管理创造条件，以更好地参与国际贸易及同业间的交流和竞争。服装生产中常用的缝型如表 3-10、表 3-11 所示。

表 3-10　服装生产中的常用缝型

缝迹类型	缝型名称 (ISO 4916/4915)	缝型构成示意图	缝迹类型	缝型名称 (ISO 4916/4915)	缝型构成示意图
包缝类	3 线包缝合缝 (1.01.01/504 或 505)		锁缝类	合缝 (1.01.01/301)	
	4 线包缝合缝 (1.01.03/507 或 514)			来去缝 (1.06.02/301)	
	5 线包缝合缝 (1.01.03/401+504)			滚边(小带) (3.01.01/301)	
	4 线包缝合肩(加肩条) (1.23.03/512 或 514)			装拉链 (4.07.02/301)	
	3 线包缝包边 (6.01.01/504)			折边 (6.03.04/301 或 304)	
链缝类	双针双链缝犬牙边 (3.03.08/401+404)			钉品袋 (5.31.02/301)	
	双链缝缲边 (6.03.03/409)		绷缝类	滚边 (3.03.01/601 或 605)	

缝料有“有边限”和“无边限”2 类，有边限用直线表示，无边限用锯齿形线表示。缝料的缝型和代号见附录 1。

二、缝制设备

1. 缝纫机的分类

缝纫机自发明至今已有 100 多年的历史了。我国 20 世纪初，美国胜家（singer）公司的

表 3-11 衬衫各部位的缝型示意图

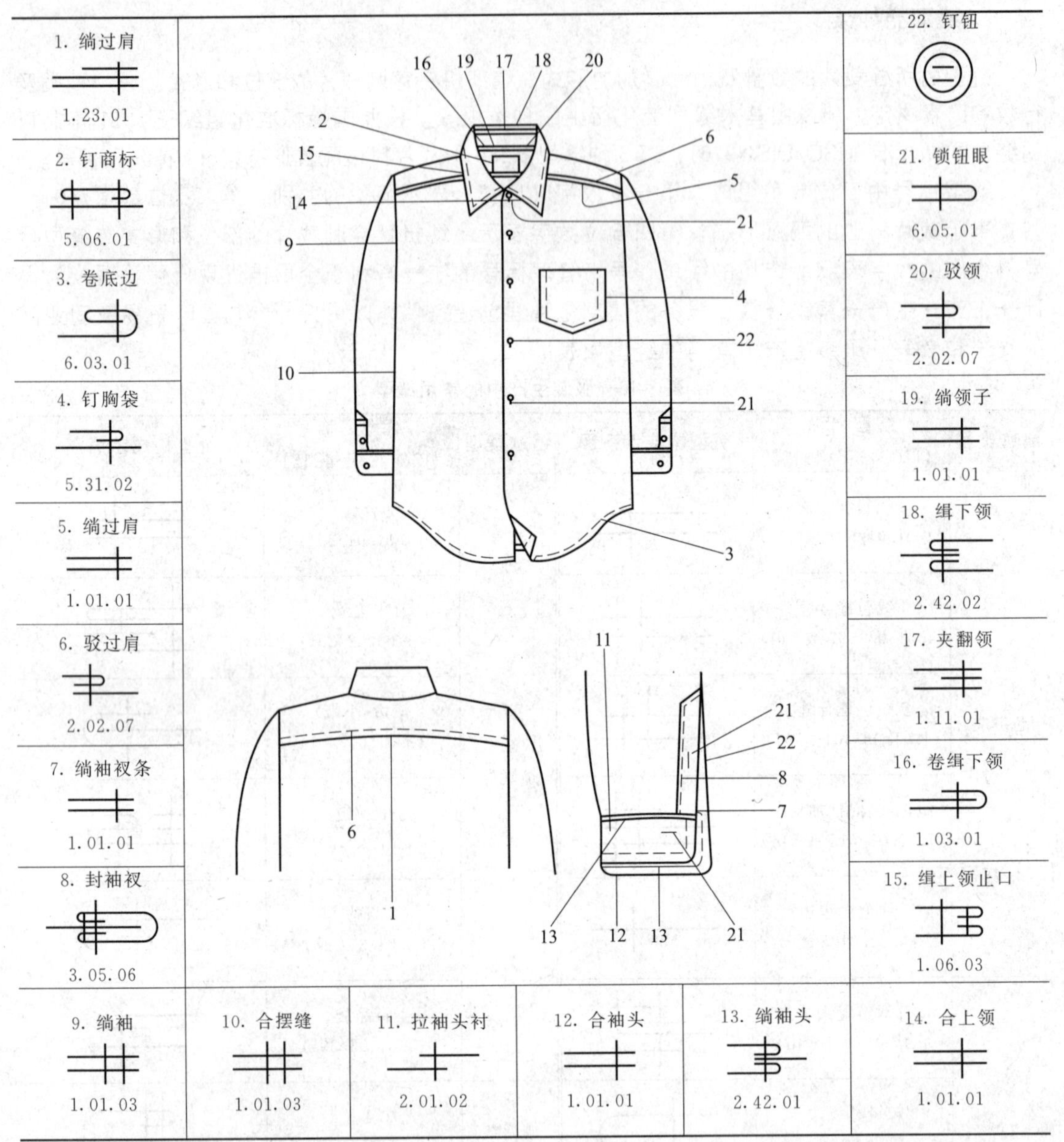

缝纫机首先输入上海、广州等地。此后，德国、英国、日本等国也纷纷在我国设立了推销机构，输入各种缝纫机的零部件。由于缝纫机是实用的生产工具，生产效率远远超过手工，而且使用方便，所以很快为手工业者、生产工厂和家庭所接受，各种不同类型的缝纫机逐渐增多。我国的缝纫机型号和发展见附录 2。

① 按照使用对象的不同分为家用缝纫机、工业用缝纫机和服务性行业用的缝纫机。

② 按驱动方式的不同分为脚踏式、手摇式和电动式缝纫机。

随着技术的不断进步和开发，缝纫设备已经从原来的机械化和自动化逐步发展到今天的计算机化、网络化阶段。有些性能特殊的专用设备也应用在生产线上，这些都进一步提高了车间设备和空间的利用率，降低了工人的劳动强度。

2. 常用的缝纫设备

（1）工业平缝机　工业平缝机是服装生产中使用最多的机种，能够在服装加工中进行拼接、合缝、绱、纳的工序制作。工业缝纫机的种类较多，从速度上可以分为低、中、高速机，一般常用的是高速机，具有自动润滑、转动平稳、噪声低的优点。电脑控制的还有自动剪线、自动倒缝、自动压脚升降的优点，给缝制工作带来极大的便利，有利于工作效率的提高。工业平缝机还有单针机和双针机之分，双针机可以在一次缝纫中同时缝制出两道缝线迹，既提高了生产效率，又增加了服装的外观品质，是缝制外衣、运动衣和上拉链的合适机种，如图 3-40 所示。

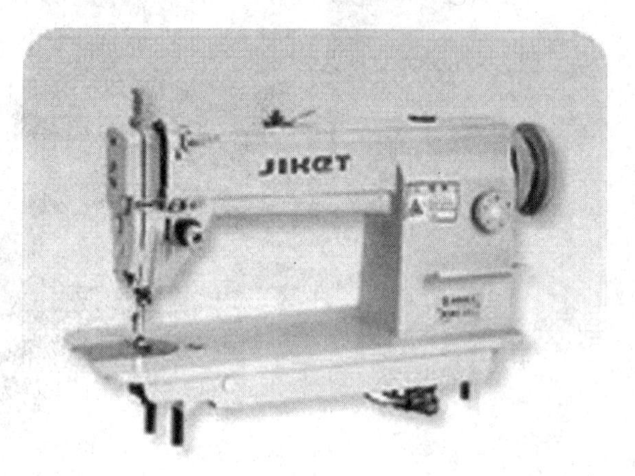

图 3-40　工业缝纫机

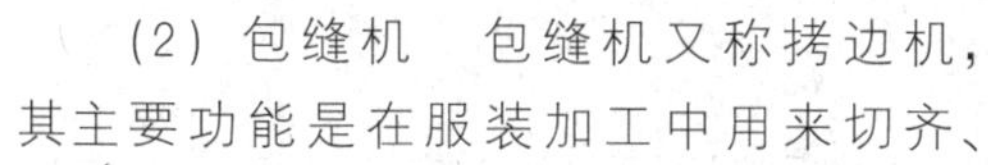

（2）包缝机　包缝机又称拷边机，其主要功能是在服装加工中用来切齐、缝合面料的边缘，对面料的边缘进行包缝，防止面料边缘纱线脱散。其机型一般采用箱式结构，按照缝纫线数可分为单线、双线、3 线、4 线、5 线、6 线包缝机，包缝机如图 3-41 所示。

（3）绷缝机　绷缝机主要用于针织品的拼接、滚领、滚边和装饰，在机织品的缝制中极少，使用如图 3-42 所示。

图 3-41　包缝机

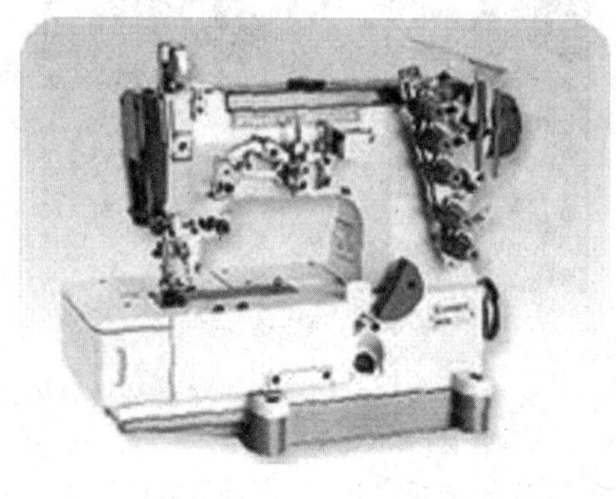

图 3-42　绷缝机

（4）钉扣机　钉扣机主要用于两眼和四眼的圆平纽扣，如果要缝制其他类型的纽扣需要在此基础上配备相应的附加构件。目前大多数为单线链式线迹，附设有可靠性打结机构，提高了钉扣质量，如图 3-43 所示。

（5）锁眼机　锁眼机分为平头锁眼机和圆头锁眼机。其中，平头锁眼机是用于纽扣加工

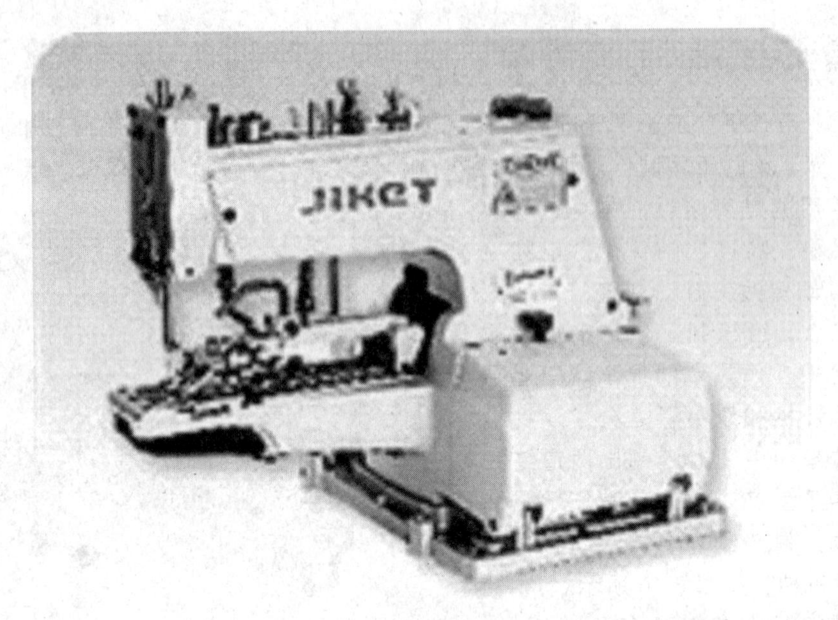

图 3-43 钉扣机

的专用设备，它可以在电脑控制下选择多种纽扣的眼型以适应不同服装的要求。圆头锁眼机用于缝制面料较厚的服装纽扣的扣眼使用，所缝制的眼型前端成圆型，能容纳纽扣和缝料间的缠绕缝线，线迹结实，立体美观，使服装平服舒适，如图 3-44、图 3-45 所示。

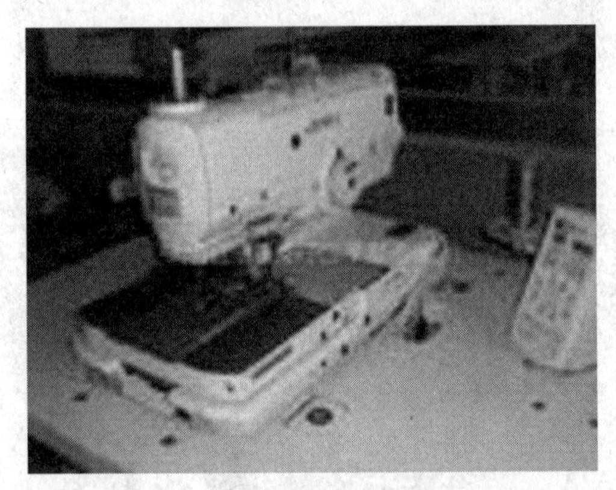

图 3-44 圆头锁眼机

图 3-45 平头锁眼机

(6) 打结机　打结机用于缝制裤带襻环、订商标和袋口加固等。有平缝打结机和花样打结机两种，如图 3-46 所示。

(7) 开袋机　开袋机是将开袋的所有工序同时操作完成的专用缝纫机，能完成车缝双嵌线、单嵌线、装袋盖、开袋的工作，并能适应各种不同规格的要求，操作简便，效率高，如图 3-47 所示。

(8) 上袖机　采用电脑控制袖窿处上下送料的差动进给量进行缝纫。操作时，袖山和袖窿结合处的抽缩量可预先编好程序，可调节预定的曲度。常用于西服、大衣的服装的上袖使用。

(9) 修边机　自动修边机的机头带侧切刀，缝纫时与铁杆同步或异步作业，可使缝头宽窄一致，用于领子、袖头和需要修边的止口缝纫。

图 3-46　平缝打结机

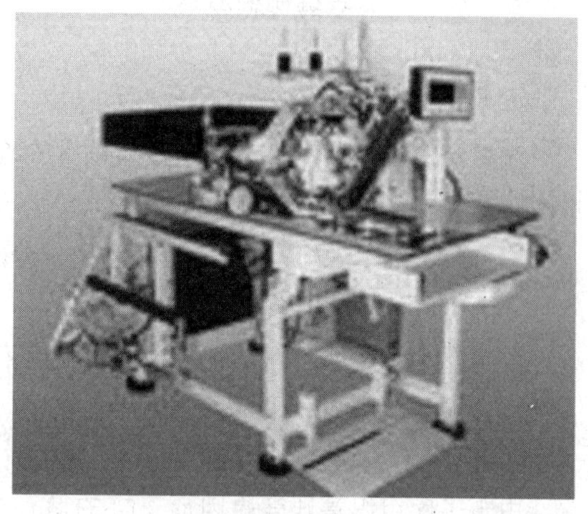

图 3-47　开袋机

3. 其他设备

(1) 运输小车　在没有自动化传输装置的车间，或是生产规模不大的服装生产企业里面，各工序之间的成品与半成品的运输一般都是用手推小车。

(2) 吊挂传输系统　在生产规模大、自动化程度高的服装生产企业中，成品与半成品的传输可以采用吊挂传输系统。每个工位都有掉挂架，衣片、半成品和成品都被夹挂在吊架上，由计算机和编程控制器控制，按照工艺要求自动认址和传递，提高了生产的自动化程度，节省了人力和物力。

三、服装缝制生产组织

(一) 服装缝制生产类型

按照产品的数量和品种划分，可分为以下三种。

(1) 大批量生产 (少品种大批量)　这种生产类型的特点是品种少，但每一种的数量多，有时是在很长一段时间只生产一种品种。所以这种生产类型具有专业化程度高、生产效率高的优点。规模大的企业一般采用此种生产类型。

(2) 中批量生产类型　这种生产类型的产品数量减少，但品种增多，生产任务会经常发生变化。因此生产效率下降，对生产管理和工人的要求较高。

(3) 少量生产　数量较少，但品种较多，生产不稳定。一般只能采用通用的设备，专业化程度低，中小企业是这种生产类型。

(二) 缝制生产工序的基本类型

1. 缝制工序

按照工序的不同，对服装的各部位进行拼接及其他工艺制作，它是缝制生产中的最基本的部分，决定着服装缝制的质量。

2. 检验工序

对需要检验的工序点进行质量和数量的检验，检验工序也对服装的质量以及能否及时纠正问题具有至关重要的作用。

3. 运输工序

成品特别是半成品在各工序及检验工序之间的传递。

4. 停滞工序

由于工序组织管理等原因而安排的储存和等待的过程，此时各类物品处于储存和停滞状态。

（三）半制品的移动和传递方式

服装缝制生产中，衣片从裁剪车间进入缝制车间到生产出成品所需的时间为生产时间，但真正用于缝制加工的时间只是一小部分，大部分时间消耗在半制品的传递、等待和闲置的状态。因此缩短服装加工的生产时间，采用合理的半制品的传递和移动方式，减少传递时间，对提高生产效率、降低成本是很重要的。

1. 半制品的移动方式

服装半制品的移动方式有三种，不同的移动方式所用的时间不同。

（1）顺序移动　顺序移动方式是指一批半制品在一道工序上全部加工完毕后，被整批地送到下一道工序的移动方式。这种移动方式相对比较简单，但如果每批半制品的数量较多的话，加工时间长，在机等待的时间长，因此，要想缩短加工时间，就必须减少每批半成品的数量。

（2）平行移动　如果把每批半成品的数量定为 1 件时，就形成了 1 件半制品在这道工序加工完成后，接着转移到下一道工序，各道工序同时进行，这种移动方式称之为平行移动。这种移动方式的缝制时间最短，在机的半制品数量最少，但传送频繁，如果组织的工序时间不等，则会出现等待现象。这种移动方式需要采用吊挂式传送系统或是传送带传送系统。

2. 半制品的传递方式

（1）捆扎式的传递方式　将成衣半制品以 10 件或是 12 件（一打）扎成一捆，放置于容器中，按照缝制加工的顺序进行半制品的传递。传送主要靠人员的手工传递，如手推车、堆放台、滑槽等工具。捆扎式传递是一种较为传统的传递方式，如图 3-48 所示。

（2）传送带捆扎式传递方式　工序间的半制品的移动用输送带输送，把打好捆的半制品由前一个加工工序输送到下一个工序，如图 3-49 所示。

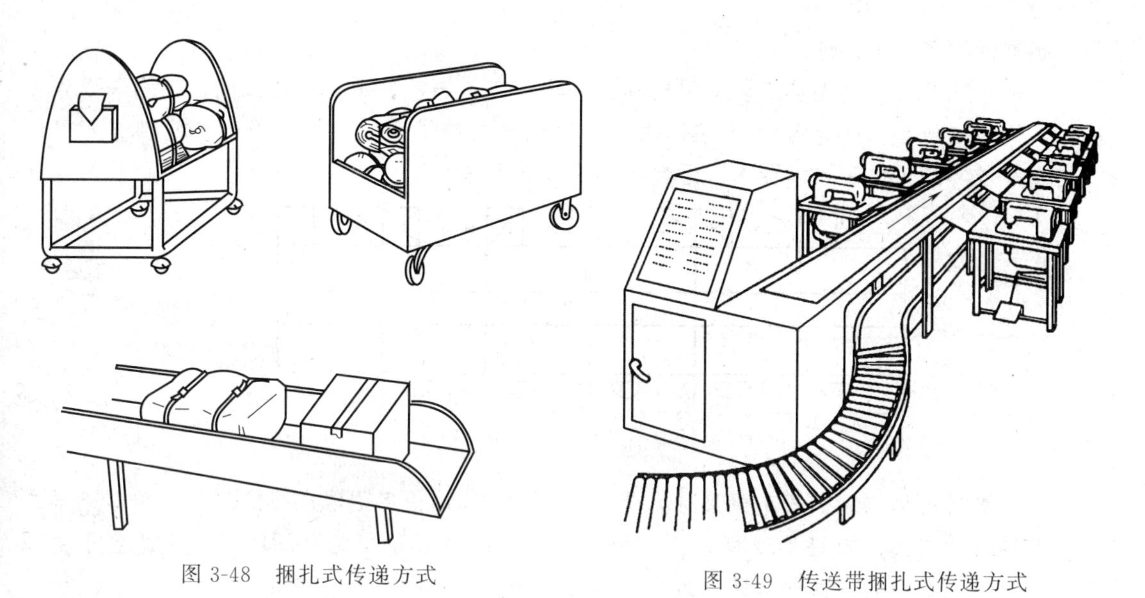

图 3-48　捆扎式传递方式

图 3-49　传送带捆扎式传递方式

（3）吊挂式传送方式　现在各种类型的吊挂传输系统已经在服装生产中广泛推广。每工序之间都有吊挂架，半制品或是做好的成衣夹挂在吊架上，由计算机进行自动控制，按照工序顺序自动认址传递，采用吊挂式传送方式大大提高了生产的自动化程度，节省了生产辅助工时。而且先进的电脑控制的吊挂传送系统还具有生产管理功能，可对每个工位的作业时间进行实地控制，还能自动平衡生产线，并能记录每个工位加工产品的种类、型号、存量，便于管理人员进行调度和检查，并有利于产品品种和批量的转换，是现在服装生产中反应较为快速的系统组成部分，这种系统还可以和全厂的计算机管理系统连接，实现整个企业的现代化管理网络，如图 3-50 所示。

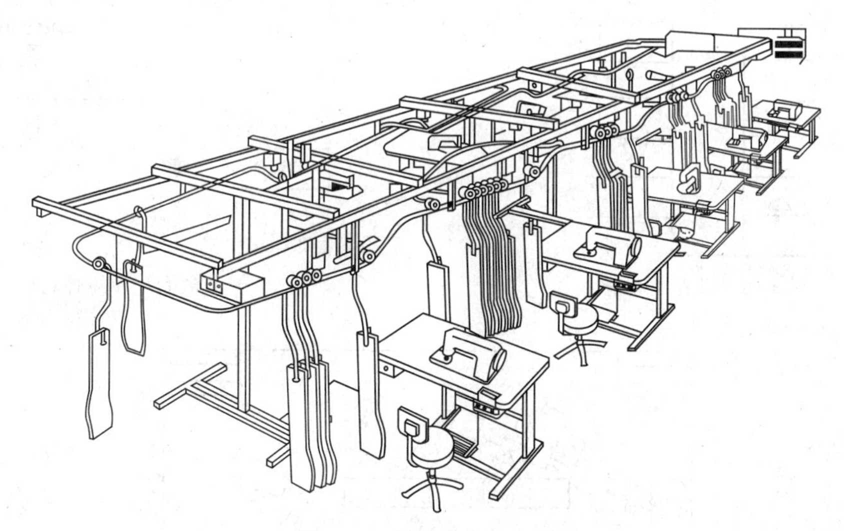

图 3-50　吊挂式传送方式

3. 缝制车间的设备布置方式

缝制车间机器设备的配置安排是否科学合理，与生产过程是否畅通关系密切。缝制车间的设备布置形式有以下几种。

(1) 横列式布置　缝制加工设备沿横向排列成长排，通常是 2 排相对排列，中间隔有半制品槽，用来堆放半制品。图 3-51 中，横列式排列方式的优点是占地面积小，缝制作业符合“左拿前放”的人体工效学要求。适合于中小型企业采用。

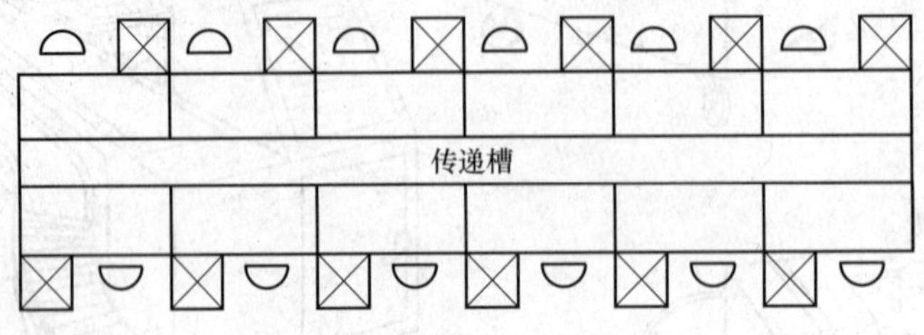

图 3-51　横列式布置

(2) 纵列式排列　纵列式布置又称为课桌式布置。机器设备沿纵向排成几列，类似于学校里课桌的排列方式，如图 3-52 所示。这种排列方式的优点是机台之间间隔大，适合于生产体积较大的成衣产品，管理方便，效率较高，大多数服装厂采用这种形式。

(3) 按照缝制作业流程布置　按照缝制加工工序流程来配备机器设备，如图 3-53、图 3-54 所示。这种机器排列方式的优点是反应灵活，可以适应多品种、小批量的生产。

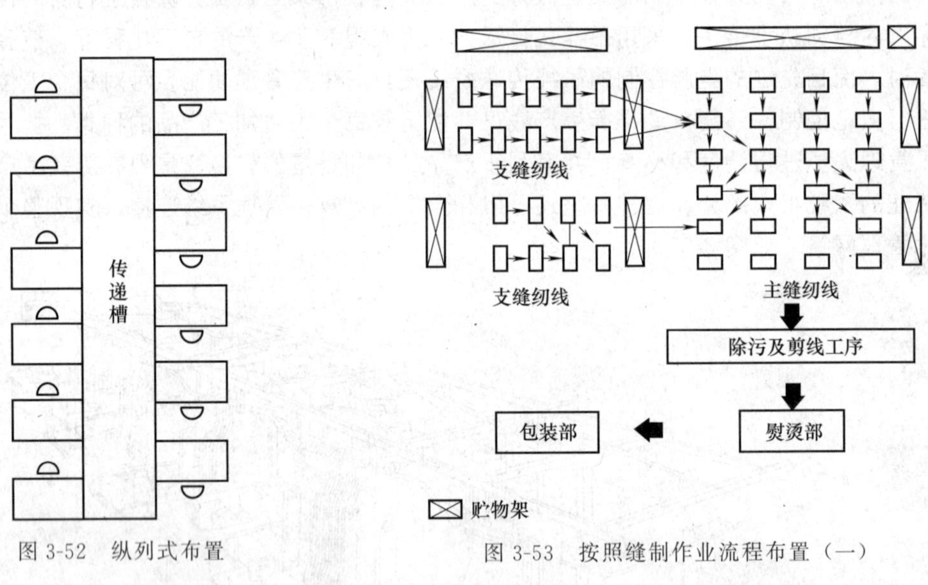

图 3-52　纵列式布置　　图 3-53　按照缝制作业流程布置（一）

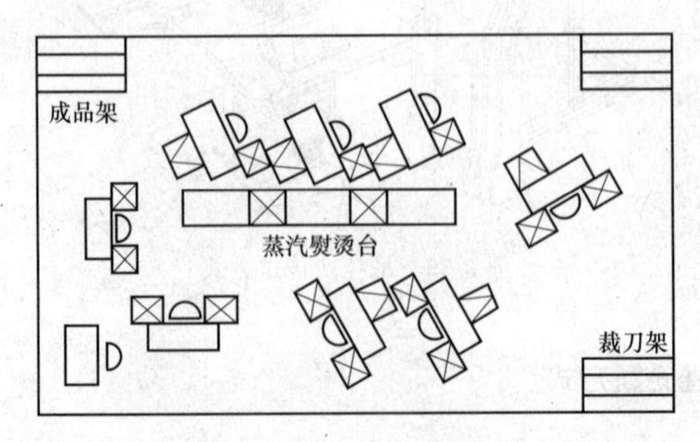

图 3-54　按照缝制作业流程布置（二）

(4) 按机器设备种类布置 将机器设备按照不同的种类进行布置，如图 3-55 所示。这种机器配备方式的优点是设备管理方便且整齐美观。

图 3-55 按机器设备种类布置示意图

(5) 集团式布置 按照组成服装的各个部件的加工来配备机器设备，即不同部件的加工分为不同的区域来加工，如图 3-56所示，领、袖、前后身等分成若干专业加工组来配置相应的缝纫设备。这种机器设备的配置的优点是生产管理简单方便。

(6) 模块式布置 近年来，模块式快速反应缝制系统得到了开发使用，如图 3-57 所示。一般以较少的工作位进行单件服装的缝制加工，每个工作位为 1 个模块，由 1 个工人进行操作。这种机器配备的优点是可以适应小批量、高附加值的生产需要，生产快速，反应高效，可以很好地保证产品质量，而且可以进行互助生产，灵活性强，可以与计算机管理共同使用。

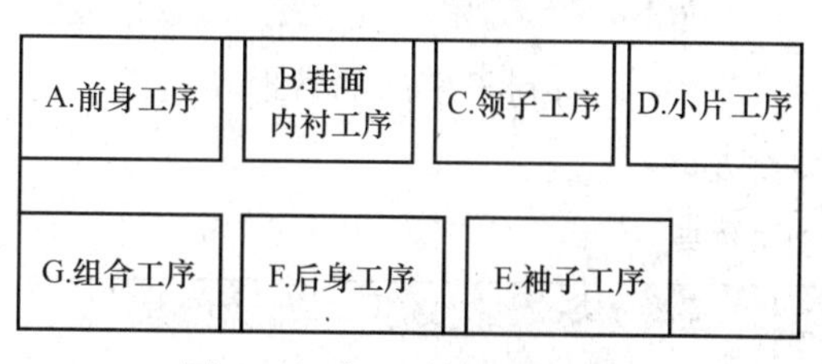

图 3-56 集团式布置示意图

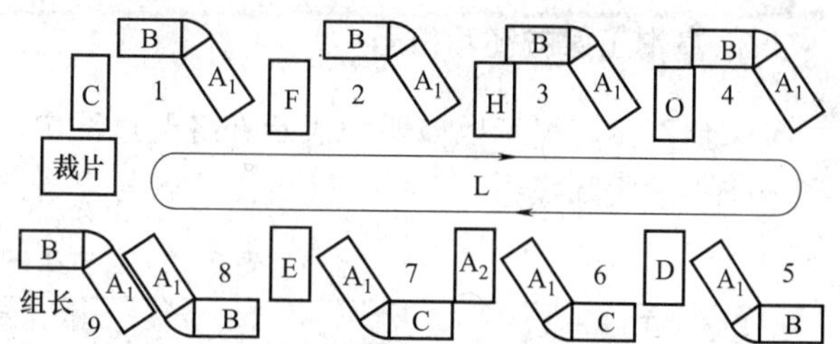

图 3-57 女装模块式快速反应缝制系统示意图

(四) 工序分析与流水线组织

进行工序分析就是依照服装缝制的工艺程序，通过调查各类工序的条件、工序编排的情况，从而把握整个生产系统的全过程，以改进生产现场的空间安排，使整个作业流程合理、简单、高效。

1. 缝制过程的工序分析

缝制工序的生产流程，如图 3-58 所示。

2. 缝制生产工序的基本类型

(1) 缝制工序 把裁好的衣片进行拼接缝合的过程，是整个缝制生产过程的主要工序。

(2) 检验工序　在缝制过程中对半成品和成品进行检验的工序。

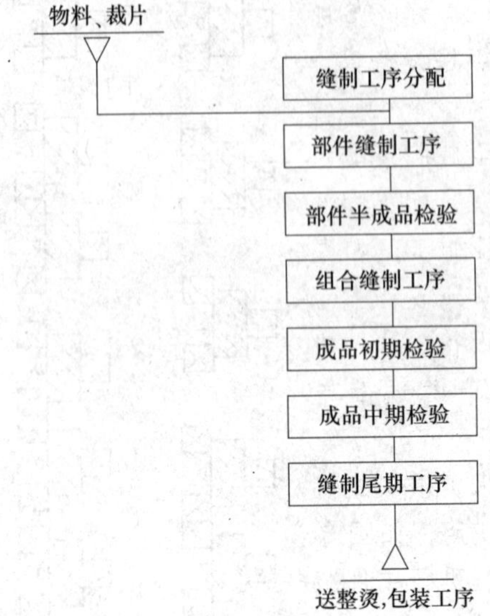

图 3-58　缝制工序的生产流程

(3) 运输工序　是在缝制过程中各工序之间的半成品的移动和传递。

(4) 停滞状态　是指服装缝制过程中由于组织管理或是节拍不平衡而导致的半制品处于暂停不动的状态。

3. 基本工序的图示符号

采用图示符号可以简明地表示在缝制过程中的生产状况，有利于生产的管理和组织，也便于工人的实际操作。四类工序的图示代号见表 3-12 所示。

表 3-12　基本工序图示符号

序号	工序分类	工序符号	序号	工序分类	工序符号
1	缝制工序	○	3	运输工序	○↑
2	检验工序	数量　数量质量　质量	4	停滞工序	半成品　成品

4. 基本工序分析

通过对四类基本工序的分析，尽可能地减少工序和作业的次数，以使整个生产过程所用的时间最短，从而降低成本，提高服装生产的效益。

(1) 缝制工序分析　在缝制工序分析中，要考虑有没有存在多余的操作，工作地的安排是否合理或者是不需更换作业顺序，从而使整个过程的距离最短、时间最少。

(2) 运输工序分析　通过对运输工序的分析，达到尽量减少运输的数量、距离和时间，这和缝制工序的分析是一致的，在调整上也有相似之处。

(3) 检验工序分析　检验工序主要是通过分析产生疵品的原因，检验的位置和方法是否正确。验证一下如果能抽样检验的就不用全部检验，通过一般检验就能保证质量的就可以不做精密检验。

(4) 停滞工序分析　在缝制生产过程中，等待有时是不可避免的。通过对停滞工序的分析，主要考虑有没有不必要的停滞。若发现停滞的地点和方法不够正确，可以从整个工序的流程上分析解决。

5. 缝制工序的分析

缝制工序是缝制生产过程最基本的部分，也是最复杂的部分，是服装成型的主要过程，因此组织好缝制工序的生产流程极为重要。组织生产流程的基础资料和依据是工序流程图。工序流程图就是把整件服装从衣片组装成成衣的全过程示意图。包括加工的顺序、加工的方法、所用的设备和加工时间。

(1) 缝制工序的划分和缝制时间的确定　缝制工序的划分与确定缝制时间是制订工序流程图的基础工作，所谓的工序划分就是将全部的缝制过程划分为一系列最简工序的过程。划分最简工序是一项基本的技术工作，技术人员必须对服装缝制的全过程和加工工艺的方法及面料情况非常熟悉。工序的划分工作是在生产准备过程中所做的一项内容，但这项工作是为缝制工程准备的。

① 工序划分的方法。工序划分的方法有样衣分解、经验法和综合法三种。

a. 样衣的分解法主要用于来样加工的情况，是对来样加工的样品进行分解，确定加工的顺序、方法、技术要求和设备等，有特殊要求的部位还需要进行实物分解，拆开所需的部位，确定具体的线迹、缝型等。

b. 经验法是按照服装设计的要求，根据以往制作的经验制订出各部位的加工顺序和方法、设备与技术要求等。这种方法是在自己设计或是没有样衣的情况下使用的。

c. 综合法是将上述两种方法综合使用的方法。制作的产品的品种不同、要求不同，工序数量也就不同。即使是相同的产品，所需的工序制作要求也不相同，要根据具体的要求，通过样衣的制作确定出所需的工序，从而画出最简工序。

② 各工序加工时间的确定。一件服装的缝制加工时间是指从接过裁好的衣片开始，到服装加工完毕为止所需的时间，是各工序纯加工时间的总和。每道工序的加工时间，是从接过半制品开始，到加工完毕交给下道为止的纯加工时间。

缝制加工的总时间除了纯加工的时间外，还包括了半制品的传递时间、半制品的安装时间、停止时间、断线、手工加工时间（熨烫、做标记、整理等），除此之外，作业人员不可能全部时间都在工作，还需要一定的宽裕时间，因此缝制加工所用的总时间还包括了浮余时间，总计工时间又称为标准作业时间=纯加工时间×(1+浮余率)。浮余时间的内容如表3-13所示。

表 3-13　浮余时间的组成

浮余项目	浮余内容
工作浮余	指在制品的整理(点数、捆扎),清理线头、飞花,调整针密,更换附件,处理故障(接线、换针),判断制品品质,记录生产传票,回修不合格在制品等与加工有直接关系的活动所占用的时间
岗位浮余	指等待上道工序的制品、搬运、更换机位、请示工作等占用的时间
生理浮余	指去厕所、喝水、病休等生理上需要的时间
其他浮余	指与生产无关的活动,如聊天等占用的时间

浮余时间的影响因素很多，没有一个较为确切的数据，这与作业的内容、承担的工序数量、操作人员的熟练程度、生产数量的多少及操作人员的身体状况都有关系，所以在实际生产中，浮余率一般定为 30%。在进行服装缝制的生产组织中，必须以标准作业时间为依据，进行各工序工作量的计算和人员与机台的配置。

(2) 工序流程图的绘制　工序流程图可以一目了然的形式，表明从裁片到整个成品缝制过程的所有工序、顺序、内容、作业方式、标准作业时间、设备要求等，便于组织流水线的安排与组织。为了简单明了绘制工序流程图，服装企业的缝制加工工序一般用图示记号来表示，如表 3-14 所示。

表 3-14　缝制记号表（部分）

记号	符号说明	记号	符号说明
○	平缝作业或平缝机		锯齿形缝纫机(作业)
	特种缝纫机(作业)、特种机械		双针加固缝
◎	手工作业或手工熨烫		单针链缝
	整烫作业		三针加固缝
	双针针送式缝纫机		双针链缝
	双针针送式中间带刀式缝纫机		双针包缝
	平头锁眼机		套结机
	小圆头锁眼机	□	数量检查
	圆头锁眼机	◇	质量检查
△	表示裁片、衣片、半成品停顿	▲	成品停滞

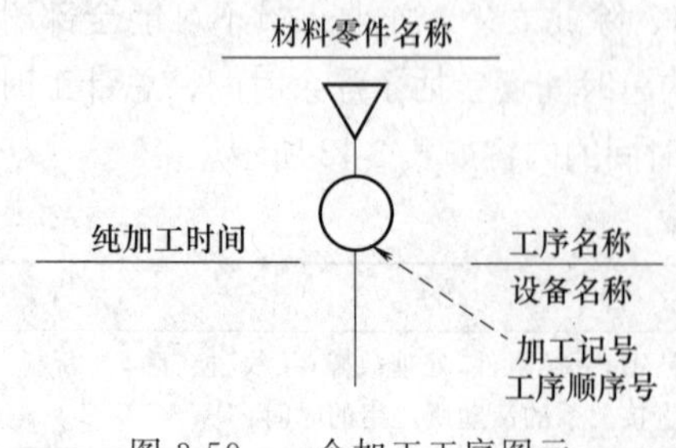

图 3-59　一个加工工序图示

一个加工工序，如图 3-59 所示。

绘制工序流程图时，应该注意以下几个问题。

① 先确定整个工序流程的基本线和分支线，基本线是工序流程图的主要干线，一般是以服装的主要部件的加工工序为主题而形成的；分支线则是以非主要部件的加工工序构成的。一般来说，上衣和裤子的制作以前片的加工为基本线。

② 不论是基本线还是分支线的起始点都必须由前面没有任何加工的初始工序开始。

③ 依据样衣制作确定的先后顺序，依次排列工序，把各工序按顺序填入示意图的相应位置。

④ 按照缝制工序图示的填写方法把工序编号、名称、加工时间、使用设备进行填写。

(3) 工序流程图实例 下面以上衣贴袋的缝制工艺和女衬衫的缝制加工为例介绍工序流程图。

① 上衣贴袋。

a. 上衣贴袋外形图，如图 3-60 所示。

b. 上衣贴袋的工程流程分析图，如图 3-61 所示。

② 女衬衫。

a. 女衬衫款式图，见图 3-62。

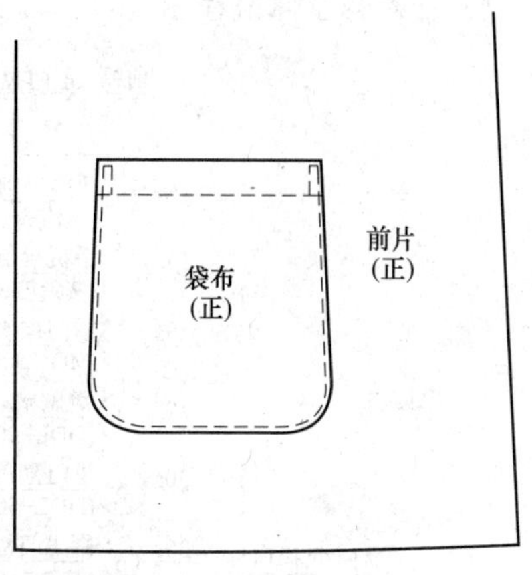

图 3-60 上衣贴袋外形图

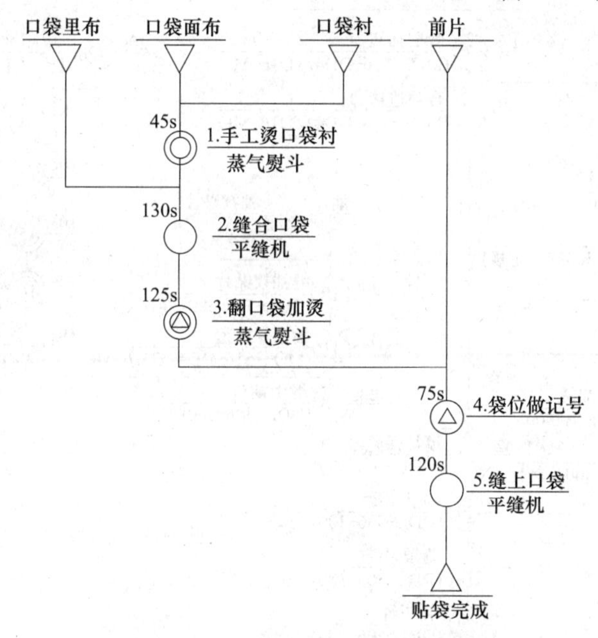

图 3-61 上衣贴袋的工程流程分析图

图 3-62 女衬衫款式图

b. 女衬衫工序流程图，见图 3-63。

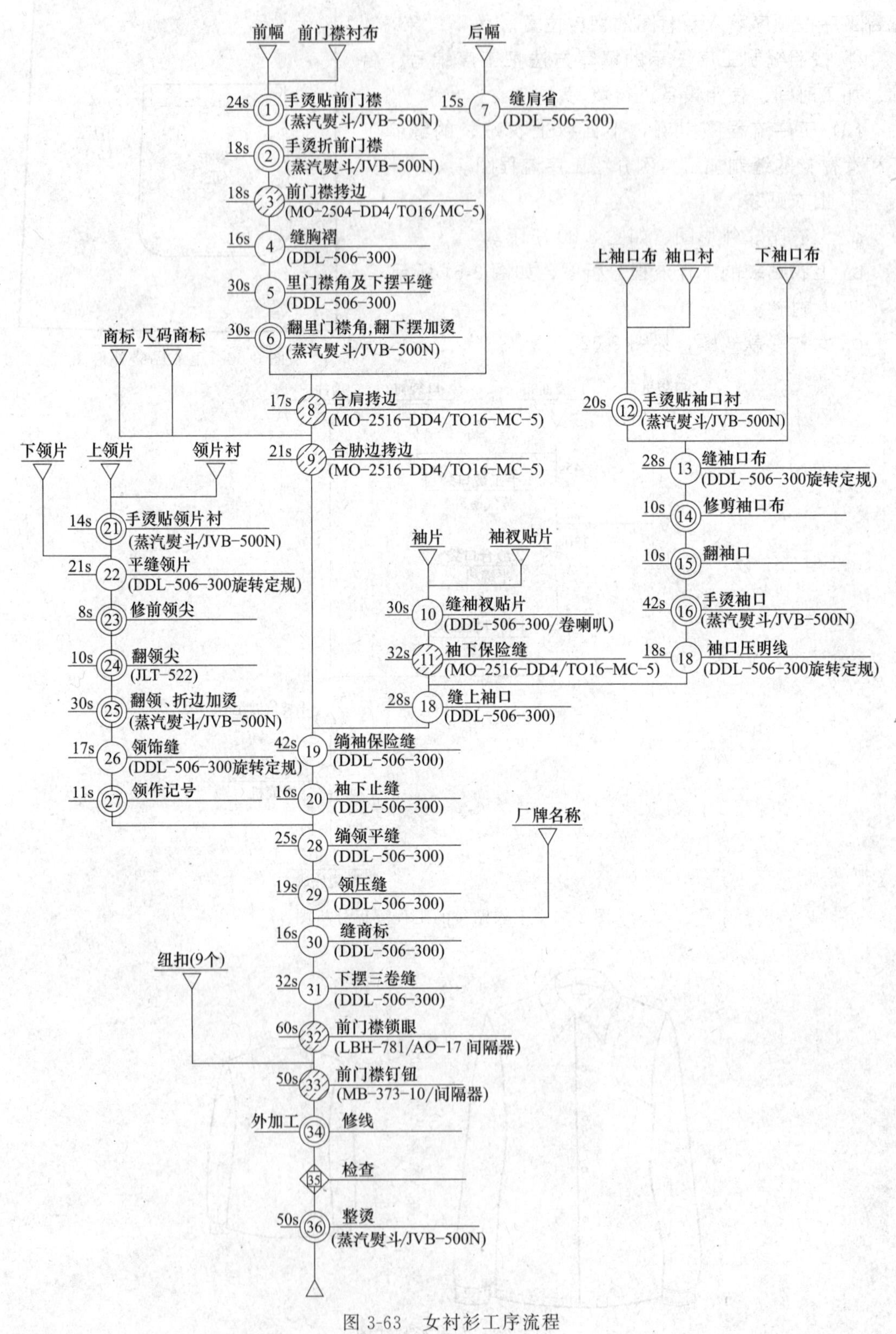

图 3-63 女衬衫工序流程

c. 女衬衫工序划分和时间，见表 3-15。

表 3-15　女衬衫工序时间表

加工类型	序号	加工内容	加工时间/s	标准作业时间/s(浮余率 30%)	工序负荷率/%	使　用　设　备
机工	机$_{4}$	缝胸褶	32	41.6	22	DDL—506—300
机工	机$_{5}$	里门襟角及下摆平缝	60	78	42	DDL—506—300
机工	机$_{7}$	缝肩省	30	39	21	DDL—506—300
机工	机$_{10}$	缝袖衩、贴片	60	78	42	DDL—506—300/卷喇叭
机工	机$_{13}$	缝袖口布	56	72.8	39	DDL—506—300/旋转定规
机工	机$_{17}$	袖口压明线	36	46.8	25	DDL—506—300/旋转定规
机工	机$_{18}$	缝上袖口	56	72.8	39	DDL—506—300/旋转定规
机工	机$_{19}$	绱袖保险缝	84	109.2	58	DDL—506—300
机工	机$_{20}$	袖下止缝	32	41.6	22	DDL—506—300
机工	机$_{22}$	平缝领片	21	27.3	15	DDL—506—300/旋转定规
机工	机$_{26}$	领饰缝	17	22.1	12	DDL—506—300/旋转定规
机工	机$_{28}$	绱领平缝	25	32.5	17	DDL—506—300
机工	机$_{29}$	领压缝	19	24.7	13	DDL—506—300
机工	机$_{30}$	缝商标	16	20.8	11	DDL—506—300
机工	机$_{31}$	下摆三卷缝	32	41.6	22	DDL—506—300
手工	手$_{1}$	手烫贴前门襟	48	62.4	33	蒸汽熨斗/JVB—500N
手工	手$_{2}$	手烫折前门襟	36	46.8	25	蒸汽熨斗/JVB—500N
手工	手$_{6}$	翻里门襟角、翻下摆加烫	60	78	42	蒸汽熨斗/JVB—500N
手工	手$_{12}$	手烫贴袖口衬	40	52	28	蒸汽熨斗/JVB—500N
手工	手$_{14}$	修剪袖口布	20	26	14	
手工	手$_{15}$	翻袖口	20	26	14	
手工	手$_{16}$	手烫袖口	84	109.2	58	蒸汽熨斗/JVB—500N
手工	手$_{21}$	手烫贴领片衬	14	18.2	10	蒸汽熨斗/JVB—500N
手工	于$_{23}$	修剪领尖	8	10.4	6	
手工	手$_{24}$	翻领尖	10	13	7	
手工	手$_{25}$	翻领、折边加烫	30	39	21	蒸汽熨斗/JVB—500N
手工	手$_{27}$	领作记号	11	14.3	8	
手工	手$_{36}$	整烫	50	65	35	蒸汽熨斗/JVB—500N
特种	特$_{3}$	前门襟拷边	36	46.8	25	MO—2504—DD4/TO16/MC—5
特种	特$_{8}$	合肩拷边	34	44.2	24	MO—2516—DD4/TO16/MC—5
特种	特$_{9}$	合胁边拷边	42	54.6	29	MO—2516—DD4/TO16/MC—5
特种	特$_{11}$	袖下保险缝	64	83.2	44	MO—2516—DD4/TO16/MC—5
特种	特$_{32}$	前门襟锁眼	60	78	42	LBH—781/AO—17 间隔器
特种	特$_{33}$	前门襟钉钮	50	65	35	MB—373—10/间隔器

现代服装企业的产品生产，特别是缝制生产一般都按照流水线组织作业，此种作业形式的效率高，符合大批量的生产要求。在流水线生产中，若每个操作人员的作业时间不同，就会出现停滞和等待现象。因此流水线的组织就是实现每个工作位的时间相同。组织缝制流水线的内容包括：确定流水线的节拍、工序的同步化处理、计算流水线的编制效率和负荷系数、确定人员数和工作地的布置。

(1) 生产节拍的计算　节拍是组织流水线的依据，是调整操作人员进行同步作业的基础。计算流水线节拍的方法有两种，一种是生产出一件产品所需要的时间，另一种是半制品在一个工作地加工所需要的总时间。

节拍的计算公式为

节拍＝1天的作业时间/目标日产量

节拍＝总加工时间/作业人员数(工作地数)

如，某服装的加工时间为 1800s，流水线的作业人数为 12 人/h，则缝制流水线的节拍 1800/12＝150。如果每天工作 8h，一条流水线的目标日产量为 150 件时，节拍为 8×3600/150＝192s。

实际生产中，节拍值的范围在 100～300s。节拍值过大或过小都会影响缝制生产的效率。

(2) 工序同步化处理　在实际的服装企业生产中，各道加工工序的时间是不相等的，少的十几秒，多则几百秒，为真正实现流水作业的要求，使生产过程流畅快捷，就需要将各工序进行组合，让每位操作人员的加工时间相等。即按节拍把最简工序组合成节拍基本相等或是节拍的倍数关系，以使各工作地的生产同步化，这个处理过程称为同步化处理。

① 组合工序的加工时间虽然以节拍为标准，但组合后的时间一般不可能与节拍正好相等或者正好是节拍的倍数。因此在组合工序时，要确定出一个节拍的范围，即节拍的上下限、组合工序的时间尽量在节拍范围之内，组合工序与节拍的差值越小，同步化程度就越高，一般要求组合工序的时间与节拍的差值不超过 7%。

如，图 3-62 所示的女衬衫各工序的标准作业时间如表 3-15 所示，浮余率定为 30%，则总的标准加工时间为 1680.9s，由于最后的整烫工序不属于缝制的工序，所以应当减去整烫加工的时间，则用于缝制加工的总时间为

$$1680.9-65=1615.9\text{s}$$

如果流水线作业人数为 9 人，根据节拍的计算公式为

$$节拍=\frac{总缝制加工时间}{作业人数}=\frac{1615.9}{9}=179.5\text{s}$$

节拍的范围为

$$节拍的上限=179.5\times(1+7\%)\approx192\text{s}$$

$$节拍的上限=179.5\times(1-7\%)\approx167\text{s}$$

即各组合工序的时间尽可能地确定在 167～192s，这样组合工序之间就能基本实现同步，达到流水线作业的要求。

② 工序化同步处理的技术要求。

a. 尽可能地将加工流程图上的基本线和分支线上的工序分开组合，即尽量把基本线上的工序进行组合，把分支线上的工序进行组合，特殊情况下，也可将分支线与基本线上的工序进行组合，但要尽量避免或减少。

b. 工序的组合要从加工流程图的起始端开始，尽量将连续加工的工序组合在一起，以保证流水线上的半制品的传递按照单一方向传递，不产生倒流和交叉。

c. 组合的工序应尽可能是同性质、同种类的，以实现专业化生产。即平缝作业的工序组合在一起，手工操作的工序组合在一起，特种工序组合在一起。

d. 组合工序的加工时间可以与节拍相等，也可以是节拍的倍数，但组合工序的时间一

般不要超过节拍的 3 倍，以保证半制品的传递快捷方便。如图所示，当组合工序的时间是 4 倍以上时，实行统一操作的作业人员就不能直接把半制品传到下道工序，因此当组合的时间超过 3 倍时，就要从工序组合计算中去除，单独进行安排。

e. 完全独立的加工工序，可以组合到任意组合工序中。

根据要求的第三点，为使工序组合时同性质、同种类的工序组合在一起，可以把同性质、同种类的工序分类，作出工序分类表，如表 3-16 所示。

表 3-16 女衬衫作业工序分类表

加工类型	序号	加工内容	加工时间/s	标准作业时间/s(浮余率 30%)	工序负荷率/%	使用设备
机工	机$_4$	缝胸褶	32	41.6	22	DDL—506—300
机工	机$_5$	里门襟角及下摆平缝	60	78	42	DDL—506—300
机工	机$_7$	缝肩省	30	39	21	DDL—506—300
机工	机$_{10}$	缝袖衩、贴片	60	78	42	DDL—506—300/卷喇叭
机工	机$_{13}$	缝袖口布	56	72.8	39	DDL—506—300/旋转定规
机工	机$_{17}$	袖口压明线	36	46.8	25	DDL—506—300/旋转定规
机工	机$_{18}$	缝上袖口	56	72.8	39	DDL—506—300/旋转定规
机工	机$_{19}$	绱袖保险缝	84	109.2	58	DDL—506—300
机工	机$_{20}$	袖下止缝	32	41.6	22	DDL—506—300
机工	机$_{22}$	平缝领片	21	27.3	15	DDL—506—300/旋转定规
机工	机$_{26}$	领饰缝	17	22.1	12	DDL—506—300/旋转定规
机工	机$_{28}$	绱领平缝	25	32.5	17	DDL—506—300
机工	机$_{29}$	领压缝	19	24.7	13	DDL—506—300
机工	机$_{30}$	缝商标	16	20.8	11	DDL—506—300
机工	机$_{31}$	下摆三卷缝	32	41.6	22	DDL—506—300
手工	手$_1$	手烫贴前门襟	48	62.4	33	蒸汽熨斗/JVB—500N
手工	手$_2$	手烫折前门襟	36	46.8	25	蒸汽熨斗/JVB—500N
手工	手$_6$	翻里门襟角、翻下摆加烫	60	78	42	蒸汽熨斗/JVB—500N
手工	手$_{12}$	手烫贴袖口衬	40	52	28	蒸汽熨斗/JVB—500N
手工	手$_{14}$	修剪袖口布	20	26	14	
手工	手$_{15}$	翻袖口	20	26	14	
手工	手$_{16}$	手烫袖口	84	109.2	58	蒸汽熨斗/JVB—500N
手工	手$_{21}$	手烫贴领片衬	14	18.2	10	蒸汽熨斗/JVB—500N
手工	于$_{23}$	修剪领尖	8	10.4	6	
手工	手$_{24}$	翻领尖	10	13	7	
手工	手$_{25}$	翻领、折边加烫	30	39	21	蒸汽熨斗/JVB—500N
手工	手$_{27}$	领作记号	11	14.3	8	
手工	手$_{36}$	整烫	50	65	35	蒸汽熨斗/JVB—500N
特种	特$_3$	前门襟拷边	36	46.8	25	MO—2504—DD4/TO16/MC—5
特种	特$_8$	合肩拷边	34	44.2	24	MO—2516—DD4/TO16/MC—5
特种	特$_9$	合肋边拷边	42	54.6	29	MO—2516—DD4/TO16/MC—5
特种	特$_{11}$	袖下保险缝	64	83.2	44	MO—2516—DD4/TO16/MC—5
特种	特$_{32}$	前门襟锁眼	60	78	42	LBH—781/AO—17 间隔器
特种	特$_{33}$	前门襟钉钮	50	65	35	MB—373—10/间隔器

然后依据工序流程图，从第一道工序开始，按照上述技术要求进行工序的组合与计算，其结果如表 3-17 所示，除特种工序外，组合后的作业时间基本在节拍范围之内。

表 3-17　组合后的作业时间

组合序号	组合内容及时间计算/s	作业人员数
1	机$_{4}$＋机$_{5}$＋机$_{7}$＋机$_{22}$＝41.6＋78＋39＋27.3＝185.9	1
2	机$_{10}$＋机$_{13}$＋机$_{17}$＝78＋72.8＋46.8＝197.6	1
3	机$_{18}$＋机$_{19}$＝72.8＋109.2＝182.0	1
4	机$_{20}$＋机$_{26}$＋机$_{28}$＋机$_{29}$＋机$_{30}$＋机$_{31}$＝41.6＋22.1＋32.5＋24.7＋20.8＋41.6＝183.3	1
5	手$_{1}$＋手$_{2}$＋手$_{6}$＝62.4＋46.8＋78＝182.2	1
6	手$_{12}$＋手$_{14}$＋手$_{15}$＋手$_{16}$＋手$_{21}$＋手$_{23}$＋手$_{24}$＋手$_{25}$＋手$_{27}$＝52＋26＋26＋109.2＋18.2＋10.4＋13＋39＋14.3＝308.1	2
7	特$_{3}$＋特$_{8}$＋特$_{9}$＋特$_{11}$＝46.8＋44.2＋54.6＋83.2＝228.8	1
8	特$_{32}$＋特$_{33}$＝78＋65＝143	1

(3) 工作地安排　工序同步化处理的组合工序的时间如果与节拍相等，这个组合工序就安排一名作业人员承担，即作为一个工作地。组合工序是节拍的几倍，就安排几名作业人员，即几个工作地（但不能超过 4 个）。工作地的位置应按照同步化处理的工序顺序来安排，以保证生产顺畅。

工作地安排时要注意以下原则。

① 根据服装加工顺序明确画出基本线和分支线，以便于掌握工艺流程。

② 半制品的传递和移动的距离要最短，避免交叉和倒流。

③ 所有的机器设备都要安排，不论是平缝机和特种机。

④ 特种机的安排要充分考虑其利用率，可以单独安排，以供多条流水线共同使用。

如上例中的女衬衫缝制作业的工作地安排，如果机台的排列是横列式的，工作地的位置可以按照图 3-64 中的方式排列，码边机安排在第 7 工作地。整个半制品的传递需要 17 次方可完成。

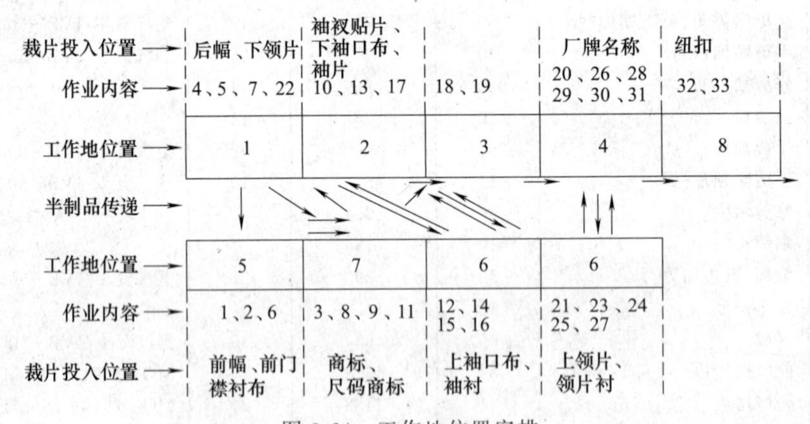

图 3-64　工作地位置安排

1	2	2	3	7
4	6	5	5	

图 3-65　调整后的半制品传递情况

从上图的半制品传递情况看，由于第 22 道工序的原因（22 道工序在第 1 工作地），那么第 21 道工序加工完毕后，需要跨越第 6 个工作地越过第 2 个工作地才能传至第 1 工作地的第 22 道工序，第 22 道工序完毕后还得需要传回第 6 工作地的第 23 道工序，这样半制品的传递即出现了交叉，移动的距离也不是最短，因此需要改变第 2、第 6 工作地和第 3、第 7 工作地之间的半制品的传递状态，可将第 2、第 3 工作地改为节拍的倍数。调整后的半制品传递情况如图 3-65 所示，这样调整以后，可以实现半制品的合理传递。

调整后工序组合的时间如表 3-18 所示。

表 3-18 调整后工序组合时间

组合序号	组合内容及时间计算/s	作业人员数
1	机$_4$＋机$_5$＋机$_7$＝41.6＋78＋39＝158.6	1
2	机$_{10}$＋机$_{13}$＋机$_{17}$＋机$_{18}$＋机$_{19}$＝78＋72.8＋46.8＋72.8＋109.2＝379.6	2
3	机$_{20}$＋机$_{22}$＋机$_{26}$＋机$_{28}$＋机$_{29}$＋机$_{30}$＋机$_{31}$＝41.6＋27.3＋22.1＋32.5＋24.7＋20.8＋41.6＝210.6	1
4	手$_1$＋手$_2$＋手$_6$＝62.4＋46.8＋78＝187.2	1
5	手$_{12}$＋手$_{14}$＋手$_{15}$＋手$_{16}$＋手$_{21}$＋手$_{23}$＋手$_{24}$＋手$_{25}$＋手$_{27}$＝52＋26＋26＋109.2＋18.2＋10.4＋13＋39＋14.3＋308.1	2
6	特$_3$＋特$_8$＋特$_9$＋特$_{11}$＝46.8＋44.2＋54.6＋83.2＝228.8	1
7	特$_{32}$＋特$_{33}$＝78＋65＝143	

（4）编制效率和工序负荷率计算　工序同步化处理是否合理科学，还要进行工序编制效率和工序负荷率的计算，如果这个数据不符合要求，就应当查找原因，进行重新编制。

① 工序编制效率。工序编制效率是表示缝制作业分配时工序平衡程度好坏的系数。工序编制效率的计算公式如下。

$$\text{工序编制效率}=\frac{\text{节拍}}{\text{瓶颈工序时间}}\times 100\%$$

所谓瓶颈工序是加工时间最长的工序，该工序与其他工序作业时间差异越大，则其他工序的等待时间就越长，生产效率就越低。生产中，工序编制效率应当不低于 85%。以前面所讲的女衬衫的缝制生产为例，加工时间最长的是第 7 个组合，时间为 228.8s，但因为其是特种工序，可以不作为缝制流水线的编制效率考虑，故第 2 个组合，时间为 197.6s 是瓶颈工序，其工序编制效率为

$$\text{工序编制效率}=\frac{\text{节拍}}{\text{瓶颈工序时间}}\times 100\%=\frac{179.5}{197.6}=91\%$$

② 工序负荷率。工序负荷率同样是表明流水线工序平衡程度优劣的指标。工序负荷率的值越大，流水线的生产效率就越高。计算公式如下。

$$\text{工序负荷率}=\frac{\text{组合工序的时间}}{\text{节拍}}\times 100\%$$

$$\text{流水线的工序负荷率}=\frac{\text{总缝制加工时间}}{\text{节拍}\times\text{工作地数}}\times 100\%$$

工序负荷率在 100% 左右是比较理想的，表明每个工作地在满负荷运作。

在考虑流水线上作业人员的配备时，并不是工序负荷率越高越好，工序负荷率太高，说

明节拍大，作业人员数少，每名作业人员承担的工序多，作业内容复杂，对作业人员的技术要求提高，作业人员很难提高技术熟练程度，质量难以保证，效率也会降低。但作业人员数过多，节拍小的情况下，虽然每个工作地所承担的缝制加工工序少，质量和速度会得到提高和保证，但半制品的传递会过于频繁，也不利于生产效率的提高。因此，在计算节拍时，要控制在合适的范围之内，既不能过大，也不能过小。需要充分考虑产量、交货期限以及操作人员的技术水平和熟练程度，进行合理的配备。

(5) 生产流水线编制实例　在缝制生产中，根据知道的条件不同，流水线的编制有两种方法。但不论哪一种方法，都要先计算出节拍。

【实例 3】 已知每天的生产任务，进行工作地和人员的安排。

某服装的缝制生产工序和标准加工时间如表 3-19 所示，每天的生产任务是 1200 件，每天的工作时间 8h。

表 3-19　某圆领衫的缝制工序、加工时间和工作地数

序号	工序	设备	标准作业时间/min	计算工作地数	实际工作地数
1	合双肩	包缝机	0.30	0.75	1
2	上领	包缝机	0.50	1.25	1
3	后领贴条	平缝机	1.10	2.75	3
4	上袖	包缝机	0.60	1.5	2
5	合大身	包缝机	0.90	2.25	2
6	折袖边	平缝机	0.85	2.2	2
7	订商标	平缝机	0.40	1	1
8	折底边	平缝机	0.45	1.2	1
合计			5.10	12.90	13

先计算节拍

$$节拍=\frac{每天的工作时间}{目标日产量}=\frac{8\times60}{1200}=0.40\text{min}$$

计算每个工序所需要的工作地数＝该工序的作业时间（或是组合工序的作业时间）/节拍，所得结果如表 3-19 所示，实际编制时，工作地数取整数，因此此例中的工作地数为 13 个。

计算编制效率。

$$编制效率=\frac{节拍}{瓶颈}\times100\%=\frac{0.4}{0.5}\times100\%=80\%$$

【实例 4】 已知作业人员数，分配流水线生产任务。

某服装生产所需的工序和标准作业时间如表 3-20 所示，已知一条流水线拥有的作业人员数为 8 人。

计算节拍公式为

$$节拍=\frac{总标准缝制时间}{作业人员数}=\frac{4.21}{8}=0.53$$

计算各道工序所需的人员数公式为

各道工序所需的人员数＝该工序的缝制作业时间/节拍，计算结果如表 3-20 所示。

表 3-20 某裙子缝制作业情况

序号	工序	设备	标准作业时间/min	计算工作地数	实际工作地数
1	合缝	平缝机	0.53	1	1
2	上拉链	平缝机	0.98	1.85	2
3	做腰头	平缝机	0.83	1.56	1
4	上腰头	平缝机	0.74	1.39	1
5	锁眼	平缝机	0.28	0.52	1
6	钉扣	平缝机	0.25	0.47	1
7	折边	平缝机	0.60	1.13	1
合计			4.21		8

第四节 后整理工程

后整理工程是服装生产的最后加工阶段，也是非常重要的一道环节，对服装的外观和服用性能都具有重要的作用。后整理主要包括整烫、去污和包装三项内容。经过后整理后，服装的外观更加美观，手感更加舒适，服用性能大大提高，便于服装的销售和消费者的使用。

一、整烫

服装的整烫定型是后整理工程的重要内容，也是一项技术型很强的工作。在熨烫过程中，每一项操作都要严格按照工艺技术要求进行，并符合科学的原理。整烫的原理是根据织物的热塑性的原理，对织物或者面料进行热压定型和蒸汽恢复的处理，不仅使服装挺括、美观，并充分反映设计的意图，且能矫正裁剪和缝纫中的某些质量问题，可以提高服装的造型和质量，使服装线条流畅、外形丰满、平服合体、不易变形。同时，在日常生活中，服装经过穿用和水洗以后，会出现起拱、起皱的现象，也可以采用整烫的方法使之得到改善和恢复，因此，整烫也是服装保养中的一项重要内容。

（一）整烫的作用

在服装制作中，有着“三分做，七分烫”的说法，充分说明了整烫的重要作用，概括起来讲，整烫主要有以下四个方面的作用。

1. 对面料的整理作用

在服装生产的准备过程中，要对面料进行必要的整理，主要是进行预缩的整理，以保证裁剪和缝制的尺寸的准确，确保产品的质量。

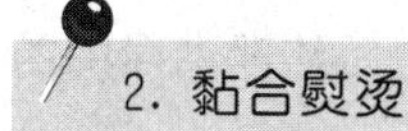

2. 黏合熨烫

黏合熨烫是对需要加黏合衬的服装所做的黏合处理，这项工作是在裁剪工程中完成的。

使用黏合衬可以使黏衬工艺快捷高效，简化了做衬、上衬的工序，又使做出的服装外型美观，保持的时间长久。

3. 缝制过程中的定型作用

在缝制生产过程中，整烫加工要贯穿始终，如分缝烫、归拔烫和衣服部件的定型烫，使服装的各部位的线条折痕顺直，对服装总体的外观效果有重要作用。

4. 服装成品的整理定型

服装制作完成后要进行熨烫，起到最终成型的作用，使服装的外观平整、丰满与挺括，穿着更加舒适美观。

（二）整烫的作业方式

1. 按照采用的设备工具加以分类

（1）手工熨烫　手工熨烫是以熨斗为主要工具，通过熨斗使织物受热，施以适当的压力和手法，结合给湿，通过热、湿、压的共同作用，再配合以推、归、拔等一系列的工艺技巧，改变衣料的形态并使其固定下来，从而达到塑造服装立体造型的目的。

手工熨烫的效果与所加的温度、湿度以及织物的性能有关。理论上，熨烫温度越高，所熨烫的效果越好，但对于面料来说，温度超过了承受极限，就会出现炭化或是熔化的情况，对面料产生损坏。因此要熟知织物的性能特别是其受热的极限温度。湿度的加量不宜过多，主要看织物的厚度和是否要垫布，织物厚和需要垫布时，加湿量就大。压力的采用一般不用过大。总之，手工熨烫的温度、湿度、压力及时间是综合考虑和使用的，否则会影响到熨烫效果。

手工熨烫的工艺形式有推、归、拔、锁摺、打裥、折边、分缝、烫直、烫弯、烫薄、烫平。手工熨烫以其精湛的工艺和灵活多变的手法塑造了服装的立体造型，是我国服装生产与制作中，普遍采用的一种熨烫形式。

（2）机械熨烫　机械熨烫是由机械提供熨烫所需的温度、湿度和压力，通过不同的温湿压和冷却方式以及符合人体各部位的人体烫模，完成熨烫定型的全过程。目前使用的机械熨烫的设备是蒸汽熨烫机，机械熨烫可以把高温高压的蒸汽均匀地渗透到织物的内部，熨烫效果极佳。并能保证质量，提高生产效率，减轻操作人员的劳动强度。

2. 按照目的加以分类

（1）加工整烫　在服装加工过程中的各类半制品的整烫，如生产前的面料的整理熨烫，缝制加工过程中的部件及工序的整烫。

（2）成品整烫　服装制作完成后，要对其进行全面的熨烫整理，也就是后整理过程中的熨烫。

（3）保养熨烫　服装在穿着使用过程中的熨烫整理，如洗涤后的熨烫等。

3. 按照定型效果来加以分类

（1）暂时性定型　天然纤维的面料、多数的再生纤维的面料的服装经过熨烫整理后，穿用一段时间后定型会消失，需要重新整烫，所以是暂时性的定型。

（2）永久性定型　涤纶等合成面料的服装通过熨烫整理后，定型效果比较长久，洗涤后一般不需要熨烫就可以恢复到平整挺括的外观，故称为永久性的定型。但时间长了以后，仍然会出现变形，也需要进行熨烫，以恢复到原有的定型效果。

4. 按加工方式进行分类

熨烫加工按照给湿以及加热方式的不同，有熨制、压制和蒸制三种形式。

（1）熨制　熨制是用熨斗、喷雾器、烫台等器物，通过一定的加压形式，利用熨斗对面料的表面进行加热而实现熨烫的方式，是属于手工熨烫的一种。

（2）压制　压制是将面料夹于热表面之间并进行加压的加工形式。采用的设备是熨烫机或压烫机。使用立体形状的烫模，可以压制出符合人体的服装造型，是属于机械熨烫的一种。

（3）蒸制　蒸制熨烫一般用于服装成品的熨烫，是用蒸汽喷吹面料表面或是服装内部，使用的设备为喷汽烫台或是人体模蒸烫机。其原理是把服装附于热表面上，在不加压的情况下对服装进行喷汽蒸制，使服装获得平整挺括、手感丰满的效果，对服装材料的损害很小。适用于针织羊毛衫和呢绒服装的后整理。

5. 熨烫的质量要求

① 熨烫时，应当严格按照操作程序进行，安全操作。

② 熨烫要按照服装的形状分门别类地进行熨烫，应曲则曲，应窝则窝。

③ 各种省缝的省尖和内缝要烫平服和平整。

④ 熨烫时要根据熨烫部位的不同材料而选择不同的熨烫温度，不得有烫焦、烫黄以及水渍和极光问题。

6. 熨烫容易出现的问题

① 熨烫内缝时有遗漏，或是缝份没有翻尽，造成缝份部位不平整。

② 熨烫时用力不当造成服装的拉长或是变形。

③ 没有进行抽湿处理，使服装内留有水渍，使服装出现变质、变色、异味和发霉等现象。

④ 拉链、纽扣或是其他配饰物被烫坏。

⑤ 熨烫时熨烫部位没有铺平或是熨烫后没有完全冷却受到外力的作用而形成皱褶痕。

⑥ 去污不彻底，污染痕迹残留在服装上。

7. 熨烫的注意事项

（1）正确使用熨烫设备　吸风烫台和蒸汽熨斗结合使用是应用最为广泛的熨烫设备，配上不同的烫模就可以熨烫服装的不同部位。熨烫机是自动化程度比较高的熨烫设备，能够满足不同面料、工序、规格、造型的服装的需要。需要注意的是不论使用手工熨烫还是机械熨烫，都要有严密的操作规程，并严格遵照执行。同时还应注意外界环境的影响，要及时对烫台和垫料进行清洁和干燥。

(2) 准确掌握熨烫温度　不同材料和结构的织物，其耐热性能不同。因此熨烫时，要准确把握织物的耐热程度，尤其是耐热性较差的织物，熨烫温度不能过高，否则会出现收缩和熔化现象，造成面料的损伤。

(3) 防止产生极光　要防止极光的发生，应注意以下几点。

① 垫布和烫台要平直，用布绷紧且不松动。

② 垫布的厚、薄、软、硬要适宜。熨烫薄面料时，垫布要厚而软；熨烫厚面料时，垫布要薄而硬。

③ 熨烫时用力要均匀，不要用力过大，时间不宜太长。

④ 服装上高低不平的部位熨烫时不要重压，要轻烫。

二、去污及线头

在服装的缝制过程中，会对产品产生污染，在产品上还会残留许多的线头。在实际的生产过程中，常把“粉迹、亮光、沾污、线头”称为“四害”，严重影响产品的外观和质量，特别是在对外贸易的加工中，对上述四个方面的要求非常严格，需要特别注意。

1. 去污

缝制过程中产生的污渍，一般是在加工过程中产生的，如划样时残留的划粉迹，粘贴时留下的浆糊渍，以及设备上的油污渍，等等。对于有些污渍来说，可以用湿布或是干布擦去，但对于大部分污渍，需要借助于助剂方可去除。常见污渍的去除方法如表3-21所示。

表 3-21　常见污渍的去除方法

污渍	产生原因	需要助剂
机油渍	机器设备上所用的润滑油	汽油、二氯乙烯、苯
铁锈渍	设备上的锈迹所致	草酸
霉斑	受潮所致	氨水
圆珠笔渍	填写时不慎或是遗漏	香蕉水、四氯化碳
墨汁	使用不当造成	热牛奶
汗渍	加工人员手上出汗所致	柠檬酸

在去除上述污渍时，可以用尼龙刷或牙刷进行刷洗，这是现在很多服装企业所采用的方法。随着生产技术的提高和生产规模的扩大，有些服装企业使用除污喷枪和除污清洁抽湿台来清除污渍，去污效果好，效率高。

2. 去线头

服装加工完毕后存在于服装上的线头有“活线头”和“死线头”两种。所谓的死线头是在缝制过程中没有剪掉的缝纫线线头。活线头是粘在服装上的缝纫线头或是脱落的纱线。这些线头都会对服装的外观产生影响，影响到产品的质量。处理线头的方法有以下几种。

(1) 安装自动剪线器　在缝纫设备上加装自动剪线器，在缝纫过程中可以将线头随时剪去。

(2) 人工剪线头　把死线头用小剪子减去，活线头采用缠有胶布的木板将活线头粘去，既可以去除线头，又可以去除服装上的浮毛，使服装的外观平整光洁。

(3) 吸取法　用吸尘器或是吸线头机将服装上的活线头和灰尘吸掉。这是效率较高的方法，被多数服装企业采用。

三、包装

1. 包装的作用

① 包装可以对服装产品起到很好的保护作用，可以使产品在仓库储存和产品的运输过程中不受污染和损坏。

② 增加商品的附加值，提高产品的市场竞争力。产品的质量是产品的生命所在，但要把产品的优良性能很好地传达给消费者，让消费者了解产品，并在视觉上让消费者产生感应，从而促进产品的销售。包装的促销作用越来越强，通过包装的造型设计、装潢设计可以使服装焕然一新，产生良好的广告效应，并能提高商品的知名度。包装包括产品的外形、商标、色彩、图案、文字等，它是一门科学，也是一门艺术。需要企业的高度重视和不断地开发与研究。

2. 包装的材料

包装材料主要有木材、纸张、纸板、塑料薄膜、塑料复合材料、干燥剂、防蛀剂、捆扎材料。对包装材料来说，需要满足性能要求。

① 包装材料需要具备一定的强力，可以对服装有可靠的保护性。

② 包装材料的材质不能太硬，避免有尖锐的棱角，防止对服装和人体造成伤害。

③ 包装材料应当便于加工，易于包装，价格低廉，不污染环境，易于回收处理。

3. 包装的形式

(1) 按照包装的功能分　可分为工业用包装和商业性包装两大类。

工业类的包装主要是保护服装在仓储和运输过程中不受到污染和损坏，因此又称为外包装和大包装。

商业包装也具有保护服装的功能，但其主要作用是促销的功能，因此又称为内包装和销售包装。

（2）按包装的材料分　可分为木箱包装、纸箱包装、塑料包装及纸盒包装。

（3）按包装的方法分　可分为真空包装和立体包装。真空包装是将服装去湿后装入塑料袋内，进行压缩并抽成真空，真空包装可缩小服装体积，方便托运，在托运时尽可能增加服装的数量，从而降低运输成本，比较适合于棉衣类等体积比较大的服装的包装。立体包装是将服装挂在衣架上，外罩塑料袋，再吊在集装箱内。立体包装可以克服服装在折叠、包装、运输时产生的褶皱，保持良好的外观。衬衫、西装、大衣等外观要求较高的服装宜采用这种包装形式。

4. 包装的原则

① 包装的形状大小和结构要有很好的美化作用，既突出服装的优良特性，又能方便运输、储藏和携带。

② 服装的内包装要采用透明度高的塑料纸包装，以便于陈列和购买。

③ 包装要符合形式服务于内容的原则。不论是装饰还是艺术造型都要与服装产品本身相符。

5. 包装的质量控制

① 蒸汽熨烫后的服装不能马上装入塑料袋内，以免包装后的服装因潮湿而发霉。

② 包装时应按要求及尺寸进行折叠，包装的尺寸、规格、标志、数量、颜色的搭配必须符合工艺规定。

③ 包装箱内应清洁无杂物，外包装要完整。小包装的规格与数量要相符，实物与号型规定要相符。大包装要做到标记项目无遗漏，保证清单、唛头与合同一致。

四、储运

1. 做好储运标志

在储运过程中必须做好储运标志，以方便储运过程中对货物的准确识别，应挂好货签和产品说明吊牌，对于服装产品，还要注明防湿、防水标志。

2. 仓储

仓储时要做好入库验收，分类进行存储。库房要干燥、通风、防晒、防虫鼠，运输通道要宽敞。对于储存时间比较长的货物，还应进行定期的翻仓整理。

3. 运输

运输过程应小心仔细，选择合理的方法，在货物的装卸和堆放过程中不能造成货物的损伤和污染，以免影响产品质量。

思考与练习

1. 简述服装生产的特征。
2. 简述服装生产的基本要求。
3. 简述样衣试制的目的。
4. 名词解释

封样　套排　线迹　缝型　线迹密度

5. 简述封样的内容。
6. 简述制订裁剪方案的原则。
7. 简述排料的工艺要求。
8. 简述排料的方式与方法。
9. 简述条格类面料的排料方法。
10. 简述铺料的方式及工艺要求。
11. 简述裁剪的操作要求。
12. 简述缝制生产的类型和生产工序的基本类型。
13. 简述半制品的移动和传递方式。
14. 简述缝制车间的设备布置方式。
15. 简述工序流程图的绘制方法。
16. 简述生产流水线的编制方法。
17. 简述整烫的作用。

第四章　质量管理

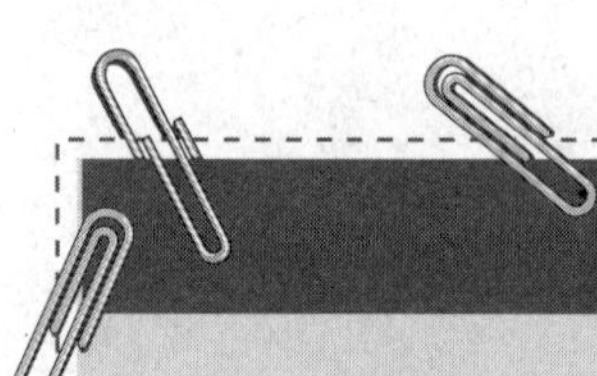

知识目标

1. 了解质量管理的发展过程；目前使用的服装国家标准及行业标准；检验的概念；服装质量检验的内容与方法；统计的概念和步骤。

2. 掌握产品质量、工作质量、质量管理的概念；全面质量管理；质量管理的目的；标准的概念；标准的内容；标准的使用范围；检验的目的；检验的职能；质量检验的方式；质量统计的作用；质量统计指标；统计质量管理的七种工具。

能力目标

能用质量管理工具做好质量管理

质量管理是“质量”与“管理”相结合的一门科学。质量是市场竞争中的重要因素，决定着企业的生存、信誉与发展。管理是主体（人）通过客体（对象）来实现自己目的的一种活动。质量管理是以质量为主的一项综合性管理工作。现已逐渐上升为企业管理中的主要内容之一。

第一节　质量管理的概念

一、质量管理的概念

在国际标准化组织1994年颁布的ISO 8402—94《质量管理和质量保证术语》中，把质量定义为：“反应实体满足明确和隐含需要的能力的特性总和”，这里的实体是指可以单独描述和研究的事物，可以是活动或过程、产品、组织、体系、人或他们的任何组合。这个定义非常广泛，可以说包括了产品的实用性和符合性的全部内涵。还应说明的是，第一，质量定义中的“需要”，在合同环境或法规环境下，如在核安全性领域中，是明确规定的，而在其他环境中隐含的需要则应加以识别并规定；第二，需要通常可转化成用指标表示的特性。质量有广义与狭义之分：狭义的质量指产品的质量；广义的质量指产品的质量、工作质量、服务质量等。

1. 产品质量

国际标准化组织ISO的定义是：“产品或服务能满足明确或隐含的需要特征和特性的总和。”

产品质量概括为产品适用于用户的需求（或产品的适用性），以此来衡量产品在使用过程中（或表示产品是否具有适合消费者用途）满足用户要求的程度（和目的的标准）。

产品质量所涵盖的范围很广，因产品不同其特性也有所不同，表现的内容也多种多样。以满足人们的不同要求（有内在的，如产品结构、性能；有外在的，如外观、造型、颜色和包装等；还有经济质量，如成本、价格等；另外还有交货期、污染、公害等）。

服装的质量特性指标概括为以下五个方面。

(1) 性能　指产品为满足使用目的所具备的技术特性，如布料的缩水率、透气性等。

(2) 使用寿命　指产品在规定的使用条件下能够正常使用的期限，如服装的黏合衬的耐洗性能。

(3) 可靠性　指产品在规定时间内和规定的条件下，完成规定功能的能力，如警察穿的防弹服。

(4) 安全性　指产品在制造、流通、使用过程中保证安全的程度，如宇航服。

(5) 经济性　指产品从设计生产到整个产品使用周期总费用的大小，如服装的成本。

上述五个方面质量特性的综合反映就是服装产品质量。但就某一个产品来说，各种质量特性的重要程度则是不均等的。其中有较关键的主要特性，也有次要特性，有技术方面的特性，也有经济方面的特性，必须具体分析、区别对待，以满足人们的需求。

我们把直接反映用户对产品要求并同用户见面的质量特性称为真正质量特性，真正质量特性体现在产品整体质量特性中。如服装样式的美观和舒适程度。然而，一般情况下，真正质量特性不能完全体现在产品制造规范上，有的较难直接定量反映。因此，就需要结合产品特点等把真正质量特性转化为可见的一些数据与参数，来间接地反映真正质量特性。这些数据与参数称之为代用质量特性。服装的代用质量特性是缩水率、规格、尺寸等。

真正质量特性、代用质量特性应当尽量体现产品使用时的客观要求，把反映产品质量主要特性的技术数据与参数明确规定下来，从而形成产品质量的技术标准。产品技术标准是衡量产品质量的标准，是产品质量特性应达到的要求。符合技术标准的就是合格品，不符合技术标准的就是不合格品。

判定产品是否合格，需遵照同一技术标准来判定，因为产品的技术标准分为国际的、国家的、企业的标准等。所以用不同标准判定的产品的质量是不一样的。

2. 工作质量

工作质量涉及企业所有的部门和人员。工作质量一般是指满足与产品质量有关的各项工作的程度，工作质量决定产品质量，是产品质量的保证。工作质量的好坏直接影响着产品质量的好坏。其中领导人的素质、工作能力等很重要，起着决定性的作用。但是提高职工的整体素质，是提高工作质量的基础。因此企业必须确保各项工作的质量，才能保证最终产品的质量。

工作质量体现在企业的生产、技术、经营、管理、服务等项活动之中，并且通过企业的工作效率、工作成果及最终的产品质量与经济效益综合体现出来。

产品质量的指标可以用质量特性值来表示，而工作质量的衡量可以通过工作标准指标，以质量责任制度等进行评价与考核。对不同的部门，其指标应有所不同，一般以产品合格率、废品率、返修率等指标表示。如合格率不断提高，返修率不断降低，废品率不断降低等，这就意味着工作质量的提高。

产品质量和工作质量是两个不同的概念，但两者又密切相关。产品质量取决于企业各方面的工作质量，是各方面、各环节工作质量的综合反映；工作质量是产品质量的保证。要提高产品质量，就必须要保证工作质量。

3. 质量管理的概念

国际标准将质量管理定义为："为确定和达到质量要求所必需的职能和活动的管理""是全部管理职能的一个方面，该管理职能负责质量方针的制订与实施。"

上述国际标准还对质量保证、质量控制、质量体系、质量职能和质量方针等几个重要术语和定义作了阐述。

(1) 质量保证　ISO 9000—2000《质量管理体系——基础和术语》定义"质量保证"是质量管理中致力于对确保产品达到质量要求而提供信任的工作。

(2) 质量控制　我国国家标准 GB/T 19000—2000 对质量控制的定义是："质量管理的一部分，致力于满足质量要求"。质量控制的目标就是确保产品的质量能满足顾客、法律法规等方面所提出的质量要求，如适用性、可靠性、安全性。质量控制的范围涉及产品质量形成全过程的各个环节，如设计过程、采购过程、生产过程、安装过程等。

（3）质量体系　在 ISO 9000 系列标准中，对“质量体系”的定义是“为实现质量管理由所需的组织机构、职责、程序、过程和资源构成的有机整体”。

（4）质量职能　质量职能就是指企业为了实现产品的适用性，按照产品质量形成的全过程，各个部门所必须进行的全部活动或所必须承担的全部职责的总和。从产品质量形成的规律来看，直接影响产品质量的主要质量职能有市场研究、开发设计、生产技术准备、采购供应、生产制造、质量检验、产品销售、用户服务等。

（5）质量方针　质量方针是由单位的最高管理者（经理、厂长）正式颁布的总质量宗旨和目标。质量方针是企业总方针的重要组成部分，是企业质量工作的纲领和指南。

质量管理是企业全部管理职能的一部分，质量管理职能负责质量方针的制订和实施。为实现企业的总方针，取得事业上的成功，企业领导应研究和制订质量方针，该方针应与企业的其他方针相协调，并采取必要的措施以保证质量方针能为全体职工掌握并贯彻执行。企业为了实现质量方针和目标，必须建立完善的质量体系，以对影响产品质量的各种活动进行控制，并开展质量保证活动。从总体上说，质量管理工作包括企业质量战略规划、资源分配和其他系统性活动。它是对为达到质量要求所必需的全部职能和活动的管理。

二、质量管理的发展过程

质量管理是一门科学，它是随着整个社会生产的发展而发展的，同时，它同科学技术的进步、管理科学的发展也密切相关。目前，一般把质量管理的发展过程分为以下三个阶段。

1. 质量检验阶段

20 世纪 20～40 年代初是质量管理的最初阶段，也称为传统质量管理阶段。

质量检验是第一次工业革命的产物，是大工业生产后出现的概念，美国企业管理专家泰罗提出了科学管理的新理论，即计划与执行分开。就是有人专门从事计划，有人专门操作，中间环节设检验和监督。随着生产产量不断增加，到了 1918 年，产品检验完全从制造过程中分离出来，成为独立工序。这种质量检验，就是根据标准要求，把合格品过去，不合格品挑出来，此方法只能挑剔出不合格品，而不能防止不合格品的产生，所以质量控制的理论和方法提出来了，但它还是处于初级的质量检验阶段。

这一阶段质量管理的基本特点为：

① 全数检验，挑出不合格品；

② 强调检验人员的质量监督职能；

③ 不能起到预防控制次品的作用。

2. 统计质量控制（SQC）阶段

统计质量控制是质量管理发展过程中的一个重要阶段，它是 20 世纪 40～60 年代这段时间内得到发展和推广应用的。

1926年美国贝尔实验室统计学家休哈特提出了“预防缺陷”的概念，其主要观点为：质量除了检验以外，还应做到预防。他提出的办法是控制图。有的统计学家提出了抽样检验等方法，就是在产品生产过程中，按标准选出一样样品来检验，换句话讲，是在废品出现的萌芽状态，就加以预防，以达到降低成本、提高产品合格率的目的。

从第二次世界大战期间及战后恢复时期开始转入了统计质量管理阶段，通过实践证明，统计质量控制方法有利于保证产品质量和预防不合格品产生，从而使很多企业获得了可观的利润。然而，由于后来片面强调数理统计方法的应用，忽视了组织管理工作和生产的能动性，使得统计质量管理方法不能很好地推动和普及。

由于把合格品和不合格品分开进行把关检查的形式，是基于废品已经出现，而废品既已出现的情况，即使被检查出来也已经造成了损失，因此它不是一种积极的方式。积极的方式应该是，把废品消灭在发生之前，防止出现废品而带来损失。随着生产规模的迅速扩大和生产效率的不断提高，每分钟都可能产生大量废品，其带来的经济损失，将大得难以忍受。这样统计质量控制的方法（statistical quality control，SQC）产生了。它应用数理统计的方法，对生产过程进行控制。也就是说，它不是等一个工序整批工件加工完了，才去进行事后检查，而是在生产过程中，定期进行抽查，并把抽查结果当成一个反馈的信号，通过控制图发现或鉴定生产过程是否出现了不正常情况，以便能及时发现和消除不正常的原因，防止废品的产生。

数理统计方法在质量管理中应用的另一方面，是验收抽样调查。在第二次世界大战期间，军工产品的生产任务重、时间紧，且很多产品又不能实行全检，因为检查带有破坏性，所以必须进行抽样检查。另一方面，有的产品检验工作量和检验费用很大，进行全数检验有时是很不经济的，或者时间上是不允许的。所以，基于数理统计理论的抽样检查方法得到了迅速的推广应用。

这一阶段质量管理的基本特点为：

① 从质量管理的指导思想上看，由事后把关变为事前预防；

② 从质量管理的方法上看，广泛深入地应用了统计的思考方法和统计的检查方法；

③ 在质量检验的同时，推行抽样检验，从而显著降低了检验成本；

④ 利用控制图对大量生产的工序进行动态控制，有效地预防不合格品的产生；

⑤ 应用数理统计工具，分析影响产品质量的原因，采取以预防为主的措施。

3. 全面质量管理（TQC）阶段

这一阶段的时间大致是从20世纪50年代中期到现在。

全面质量管理的出现，始于20世纪50年代末、60年代初。这不是偶然的，而是现代科学技术和现代工业发展的必然产物。进入20世纪后半期以后，随着科学技术的迅速发展和市场均衡的日趋激烈，新技术、新工艺、新设备、新材料大量涌现，工业产品的技术水平迅速提高，产品更新换代的速度大大加快，新产品层出不穷。特别是对于许多综合多种门类技术成果的大型、精密、复杂的现代工业产品来说，影响质量的因素已不是几十、几百个，而是成千上万。对一个细节的忽略，也会造成全局的失误。这种情况必然对质量管理提出新的更高要求，那种单纯依靠事后把关或主要依靠生产过程控制的质量管理，显然已不能适应工业发展的需要了。这样，全面质量管理作为现代企业管理的一个重要组成部分，也就应运而生，并且迅速得到推广。

20 世纪 50 年代后期，由于科学技术的发展，加上电子工业的发展，对产品质量要求越来越高。要求产品质量单纯依靠质量统计管理是不够的，还要把整个产品从设计、制造到销售服务等所有环节都进行质量管理起来才有效果。最早提出全面质量管理（total quality control，TQC）概念的，是美国的费根堡姆（Armand V. Feigenbaum），他在泰罗理论和行为科学的基础上提出了“全面质量管理”的概念、基本思想和方法。但是由日本人首先将这一概念真正用于企业管理中。费根堡姆提出：“全面质量管理是为了在最经济的水平上，并考虑到充分满足顾客要求的条件下进行生产和提供服务，并把企业各部门研制质量、维持质量和提高质量的活动构成为一体的一种有效体系。”全面质量管理是相对于统计质量控制中的“统计”而言的，即只用数理统计的方法还无法满足现代产品的质量要求，必须综合应用多种方法，主要是用组织管理手段系统地保证和提高质量。全面是指管好产品质量所形成的全过程，而不是仅限于制造过程。全面质量管理认为质量管理的有效性应依据质量成本来衡量和优化。

这一阶段质量管理的基本特点为：

① 质量概念要全面；

② 必须全过程管理；

③ 必须是全企业的全面管理，所有部门都要参与；

④ 必须是全员管理，所有人都要参与。

总的来说，以上质量管理发展的三个阶段的质的区别是：质量检验阶段靠的是事后把关，是一种防守型的质量管理；统计质量控制阶段主要靠在生产过程中实施控制，把可能发生的问题消灭在生产过程之中，是一种预防型的质量管理；而全面质量管理，则保留了前两者的长处，对整个系统采取措施，不断提高质量，可以说是一种进攻型或者是全攻全守型的质量管理。

第二节　质量管理的目的

现在所说的质量管理主要指全面质量管理。全面质量管理（total quality manayement）是指一个组织以质量为中心，以全员参与为基础，目的在于通过让顾客满意和本组织所有成员及社会受益而达到长期成功的管理途径。其中“全员”是指该组织结构中所有部门和所有层次的人员；最高管理者强有力和持续的领导以及该组织内所有成员的教育和培训是这种管理途径取得成功所必不可省的。

在全面质量管理中，质量这个概念和全面管理目标的实现有关。“社会受益”意味着在需要时满足“社会要求”。有时把“全面质量管理”（TQM）或它的一部分称为“全面质量”“公司范围的质量管理（CWQC）”“TQC”等。它是对组织进行管理的一种途径。“质量”的概念扩充为实体全部管理目标，即“全面质量”，可包括提高实体质量（产品、工作、质量体系、过程、人的质量）、缩短周期（生产周期、物资储备周期）、降低成本和提高效益。

全面质量管理的特点是以全面质量为中心，全员参与为基础，目的是通过持久管理，使顾客、本组织成员和社会持续满意和受益。成功的关键在于最高管理者强有力和持续的领导，全员教育和培训，持续进行质量改进。建立并实施质量体系是开展全面质量管理的基础。

质量管理的目的是通过组织和流程，确保产品或服务达到内外顾客期望的目标；确保公司以最经济的成本实现这个目标；确保产品开发、制造和服务的过程是合理和正确的。其意义在于组织中建立一种保证体系，使产品和服务在可预见的范围内，满足内外顾客需求，树立品牌忠诚度和美誉度，从而实现公司的经营和战略目标。

1. 生产满足顾客消费需求的产品

日常生活中，人们对产品的满意度经常用简单的“好”或“不好”来评价，这其中许多因素中最重要的因素是消费者对它的认可度。这种消费者对产品的认可反映“市场质量”。而制订产品的市场质量标准就是服装产业为掌握市场质量，收集国内外服装信息，了解国内服装市场状况及消费者需求动向，来进行产品定位的。产品的生产必须考虑消费者的需求。

2. 生产目标与结果一致的产品

生产目标与结果一致的产品，必须满足以下三个条件。

① 市场质量必须符合流行趋势并具有良好的机能性、耐久性等。这些条件都必须明确款式设计、素材的选定、素材的特性、样板工艺标准、产品规格等。

② 必须满足对产品各种性质给予的具体数值。

③ 必须有计划地努力改进设计生产中的不利因素，找出产生质量问题的原因，制订出解决问题的方法和措施，真正按设计质量生产出优质的产品，达到目标与结果的一致。

3. 废品、次品的预防

为了预防生产中出现次品，必须坚持三个基本原则：

① 确定好的生产操作方法，严格遵守；

② 建立信息反馈；

③ 使用有效的统计方法进行统计。

第三节　标准与服装标准

产品在正式生产前先要根据其质量的目的确定其质量标准。监控生产现场，在生产过程中发现不合格品，需找出原因，组织研究，改进生产方法，采取恰当的生产办法，确保今后不再出现类似的质量问题。这种方法也被称之为生产技术标准化，生产标准化既能使生产稳定、减少次品，还能使产品质量不断提高，产品的质量要求最终体现在产品的质量特性上。

一、标准的概念

标准是衡量事物的准则，指为了达到整体最佳效果，依据科学技术和实践经验，在充分论证的基础上，对经济、技术、管理等具有相关性特征的重复事物活动等，以特定的程序和形式颁发的统一规定。标准是标准化概念中最基本的概念。我国国家标准《标准化基本术语》(GB/T 3935.1—1996) 中定义为标准是“对重复性事物和概念所做的统一规定。它以科学、技术和实践经验的综合成果为基础，经有关方面协商一致，由主管机构批准，以特定形式发布，作为共同遵守的准则和依据。”标准这个概念，完整而又系统地揭示了标准的基本特性。

(1) 标准对象的特定性　标准对象的特定性，是指对制定标准的领域和对象所做的特殊规定性。制定标准的领域，从广义上说，应当包括人类生产和生活的一切领域。而从狭义上说，则仅指经济和技术活动范围，所以又把标准限定在经济、技术范畴。

(2) 标准制定依据的科学性　标准的概念中明确指出，“科学、技术和实践经验综合成果”，是标准产生的基础。标准就是在综合分析、比较、选择科学研究的新成果，技术进步的新成就以及在长期实践中总结出来的先进经验的基础上产生的，是对科学、技术和实践经验的提炼和概括。这无疑保证了标准的科学性和先进性以及实践的可靠性。

(3) 标准的本质特征是统一性　标准的本质特征，或者说标准的作用和社会功能，最重要的特点就是标准的统一性。不同级别的标准是在不同范围内的统一；不同类型的标准是从不同侧面进行统一的。

(4) 标准的法规特性　从一定意义上来说，标准就是技术经济领域的技术法规，国家强制性标准尤其如此。虽然标准并非由国家立法机关颁布的严格意义上的法律或法规，但是可以认为它在技术经济领域里具有法规特性。

二、标准的内容

标准的内容包括技术标准、管理标准和工作标准三个方面的内容。

(1) 技术标准　是对技术活动中需要统一协调的事物制定的技术准则，其中包括基础标准、产品标准、方法标准、安全与环境保护标准等。

(2) 管理标准　是在行政和管理机构行使其管理职能而制定的准则。管理标准包括管理工作程序标准、管理业务标准和管理制度等。

(3) 工作标准　是对某项管理工作或服务工作达到的部分或全部工作要求、工作质量等所制定的标准。包括工作质量标准、服务标准。

三、标准的使用范围

服装质量标准有国际标准、区域标准、国家标准、行业标准、地方标准及企业标准等。

(1) 国际标准　指国际标准化组织 (ISO)、国际电工委员会 (IEC) 和国际电信联盟 (ITU) 制定的标准，以及国际标准化组织确认并公布的其他国际组织制定的标准。国际标准在世界范围内统一使用。

(2) 区域标准　指世界某一区域标准团体采用的标准或区域标准化团体采用的规范，是贯彻国际标准，协调本区域标准而在本区域范围内执行和使用的标准或规范。

(3) 国家标准　指根据全国范围内统一的需要，由国家标准化主管理机构批准、发布的标准。对全国经济、技术发展有重要意义而必须在全国范围内统一的标准。

(4) 行业标准　指全国性的各行业范围内统一的标准。

(5) 地方标准　指由省、自治区、直辖市标准化行政主管部门制定，并报国务院标准化行政主管部门和国务院有关行政主管部门备案的标准。

(6) 企业标准　指对企业生产技术组织工作具有重要意义而需要统一的标准。

四、服装标准

目前服装技术人员在技术活动中查阅和使用的服装国家标准及行业标准目录见表 4-1、表 4-2。

表 4-1　服装国家标准

标准代号	标准内容
GB/T 1335.1—1997	服装号型　男子
GB/T 1335.2—1997	服装号型　女子
GB/T 1335.3—1997	服装号型　儿童
GB/T 2667—2002	男女衬衫规格
GB/T 2668—2002	男女单服套装规格
GB/T 8685—1988	纺织品和服装使用的图形符号
GB/T 14304—2002	男女毛呢套装规格
GB/T 15557—1995	服装术语
GB/T 16160—1996	服装人体测量的部位与方法
GB/T 2660—1999	衬衫
GB/T 2662—1999	棉服装
GB/T 2664—2001	男西服、大衣
GB/T 2665—2001	女西服、大衣
GB/T 2666—2001	男、女裤
GB/T 14272—2002	羽绒服装
GB/T 18/132—2000	丝绸服装
GB/T 4856—1993	针棉织品包装
GB/T 6411—1997	棉针织内衣规格尺寸系列
GB/T 8878—2002	棉针织内衣

表 4-2　服装行业标准

标准代号	标准内容
FZ/T 80002—2002	服装标志、包装、运输和贮存
FZ/T 80004—1998	服装成品出厂检验规格
FZ/T 80009—2004	服装制图
FZ/T 43014—2001	丝绸围巾
FZ/T 81001—1991	睡衣套
FZ/T 81003—2003	儿童服装、学生服
FZ/T 81004—2003	连衣裙、裙套
FZ/T 81006—1992	牛仔服装
FZ/T 81007—2003	单、夹服装
FZ/T 81008—2004	夹克衫
FZ/T 81009—1994	人造毛皮服装
FZ/T 81010—2001	风衣
FZ/T 81011—1999	领带
FZ/T 43015—2001	桑蚕丝服装
FZ/T 73001—2004	袜子
FZ/T 73005—2002	低含毛混纺及仿毛针织品
FZ/T 73006—1995	腈纶针织内衣
FZ/T 73007—2002	针织运动服
FZ/T 73008—2002	针织T恤衫
FZ/T 73009—1997	羊绒针织品
FZ/T 73010—1998	针织工艺衫
FZ/T 73011—2004	针织腹带
FZ/T 73012—2004	文胸
FZ/T 73013—2004	针织泳装
FZ/T 73014—1999	粗梳牦牛绒针织品
FZ/T 73015—1999	亚麻针织品
FZ/T 73016—2000	针织保暖内衣　絮片类
FZ/T 73017—2000	针织睡衣
FZ/T 73018—2002	毛针织品
FZ/T 73019.1—2004	针织塑身内衣　弹力型
FZ/T 73009.2—2004	针织塑身内衣　调整型
FZ/T 73020—2004	针织休闲服装
FZ/T 73021—2004	针织学生服
FZ/T 73022—2004	针织保暖内衣

第四节　服装质量检验

质量检验是服装工业生产流程中的一道重要的程序。检验产品的作用除了减少不合格的产品外，还要把不合格的产品检验出来进行返修，同时还要把检验结果及时准确地反馈给有关部门。根据检验所得数据进行统计处理，将结果再返回到生产现场，让操作者了解自己工作的质量高低。在出现问题时要认真检查处理并进行改正。处理的效果如何，要从下一步检验情况的信息反馈时进行判断。

一、检验的概念

检验是对实体的一个或多个特性进行的测量、检查、试验或度量等并将结果与规定要求进行比较以确定每项特性合格情况所进行的活动。或者说，检验是用某些方法测定物品，把测定的结果与判断的标准进行比较，确定出个别物品质量的好坏，或是质量产品合格与否。

在生产活动中，检验是管理的一部分。首先要制定标准，然后按标准进行生产，再经检验所获得的信息对执行标准情况进行判定，同时找出引起质量问题的原因，最后进行正确处理。

二、检验的目的

产品质量检验的目的有如下三个：

① 控制不合格原材料投产；

② 控制不合格工序转序；

③ 控制不合格产品出厂。

三、检验的职能

检验方面的质量职能，概括地说就是严格把关，反馈信息，预防、监督和保证产品质量，促进产品质量的提高。具体地说，可归结为三种职能。

(1) 保证的职能　即把关的职能，根据技术标准和规范要求，对原、辅材料（包括面料、里料、衬、线、扣、拉链、商标、包装材料等）、在制品、半成品、产成品和设备、工装等进行多层次的检验和试验，以免将不合格品投入生产或转入下道工序或出厂，从而保证质量，起到“把关”的作用。

(2) 预防的职能　即通过检验获得工序的信息（数据），经整理分析后能及时发现工序质量状态不良，及早采取措施加以改进，从而防止继续产生不良品，起到预防和减少不符合质量标准的产品的作用。

(3) 报告的职能　在检验中掌握了大量的质量数据，通过检验原始数据的记录、分析、掌握、评价产品的实际质量水平，把质量的信息反馈给有关的工序及部门，以促进其改进质量或采取相应的决策。为培养质量意识、改进设计、加强管理、提高质量提供必要的信息。

具体工作除了负责入厂检验、生产过程检验及成品检验之外，还负责企业的设备、工装、工具、仪表的检验及计量工作的检定等。

四、质量检验的方式

1. 全数检验

全数检验是对产品全部进行检验，并将检验的结果与标准进行比较来决定产品合格与否。全数检验与其他检验方法相比，费用较高，但下述场合必须进行全数检验：

① 即使数量很少，但不合格品出厂会造成很大影响时（如军服）；

② 若不进行全数检验就不能剔除不合格品，或由于制造工序不稳定，在物品中混入若干不合格品便不能保证成品率时；

③ 全数检验容易进行，而且费用便宜时（如批量小的产品）；

④ 若混入不合格品会造成致命或重大损害时（如高压锅炉、霍夫曼蒸烫机的耐压检验），因与人命有关，为此必须进行全数检验；

⑤ 每件产品都必须是合格的，某些高档品，如半定做服装，由于每件的尺寸与规格均有差异，因此必须进行全数检验。

2. 抽样检验

从所需检验的批量产品中，任意抽取一部分样品进行检验，并将检验结果与评定标准对照，决定产品批量合格与否。根据局部所反映出的质量现象来把握全局。下列场合，必须作抽样检验：

① 破坏性检验，如材料的拉伸试验，疲劳试验等项目的检验，不破坏产品就不能测定；

② 产品是很长的物品时，如卷材、胶片等连续体是不能全部开卷检验的；

③ 产品数量多时，如批量多的产品如内衣、袜子、西服胸衬等。

3. 免检

免检即根据经济的原则和企业的质量保证能力，对产品不作任何检验即予以接收。

4. 购入检验

购入检验指对购入的原材料、产品等进行的检验。

5. 工序检验

工序检验即在生产流程中进行半成品检验，上工序对下工序负责，下工序对上工序把关。

6. 成品检验

成品检验即产品生产出来后，根据技术标准进行的全面检验。

7. 感官检验

感官检验即依靠人的感觉器官（视觉、听觉、嗅觉、触觉）的功能进行的检验。如检验服装的颜色、手感等。

8. 理化检验

理化检验即采用物理或化学的方法对产品进行的检验。常用于检验产品的规格、性能、成分、寿命等项目。

9. 自检

自检即由工作者对自己生产的产品进行的自我检验。

10. 互检

互检即在工作者之间或由班组负责人对本班组进行的产品质量的检验。

11. 专检

专检即由专职检验的人员进行的检验。

五、服装质量检验内容与方法

服装质量检验的内容与方法主要是依据服装质量标准中服装规格与技术要求的内容来确定的。常见服装的检验内容与方法如下。

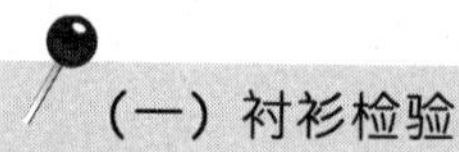

(一) 衬衫检验

1. 规格检验

(1) 衬衫检验　见表 4-3、图 4-1。

表 4-3　衬衫检验内容

部位名称	测量方法
领大	领子摊平横量，立领量上口，其他领量下口
衫长	男衫：前后身底边拉齐，由领侧最高点垂直量至底边 女衫：由前身肩缝最高点垂直量至底边 圆摆：后领窝中点垂直量至底边
长袖长	由袖子最高点量至袖头边
短袖长	由袖子最高点量至袖口边
胸围	扣好纽扣，前后身平放（后折拉开），在袖底缝处横量（周围计算）
肩宽	男衬衫：由过肩两端、后领窝向下 2.0～2.5cm 处为定点水平测量 女衬衫：由肩缝交叉处解开纽扣放平量

(2) 成品主要部位规格极限偏差　见表 4-4 所示。

表 4-4　衬衫主要部位规格极限偏差表　单位：cm

部位名称	一般衬衫	棉衬衫
领大	±0.6	±0.6
衫长	±1.0	±1.5
长袖长	±0.8	±1.2
短袖长	±0.6	
胸围	±2.0	±3.0
肩宽	±0.8	±1.0

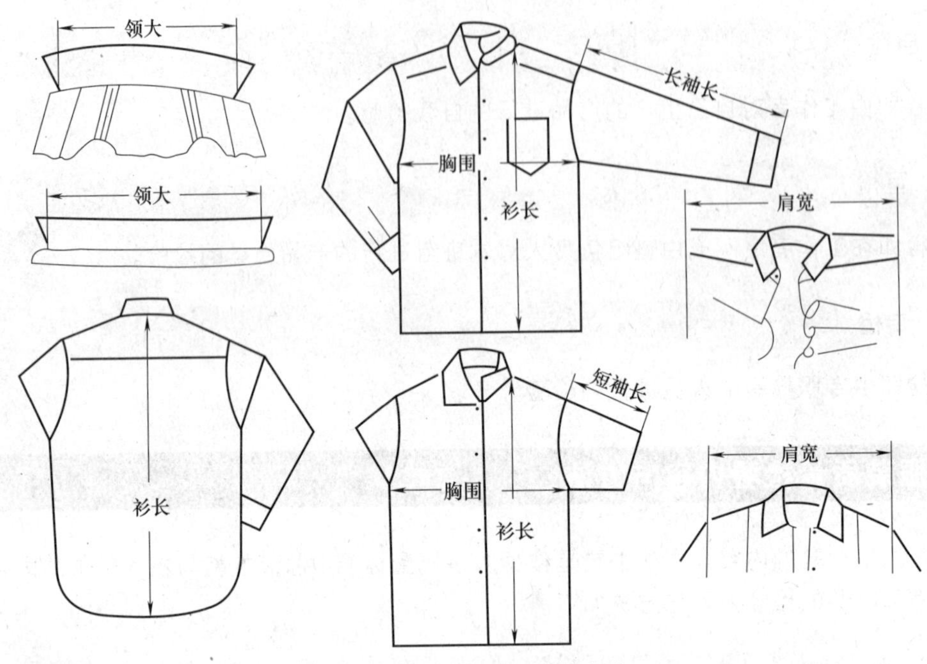

图 4-1 衬衫检验中的测量方法

2. 经纬纱向检验技术规定

前身（不允许倒翘）顺翘，后身、袖子允斜程度规定见表 4-5。

表 4-5 衬衫经纬纱向检验技术规定 单位：%

等级 面料	优等品	一等品	合格品
什色	3	4	5
色织	2	2.5	3
印花	2	2.5	3

3. 拼接、对条对格检验规定

全件产品不允许拼接。装饰性的拼接除外。倒顺绒原料全身顺向一致。特殊图案以主图为准，全身顺向一致。面料有明显条格，在 1.0cm 以上的按表 4-6 规定。

表 4-6 拼接、对条对格检验规定 单位：cm

部位名称	对条对格规定	备 注
左右前身	条料对中心（领眼、钉纽）条、格料对格互差不大于 0.3	格子大小不一致，以前身 1/3 上部为准
袋与前身	条料对条，格料对格，互差不大于 0.2	格子大小不一致，以袋前部的中心为准

续表

部位名称	对条对格规定	备 注
斜料双袋	左右对称，互差不大于0.3	以明显条格为主(阴阳条例外)
左右领尖	条格对称，互差不大于0.2	阴阳条格以明显条格为主
袖头	左右袖头条格顺直，以直条对称，互差不大于0.2	以明显条格为主
后过肩	条料顺直，两头对比，互差不大于0.4	
长袖	条格顺直，以袖山为准，两袖对称，互差不大于1.0	3.0以下格料不对横，1.5以下条料不对条
短袖	条格顺直，以袖口为准，两袖对称，互差不大于0.5	2.0以下格料不对横，1.5以下条料不对条

4. 色差检验

测定色差时，被测部位需纱向一致。视线与被测物呈45°角，距离60cm。领面、过肩、口袋、袖头面与大身色差高于4级。其他部位色差4级，衬布影响或多层料造成的色差不低于3～4级。

5. 外观疵点检验

见表4-7、图4-2。

表4-7 衬衫外观疵点检验 单位：cm

疵点名称	各部位允许存在的程度			
	0部位	1部位	2部位	3部位
粗于一倍粗纱2根	0	长3.0以下	不影响外观	长不限
粗于二倍粗纱3根	0	长1.5以下	长4.0以下	长6.0以下
粗于三倍粗纱4根	0	0	长2.5以下	长4.0以下
双径双纬	0	0	不影响外观	长不限
小跳花	0	2个	6个	不影响外观
经缩	0	0	长4，宽1.0以下	不明显
纬密不均	0	0	不明显	不影响外观
颗粒状粗纱	0	0	0	0
经缩波纹	0	0	0	0
断经为纬1根	0	0	0	0
搔损	0	0	0	轻微
浅油纱	0	长1.5以下	长2.5以下	长4.0以下
色档	0	0	轻微	不影响外观
轻微色斑(污渍)	0	0	$(0.2\times0.2)cm^2$以下	不影响外观

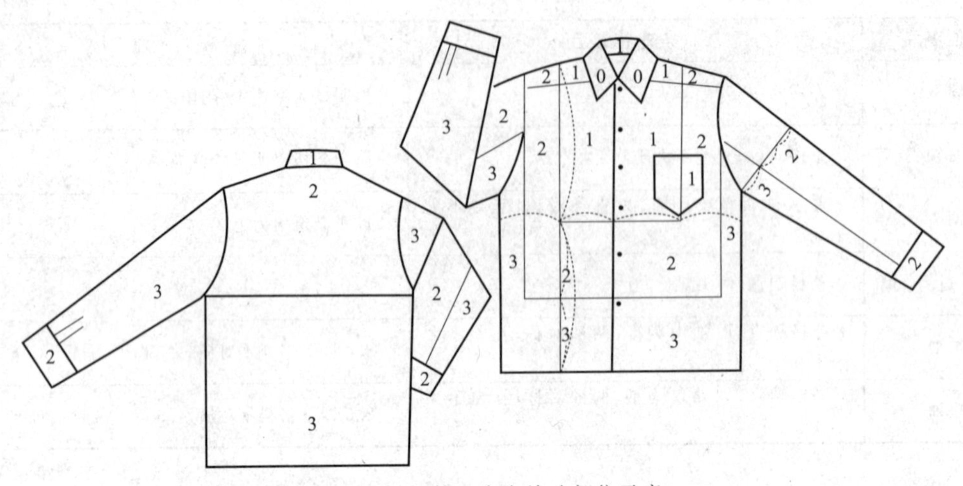

图 4-2 衬衫外观疵点检验部位示意

6. 理化性能检验

(1) 成品主要部位收缩率检验 见表 4-8。

表 4-8 衬衫成品主要部位收缩率检验 单位：%

部位名称	优等品	一等品	合格品
领大	≤1.0	≤1.5	≤2.0
胸围	≤2.0	≤2.5	≤3.0
衫长			

(2) 成品主要部位起皱级差 见表 4-9。

表 4-9 衬衫主要部位起皱级差 单位：级

部位名称	洗涤前起皱级差	洗涤后起皱级差		
		优等品	一等品	合格品
领子	≥4.5	>4.0	4.0	>3.0
口袋	≥4.5	>4.0	3.5	>3.0
袖头	≥4.5	>4.0	4.0	>3.0
摆缝	≥4.0	>3.5	3.5	>3.0
底边	≥4.0	>3.5	3.5	>3.0

7. 缝制检验

(1) 针距密度检验 见表 4-10。

表 4-10 针距密度检验 单位：针

项目	针距密度	备注
明线	3cm 不少于 14(一般衬衫)； 3cm 不少于 11(棉衬衫)	包括暗线
包缝线	3cm 不少于 12	包括锁缝(链式线)
锁眼	1cm 不少于 15	—
钉扣	每眼不低于 6 根线	—

(2) 缝制检验

① 各部位缝制线路整齐、牢固、平服；

② 上下线松紧适宜，无跳线、断线，起落针处应有回针；

③ 0 部位不允许跳针、结线，其他部位 30cm 内不得有两处单跳针（链式线机不允许跳线）；

④ 领子平服，领面松紧适宜，不反翘、不起泡、不渗胶；

⑤ 袖、袖头及口袋和衣片的缝合部位均匀、平整、无歪斜；

⑥ 商标位置端正，号型标志清晰正确；

⑦ 锁眼位置准确，一头封口上下回转四次以上，无绽线。

8. 整烫检验

① 成品内外熨烫平服、整洁；

② 领型左右基本一致，折叠端正平挺；

③ 一批产品的整烫折叠规格应保持一致。

9. 检验等级划分

(1) 成品等级划分　以缺陷是否存在及其轻重程度为依据，单件产品不符合本标准所规定的技术要求即构成缺陷。

① 严重缺陷　严重降低产品的使用性能，严重影响产品外观的缺陷称为严重缺陷。

② 重缺陷　不严重降低产品的使用性能，不严重影响产品外观但较严重不符合标准规定的缺陷称为重缺陷。

③ 轻缺陷　不符合标准的规定，但对产品的使用性能和外观影响较小的缺陷称为轻缺陷。

(2) 抽样规则　抽样数量为 500 件（含 500 件）以下抽验 10 件；500 件以上至 1000 件（含 1000 件）抽验 20 件；1000 件以上抽验 30 件。

(3) 判定规则

① 单件样本判定。

优等品：严重缺陷数 = 0，重缺陷数 = 0，轻缺陷数≤3。

一等品：严重缺陷数 = 0，重缺陷数 = 0，轻缺陷数≤5。

合格品：严重缺陷数 = 0，重缺陷数 = 0，轻缺陷数≤8 或严重缺陷数 = 0，重缺陷数≤1，轻缺陷数≤4。

② 批量判定。

优等品批：样本中的优等品数≥90%，一等品、合格品数≤10%（不含不合格品）。一等品批：样本中的一等品以上产品数≥90%，合格品数≤10%（不含不合格品）。合格品批：样本中的合格以上产品数≥90%，不合格品数≤10%（不含严重缺陷）。

（二）男西服、大衣检验

1. 规格检验

(1) 男西服、大衣检验　见表 4-11、图 4-3。

表 4-11　男西服、大衣检验中的测量方法

部位名称		测 量 方 法
衣长		由前身左襟肩缝最高点垂直量至底边，或由后领中垂直量至底边
胸围		扣上纽扣(或合上拉链)，前后身摊平，沿袖窿底缝水平横量(周围计算)
领围		领子摊平横量，立领量上口，其他领量下口(叠门除外)
总肩宽		由肩袖缝的交叉点摊平横量
袖长	绱袖	由肩袖缝的交叉点量至袖口边中间
	连肩袖	由后领中沿肩袖缝交叉点量至袖口中间

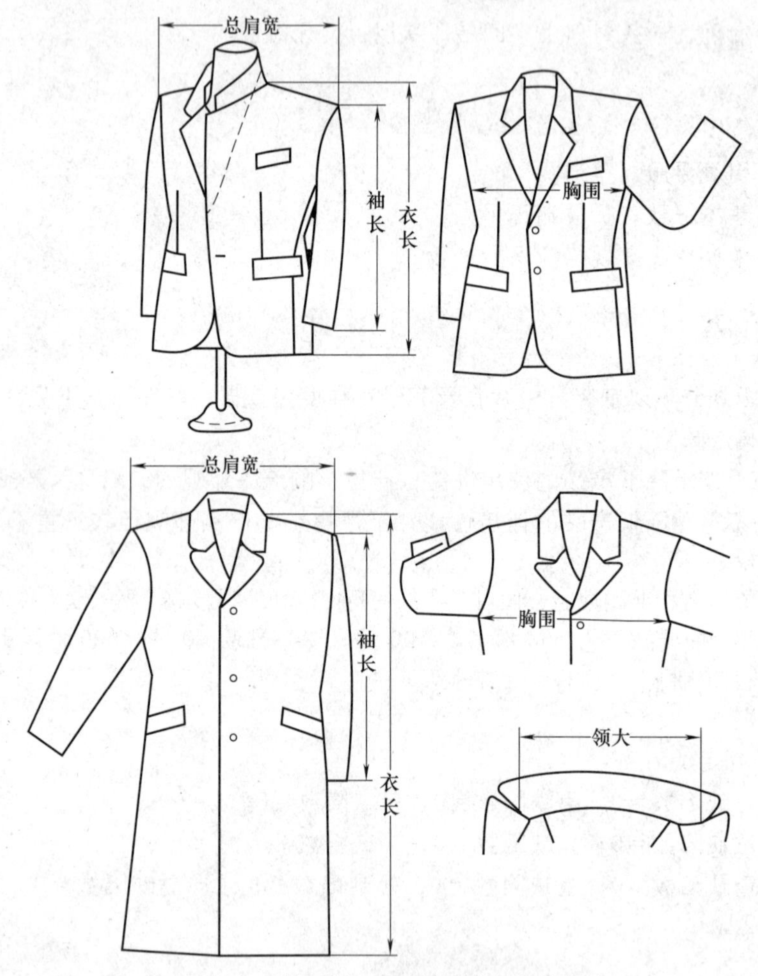

图 4-3　男西服、大衣检验中的测量方法

(2) 成品主要部位规格极限偏差　见表 4-12。

表 4-12　男西服、大衣主要部位规格极限偏差　　单位：cm

部位名称		允许偏差
衣长	西服	±1.0
	大衣	±1.5
胸围	西服	±2.0
	大衣	±0.6
领大		±1.0
总肩宽		±0.6
袖长	绱袖	±0.7
	连肩袖	±1.2

2. 经纬纱向检验技术规定

见表 4-13。

表 4-13 经纬纱向检验技术规定

部位名称	经纬纱向技术规定
前身	经纱以领口宽线为准，不允许斜
后身	经纱以腰节下背中线为准，西服倾斜不大于 0.5cm，大衣倾斜不大于 1.0cm，条格料不允许斜
袖子	经纱以前袖缝为准，大袖片倾斜不大于 1.0cm，小袖片倾斜不大于 1.5cm（特殊工艺除外）
领面	纬纱倾斜不大于 0.5cm，条格料不允许斜
袋盖	与大身纱向一致，斜料左右对称
挂面	以驳头止口处经纱为准，不允许斜

3. 拼接、对条对格检验规定

① 大衣挂面允许两接一拼，在下 1～2 档扣眼，避开扣眼位，在两扣眼距之间拼接。西服、大衣耳朵皮允许两接一拼，其他部位不允许拼接。

② 面料有明显条、格在 1.0cm 及以上的见表 4-14。

表 4-14 男西服、大衣面料有明显条、格在 1.0cm 及以上的对条对格检验方法

部位	对条对格规定
左右前身	条料对条，格料对横，互差不大于 0.3cm
手巾袋与前身	条料对条，格料对格，互差不大于 0.2cm
大袋与前身	条料对条，格料对格，互差不大于 0.3cm
袖与前身	袖肘线以上与前身格料对横，两袖互差不大于 0.5cm
袖缝	袖肘线以下，前后袖缝格料对横，互差不大于 0.3cm
背缝	以上部为准，条料对称，格料对横，互差不大于 0.2cm
背缝与后领面	条料对条，互差不大于 0.2cm
领子、驳头	条格料左右对称，互差不大于 0.2cm
摆缝	袖窿以下 10cm 处，格料对横，互差不大于 0.3cm
袖子	条格顺直，以袖山为准，两袖互差不大于 0.5cm

注：特别设计不受此限制。

③ 面料有明显条、格在 0.5cm 及以上的，手巾袋与前身条料对条，格料对格，互差不大于 0.1cm。

④ 倒顺毛、阴阳格原料，全身顺向一致。长毛原料，全身上下顺向一致。

⑤ 特殊图案面料以主图为准，全身顺向一致。

4. 色差检验

测定色差时，被测部位需纱向一致。视线与被测物呈 45°角，距离 60cm。袖缝、摆缝色差不低于 4 级，其他表面部位高于 4 级。套装中上装与裤子的色差不低于 4 级。

5．外观疵点检验

成品各部位疵点允许存在程度按表 4-15 规定。成品各部位划分见图 4-4。每个独立部位只允许疵点一处（优等品前领面及驳头不允许出现疵点）。

图 4-4　男西服、大衣成品各部位划分

表 4-15　成品各部位疵点允许存在程度

疵点名称	各部位允许存在程度		
	1 号部位	2 号部位	3 号部位
粗于一倍粗纱	0.3～1.0cm	1.0～2.0cm	2.0～4.0cm
大肚纱（三根）	不允许	不允许	1.0～4.0cm
毛粒/个	2	4	6
条痕（折痕）	不允许	1.0～2.0cm 不明显	2.0～4.0cm 不明显
斑疵（油、锈、色斑）	不允许	不大于 0.3cm² 不明显	不大于 0.5cm² 不明显

6．理化性能检验

（1）干洗后收缩缩率检验　见表 4-16。

表 4-16　干洗后收缩率检验　　单位：%

部位名称	干洗后收缩率
衣长	≤1.0
胸围	≤0.8

（2）干洗后起皱级差　见表 4-17。

表 4-17　干洗后起皱级差　　单位：级

等级	优等品	一等品	合格品
干洗后起皱级差	>4	4	≥3

（3）色牢度检验　成品耐干洗色牢度、耐干摩擦色牢度允许程度见表 4-18。

表 4-18　成品耐干洗色牢度、耐干摩擦色牢度允许程度　　单位：级

项目		色牢度允许程度		
		优等品	一等品	合格品
耐干洗	变色	≥4～5	≥4	≥3～4
	沾色	≥4～5	≥4	≥3～4
耐干摩擦	沾色	≥4	≥3～4	≥3

（4）起毛起球检验　成品摩擦起毛起球允许程度见表 4-19。

表 4-19　成品摩擦起毛起球允许程度　　单位：级

项目	起毛起球允许程度	
	优等品	一等品、合格品
精梳（绒面）	≥3～4	≥3
精梳（光面）	≥4	≥3～4
粗梳	≥3～4	≥3

（5）缝制强力检验　成品主要部位缝子纰裂程度见表 4-20。

表 4-20　成品主要部位缝子纰裂程度

等级	纰裂程度
优等品	≤0.5cm
一等品、合格品	≤0.6cm

7. 缝制检验

（1）针距密度检验　见表 4-21。

表 4-21　针距密度检验

项目		针距密度	备注
明暗线		3cm12～14 针	特殊需要除外
包缝线		3cm 不少于 9 针	—
手工针		3cm 不少于 7 针	肩缝、袖窿、领子不低于 9 针
三角针		3cm 不少于 5 针	以单面计算
锁眼	细线	1cm12～14 针	机锁眼
	粗线	1cm 不少于 9 针	手工锁眼
钉扣	细线	每孔不少于 8 根线	缠脚线高度与止品厚度相适应
	粗线	每孔不少于 4 根线	

(2) 缝制检验

① 各部位缝制线路顺直、整齐、平服、牢固；

② 上下线松紧适宜，无跳线、断线，起落针处应有回针；

③ 领子平服，领面松紧适宜；

④ 绱袖圆顺，两袖前后基本一致；

⑤ 滚条、压条要平服，宽窄一致；

⑥ 袋布的垫料要折光边或包缝；

⑦ 袋口两端应打结，可采用套结机或平缝机回针；

⑧ 袖窿、袖缝、底边、袖口、挂面里口、大衣摆缝等部位叠针牢固；

⑨ 锁眼定位准确，大小适宜，扣与眼对位，整齐牢固。钮脚高低适宜，线结不外露；

⑩ 商标、号型标志、成分标志、洗涤标志的位置端正，清晰准确；

⑪ 各部位缝纫线迹 30cm 内不得有两处单跳和连续跳针，链式线迹不允许跳针。

8. 外观质量检验

见表 4-22。

表 4-22　成衣外观质量检验

部位名称	外观质量检验
领子	领面平服，领窝圆顺，左右领尖不翘
驳头	串口、驳口顺直、左右驳头宽窄、领嘴大小对称，领翘适宜
止口	顺直平挺，门襟不短于里襟，不搅不豁，两圆头大小一致
前身	胸部挺括、对称，面、里、衬服帖，省道顺直
袋、袋盖	左右袋高、低、前、后对称，袋盖与袋宽相适应，袋盖与大身的花纹一致
后背	平服
肩	肩部平顺，表面没有褶，肩缝顺直，左右对称
袖	绱袖圆顺，吃势均匀，两袖前后、长短一致

9. 整烫检验

① 各部位熨烫平服、整洁，无烫黄、水渍、亮光；

② 覆黏合衬部位不允许有脱胶、渗胶及起皱。

10. 检验等级划分

(1) 成品等级划分　以缺陷是否存在及其轻重程度为依据，单件产品不符合本标准所规定的技术要求即构成缺陷。

① 严重缺陷。严重降低产品的使用性能，严重影响产品外观的缺陷称为严重缺陷。

② 重缺陷。不严重降低产品的使用性能，不严重影响产品外观但较严重不符合标准规定的缺陷称为重缺陷。

③ 轻缺陷。不符合标准的规定，但对产品的使用性能和外观影响较小的缺陷称为轻缺陷。

(2) 抽样规则　抽样数量为 500 件（含 500 件）以下抽验 10 件；500 件以上至 1000 件（含 1000 件）抽验 20 件；1000 件以上抽验 30 件。理化性能抽样 4 件。

(3) 判定规则

① 单件样本判定。

优等品：严重缺陷数=0，重缺陷数=0，轻缺陷数≤4。

一等品：严重缺陷数=0，重缺陷数=0，轻缺陷数≤7或严重缺陷数=0，重缺陷数≤1，轻缺陷数≤3。

合格品：严重缺陷数=0，重缺陷数=0，轻缺陷数≤10或严重缺陷数=0，重缺陷数≤1，轻缺陷数≤6或严重缺陷数=0，重缺陷数≤2，轻缺陷数≤2。

② 批量判定。

优等品批：样本中的优等品数≥90%，一等品、合格品数≤10%。理化性能测试达到优等品指标要求。

一等品批：外观样本中的一等品以上的产品数≥90%，合格品数≤10%（不含不合格品）。理化性能测试达到一等品指标要求。

合格品批：样本中的合格以上产品数≥90%，不合格品数≤10%（不含严重缺陷不合格品）。理化性能测试达到合格品指标要求。

第五节 服装质量统计

质量统计是客观地把质量现状表现出来，通过数据、图形等处理可以正确判断出现问题的原因，便于尽快拿出解决问题的措施将其消灭在萌芽状态。质量统计是以预防为目的的科学质量管理办法。

一、质量统计的作用

企业为了确保产品质量，应有一套切实可行的质量管理体系。质量管理体系中的一个重要方面就是质量统计，质量统计就是控制生产中质量动向的方法之一。

二、质量统计指标

质量指标是指在计划和统计工作中，反映生产效果或工作质量的各种指标，如劳动生产率、设备利用率等。质量指标的计算和分析对挖掘各部门、各单位工作中的内部潜力具有重要作用。反映产品质量的统计指标大致有两类，一类是反映产品本身质量的统计指标，如产品技术性能等。另一类是反映生产工作质量的统计指标，如返修率等。产品质量是生产工作质量的综合反映，生产工作质量是产品质量的前提。

1. 产品平均质量特性指标

产品平均质量特性指标是指产品本身的使用寿命及可靠性、外观等质量特性实际达到的本产品应达到的水平。

2. 产品质量其他指标

产品质量其他指标，即把产品的各种质量特性分门别类地规定其质量特性标准及评定等级，然后分别检验各项质量特性，符合质量标准的给以规定的等级，再将各项特性所得等级综合评定，用以综合反映产品质量高低。

三、统计

统计是把收集到反映质量情况的大量数据和有关资料进行加工整理分析，从而采取相应的对策并及时处理，以达到控制产品质量、预防不合格产品的产生和提高产品质量的目的。

统计必须取得真实客观的数据和有关资料，通过大量的数据和客观资料来证明，而不是主观臆测。

统计的步骤：现场调查→统计整理→统计分析判断。

四、统计质量管理的七种工具

统计质量管理的七种工具分别为：

① 特性要因图；

② 帕累托图（主次因素排列图）；

③ 图解、图表；

④ 管理图（控制图）；

⑤ 分层法；

⑥ 直方图、矩阵图；

⑦ 散布图。

（一）特性要因图

特性要因图又称因果分析图、树枝图或鱼刺图，是表示质量特性（结果）与原因的分析图。这个图可使人很快地明白质量问题产生的原因。在生产过程中，通过运用特性要因图统计的方法，很快就会发现主要问题。然后进一步寻找原因、分析原因，把最后的结果用特定的形式反映在一张图上，就是特性要因图。在生产过程中引起质量波动的原因主要有人、设备、材料、操作方法和环境等因素。一个质量问题，往往是多种因素交织在一起产生的，所以从表面上很难迅速找出其中的主要原因，运用特性要因图就能够找出原因。特性要因图由原因和结果两部分组成，原因部分又由大、中、小原因构成，通过从大到小由粗到细的原因展开，找到出现问题的根源，以利于问题的解决。

1. 特性要因图的作图步骤

① 确定要分析的质量问题及确定需要解决的质量特性。如产品的尺寸、成本、耗费时间、产量、交货期、销售额等问题。

② 分析和此质量有关的原因。

③ 从左向右引一条带箭头的主线，在箭头前标明质量特性（质量问题），把大原因用箭头排列在主线的两侧，如图 4-5 所示。

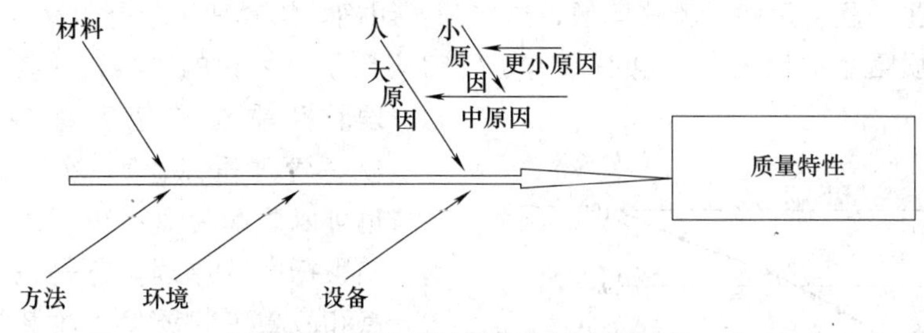

图 4-5　特性要因图中作图步骤示意

④ 在特性要因图中的大原因中，再分解出中、小等更具体的原因。如果有必要小枝还可再分枝，一直记到所需改进的原因。

⑤ 记入制作特性要因图的目的、时间、制图者等内容。如口袋盖大小不一特性要因图见图 4-6。

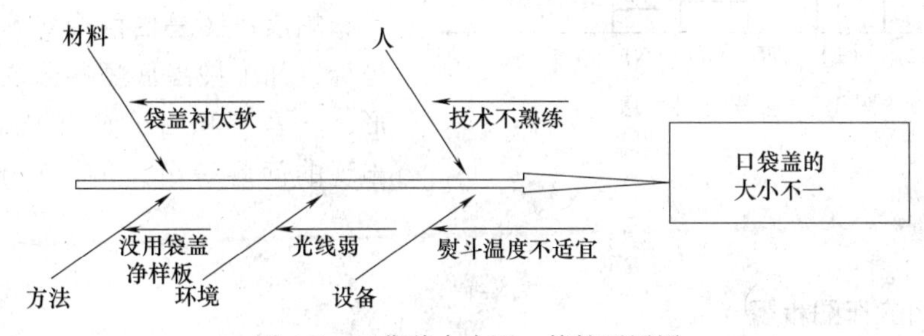

图 4-6　口袋盖大小不一特性要因图

2. 特性要因图的特点

原因与结果关系用树枝图表示，集思广益，根据需要可以在任何“枝”的部位加上更小的“枝”等，以利于找出问题所在。

3. 注意事项

① 集思广益，把各种意见记录下来。

② 先找主要原因，然后层层深入，找到具体关键问题环节。

③ 画出特性要因图后，应到现场落实问题，再制订解决问题的方法。

（二）帕累托图

帕累托图又称主次因素分析图、排列图、帕氏图等。是为找影响质量的主要原因所使用的图。帕累托图最早由意大利经济学家帕累托（Pareto）用于统计社会财富分布状况，因对意大利 20% 的人口拥有 80% 的财产的观察而著名。他发现少数人占有大部分财富，而大多数人却只有少量财富，即所谓“关键的少数与次要的多数”这一相当普遍的社会现象。

帕累托认为："在很多不好的原因及现象中，重要的只有几项。"不管是在生产活动还是质量管理工作中，都会遇到很多问题。如果不分主次地去处理，问题的解决就不会很理想。所以，在质量管理中哪个质量问题是主要的，哪个质量问题是次要的，产生问题的原因在哪里，先解决哪些问题，后解决哪些问题，这些都要明确。帕累托图就是用来找出产品主要问题或影响产品质量主要因素的一种有效方法。它应用了"关键的少数，次要的多数"的原理。目前在其他管理中常用的ABC（A—管理重点，B—次重点，C—一般，也可以理解为点、线、面）法就是运用帕累托图的原理。它是把不合格品、疵点和故障等问题发生的数量及金额等进行分类并按大小顺序排列的图。根据绘制的帕累托图，对不合格品、疵点和故障等进行排列，可以很快地看出哪些是主要问题，哪些是次要问题，以便采取改进措施。

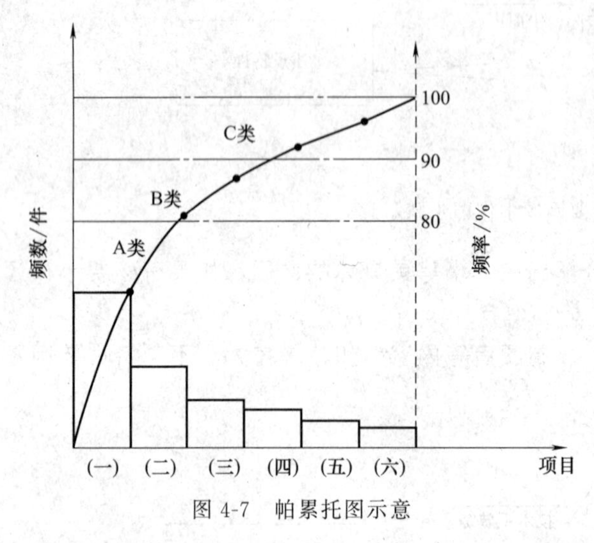

图 4-7　帕累托图示意

帕累托图是由两个纵坐标、一个横坐标、几个按高低顺序依次排列的长方形、一些累积百分比曲线、一些数字、出现的问题等组成的，其形式如图4-7所示。

1. 排列图的作图步骤

（1）决定数据的分类项目

（2）收集一定时期内，关于某个质量问题的数据

（3）计算出分类项目的累积数

本项目累积数 = 以上各项目频数之和 + 本项目频数

（4）计算出相对应的累积频率

本项目累积频率 = 本项目累积数 ÷ 最后一项累积数

（5）作出此项质量不合格分项统计表

例如：某服装厂对检查出的不合格品进行分析，造成缺陷的项目共有六项。

① 制表，如表4-23所示。

表 4-23　不合格分类统计表

序号	项目	频数	累积数	累积频率/%
1	衣长	50	50	34.7
2	胸围	35	85	59
3	领大	28	113	78.4
4	肩宽	17	130	90.2
5	袖长	9	139	96.5
6	其他	5	144	100

② 制图，如图 4-8 所示。

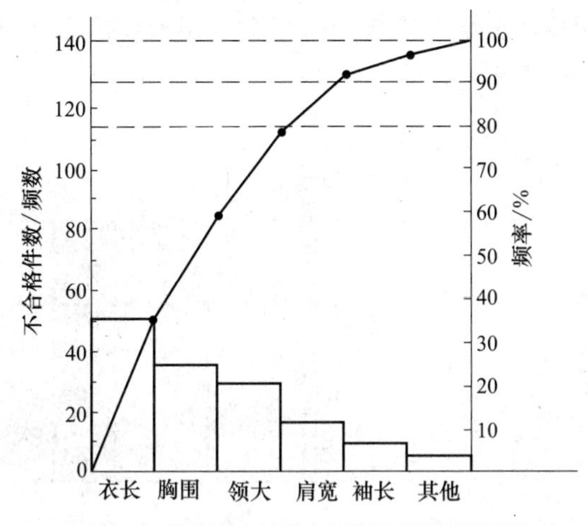

图 4-8　某服装厂的不合格品的帕累托图

2. 绘制排列图的注意事项

先画左纵坐标，再画横坐标，在横坐标上标出项目（有几个项目就标几个项目），再画右纵坐标，左纵坐标表示不合格件数（频数），右纵坐标表示频率。

① 在横坐标上按频数（出现件数的次数）大小顺序从左到右填写项目名称。

② 在左右纵坐标上标出刻度，左纵坐标上标出不合格件数（频数）刻度，右纵坐标上标出频率刻度。

③ 按项目的件数从左到右画长方形。

④ 根据项目的不合格件数（频数）和频率的交点画帕累托曲线。

⑤ 分析帕累托曲线图。

从曲线图上要找出主要的问题或影响质量的主要原因，通常 A 类区的项目占总频数的 80% 左右，是主要问题，B 类区的项目占总频数的 10% 左右是次要问题，C 类区的项目 10% 左右，是更次要的一般问题。

（三）图解、图表

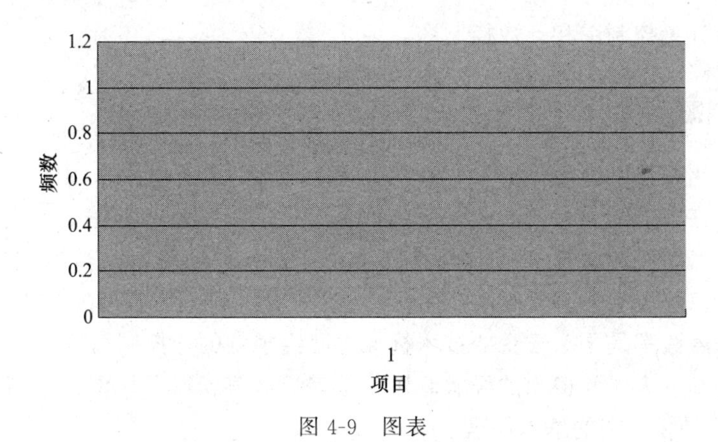

图 4-9　图表

图解、图表是一种统计图表，利用这种统计图表可以进行数据的收集、整理和原因调查，并在此基础上进行粗略的分析。在应用时可根据调查项目的不同和所调查的质量特性不同，采取不同的形式。如图4-9～图4-11所示。

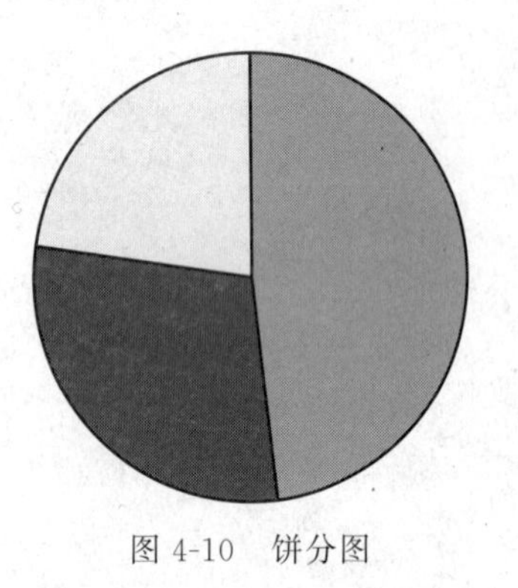

图4-10　饼分图

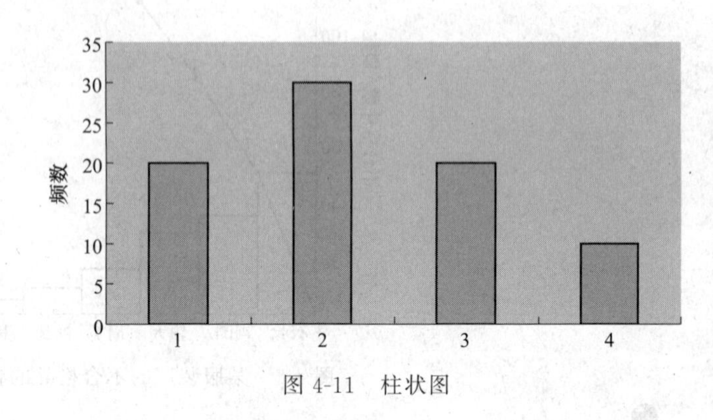

图4-11　柱状图

（四）管理图（控制图）

管理图又称波动图、控制图等，它是以质量波动的性质，来观察和掌握控制生产过程中产品质量及生产工艺工程是否稳定、有无异常等的一种工具。

1. 管理图的作用

① 确定工艺技术装备和设备的实际状况，为作出正确结论提供依据。

② 及时了解和掌握生产工艺过程的质量状态，采取措施，预防出现废品，消除失调现象。

③ 判别质量的稳定性。

④ 将工艺生产控制在稳定状态，保证产品质量，为质量评比及统一质量的检查标准提供依据。

2. 管理图的分类

一般可分为计量控制图和计数控制图。

3. 计量控制图

计量控制图用来控制产品规格尺寸、缩水率、重量、耐热度等。由于质量是计量数据，有正负公差，是在标准线上下波动的，所以计量图有上下两条公差线，因此又称双控制图。双控制图中的圆点是按测试样品的质量特性及抽样的先后把测得的数据按先后点在控制图上，最后将点与点连成折线，见图4-12所示。

标准线和公差线都是国家或企业技术标准中已经规定的，控制线的数值计算一般为技术标准中公差值的3/4来作为控制的经验算法，求其近似值就行了，例公差值为1，那么控制值为0.75，这就是管理图的基本原理。

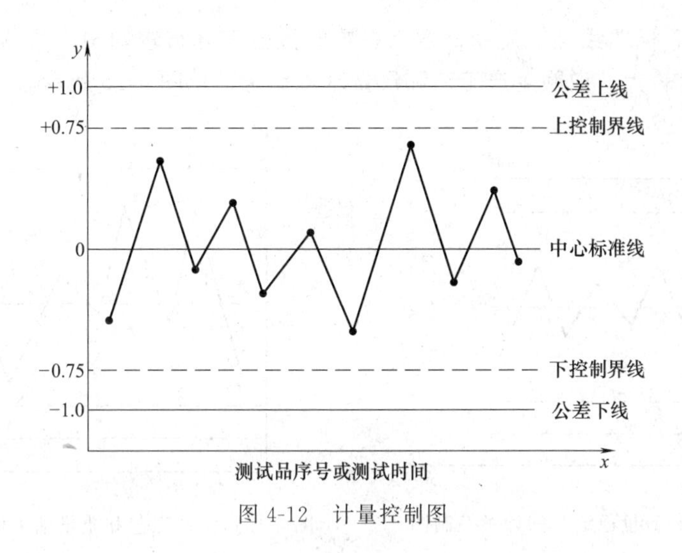

图 4-12　计量控制图

4. 计数控制图

计数控制图是用于产品外观质量的控制图，如不合格品数、返修数、污损数、废品率等。

由于这些数据不可能出现负数，数据只能在x 线以上波动，所以，计数控制图上只有一条公差线及一条控制线，因此又称单控制图，控制线的计算与上述相同，如图 4-13 所示。

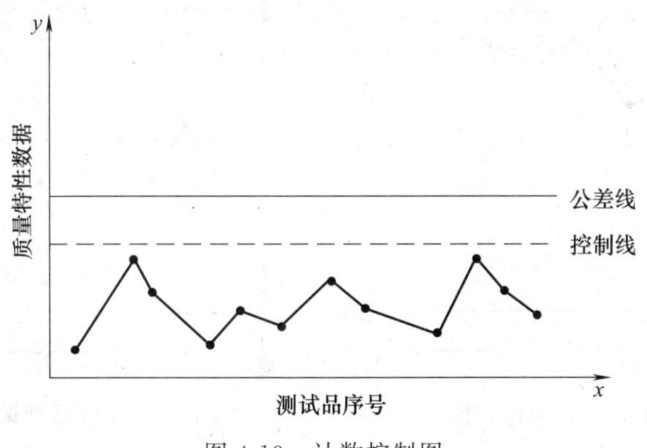

图 4-13　计数控制图

5. 管理图的分析

管理图能快速反映生产过程是否处于控制状态，它一般是根据观察图中每个点位的波动情况及统计经验分析出来的。判断管理图一般原则有两个：一是不超出控制界限；二是点的排列随机（没有缺陷）。根据这两个条件，可以判断生产处在控制状态（稳定状态）下，如果点落在界线之外，应判断发生了异常变化，点的排列如有下列缺陷，也应判断有异常变化。现举例分析如下。

① 各点在中心标准线上下波动，中心标准线上下点分布较均匀，波动幅度不大，说明生产工艺和质量是稳定的，见图 4-14 所示。

② 各点在中心标准线上下波动，各点在中心线上下分布较均匀。虽然都在控制界限之内，但是波动幅度较大，说明生产工艺和质量基本稳定，见图 4-15 所示。

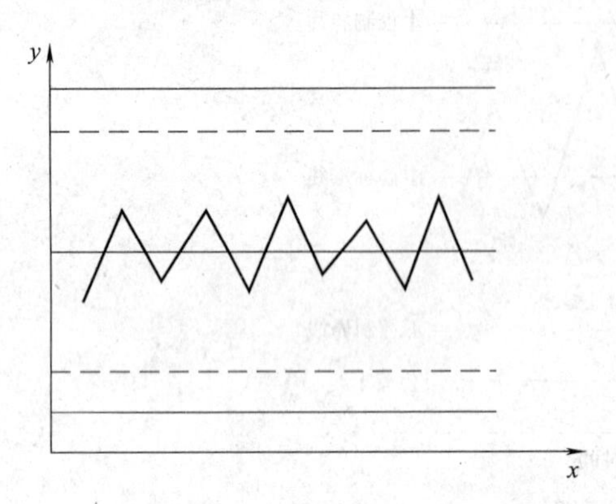

图 4-14　生产工艺和质量稳定时的计量控制图

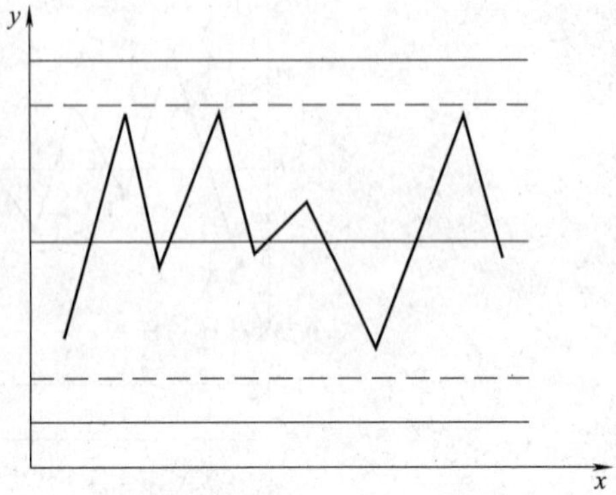

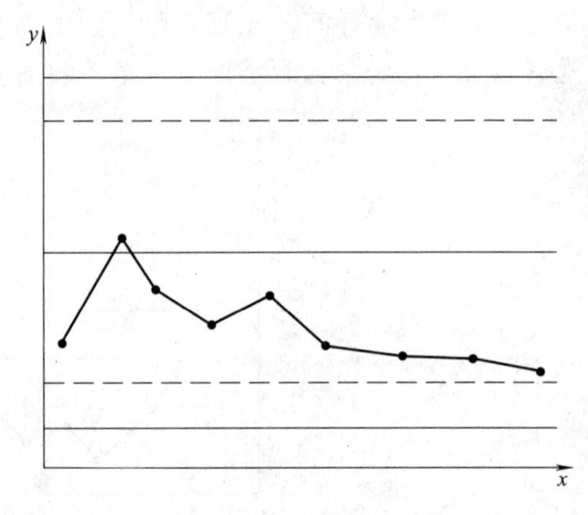

图 4-15　生产工艺和质量基本稳定时的计量控制图

③ 各点波动较小，但各点的波动中心偏离中心标准线，说明生产工艺和质量比较稳定，但精确度较差，应调整设备或改进操作方法，见图 4-16 所示。

④ 各点的波动中心不与中心线平行，而是与中心线偏离，并逐渐下降，应及时寻找原因，予以改进，见图 4-17 所示。

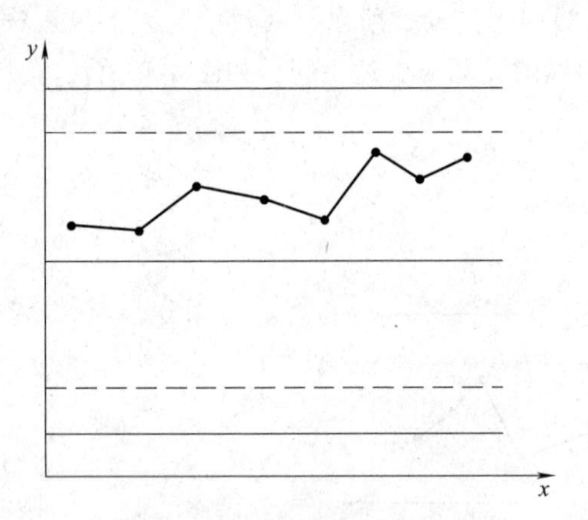

图 4-16　生产工艺和质量较稳定，但精度较差时的计量控制图

图 4-17　点的波动偏离中心线，并逐渐下降时的计量控制图

⑤ 点的波动过大并超过控制线，说明生产工艺及质量不稳定，应立即寻找原因，见图 4-18 所示。

（五）分层法

分层法是把收集到的诸多因素，按照不同的目的加以分类排列，把在同一条件下收集到的性质相同的数据归纳在一起，使数据反映的问题更明显、更突出，以找出问题和解决问题的方法。它是一种分析影响质量原因的最佳方法。把所测量的数据按来源特征分为两个以上（含两个）的层次，直到找出问题存在的原因为止。常用的分层法如下。

（1）按工作者分层　如按工龄长短、男女、文化水平高低和技术熟练程度不同等条件来区分。

(2) 按时间分层　如以不同的班组按日、周、月等不同时间来分层。

(3) 按材料分层　如不同进料时间、不同供应单位、不同材料成分等。

(4) 按设备分层　如不同设备型号、设备功能、设备现代化程度等。

(5) 按检验和测试方法分层　根据不同的产品的不同检验方法和测试方法划分，如理化检验等。

(6) 按不同的操作方法分层　如一个部位的缝制用几种不同的操作方法来完成等。

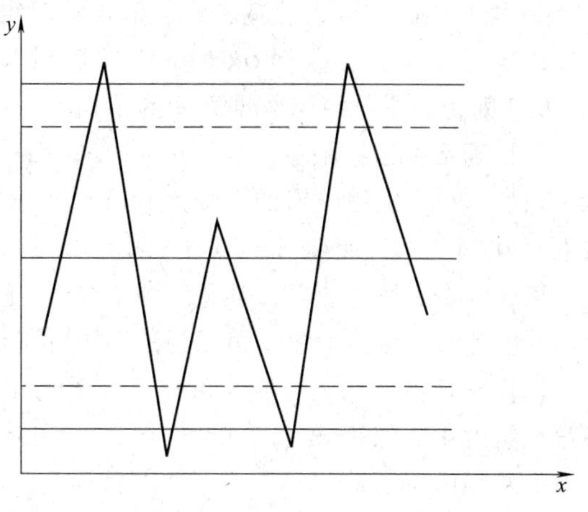

图 4-18　生产工艺及质量不稳定时的计量控制图

分层法没有具体形态，但它能通过分层来发现产生质量问题的主要原因。因此，在质量统计管理中，分层方法是统计管理中常见的重要方法之一。如果能和其他工具结合使用，则能发挥更大的作用。

(六) 直方图

直方图是通过对质量数据的整理观察，来了解分析掌握产品质量波动情况的一种图表。直方图是将全部数据分成若干个组，以组距为底边，以该组距相应的频率为高，按比例而形成的若干矩形即为直方图。

1. 直方图的作法

(1) 收集一定时期内的数据　要求 100 个以上，以身长为 72cm 长的上衣批量生产中的衣长直方图为例，见表 4-24。

表 4-24　上衣身长尺寸数据（$N=100$）　　单位：cm

1	71.6	71.4	72	71.5	71.7	72	72.1	71.7	72	73.2
2	71.3	⊿71.2	71.4	71.7	71.3	71.6	72.6	72.1	71.1	71.8
3	71.9	71.8	71.8	⊿71	71.8	*72.6	71.8	⊿71.2	71.6	*73.5
4	71.7	72	⊿71.1	71.4	⊿71.1	⊿71.2	*73	72.6	⊿70.9	⊿70.8
5	71.9	71.6	71.6	71.7	71.5	71.8	⊿71.2	72.9	71.7	71.8
6	*72.6	71.3	71.5	72.	71.6	72.1	71.6	71.4	73.3	73.4
7	71.8	72	72.1	72.3	72	72.3	72.3	71.4	71.5	71.3
8	72.2	71.8	71.6	71.6	72.4	71.7	71.6	72.3	72.3	72.3
9	71.2	72.3	72.3	72.1	72	71.3	71.4	73.1	71.3	71.5
10	⊿71	*72.6	*72.5	*72.6	*72.7	71.5	71.3	*73.3	*73.8	72.4

① 从表 4-24 数据中选出最大值 (max) 与最小值 (min)，再把所有数据分成若干组，每组中最大值用 * 表示，最小值用⊿表示。

② 确立组距，最大值减去最小值再除以组数。

$$(\max - \min) \div 10 = (73.8 - 70.8) \div 10 = 0.3$$

0.3 即为每组与每组数据之间的平均差。

(2) 确定各组界限值　组距 $h = 0.3$，每一组的下限为 $\min - (h \div 2)$，每一组的上限为 $\min + (h \div 2)$，例第一组的下限为 $\min - (h \div 2) = 70.8 - (0.3 \div 2) = 70.65$cm，第一组的上限为 $\min + (h \div 2) = 70.8 + (0.3 \div 2) = 70.95$cm。

第一组的上限就是第二组的下限，第二组的上限就是第二组的下限等，第二组的下限加上组距 h 是第二组的上限，第三组的下限加上组距 h 是第三组的上限。

(3) 确定界限的中心值　每一组界限的中心值是把上限和下限两个界限值相加除以 2，如第一组的中心值等于 $(70.65 + 70.95) \div 2 = 70.8$cm，第二组、第三组等以此类推。见表 4-25、图 4-19。

表 4-25　各组界限的中心值

序号	界限/cm	中心值/cm
1	70.7～70.9	70.8
2	71～71.2	71.1
3	71.3～71.5	71.4
4	71.6～71.8	71.7
5	71.9～72.1	72
6	72.2～72.4	72.3
7	72.5～72.7	72.6
8	72.8～73	72.9
9	73.1～73.3	73.2
10	73.4～73.6	73.5
11	73.7～73.9	73.8

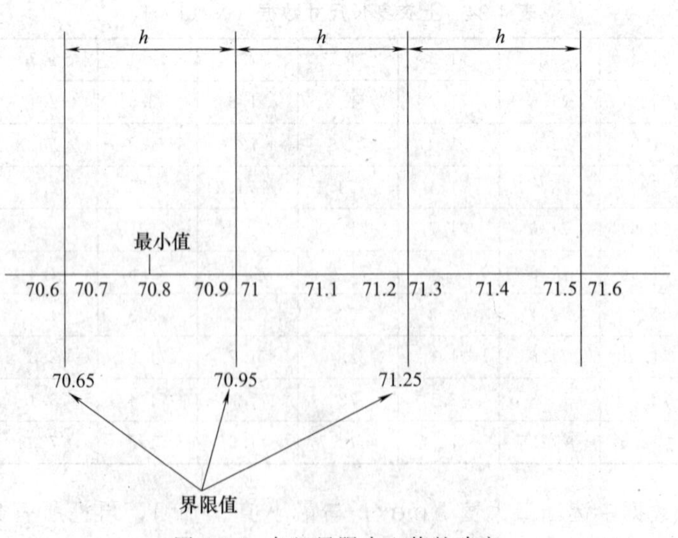

图 4-19　各组界限中心值的确定

(4) 确定频数　确定整体界限值和中心值，制作频数表。

频数即 100 件中 70.7～70.9 的有 2 件，71～71.2 的有 10 件等。见表 4-26。

表 4-26　频数表

序号	界限/cm	中心值/cm	频数/件
1	70.7～70.9	70.8	2
2	71～71.2	71.1	10
3	71.3～71.5	71.4	19
4	71.6～71.8	71.7	26
5	71.9～72.1	72	15
6	72.2～72.4	72.3	11
7	72.5～72.7	72.6	8
8	72.8～73	72.9	2
9	73.1～73.3	73.2	4
10	73.4～73.6	73.5	2
11	73.7～73.9	73.8	1

(5) 做直方图　用横轴表示测定数据及组数，所取点为各组中心值，纵轴表示出现的频数。用直线连接成矩形，最后做成直方图，见图 4-20 所示。

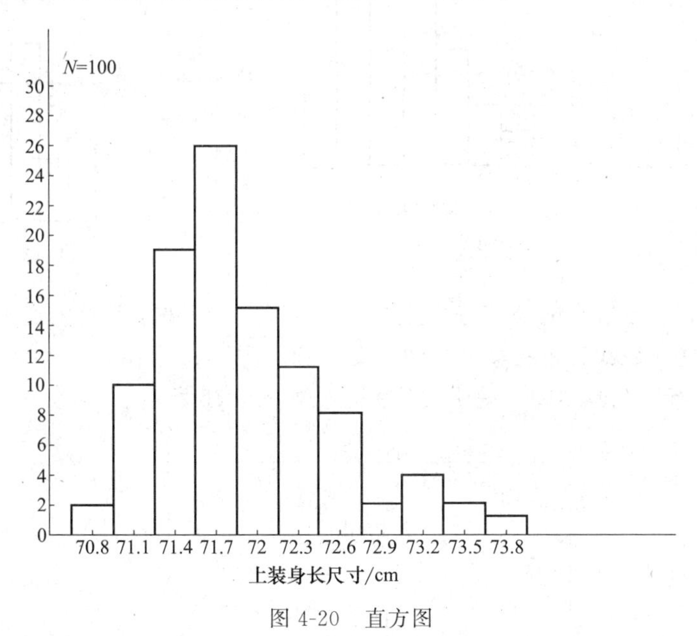

图 4-20　直方图

2. 直方图的使用方法

(1) 由直方图的形状了解工序是否正常　从正常工序测来的数据，做成直方图后，有很直观的形状。而工序有异常状况时，直方图将形成不规则形状，因此由直方图的形状可以大致推测工序中是否有异常现象。

① 正常类型。质量的稳定性处于正常状态，见图 4-21 所示。

② 平顶类型。在生产过程中，质量受某种因素的作用而平稳发展，见图 4-22 所示。

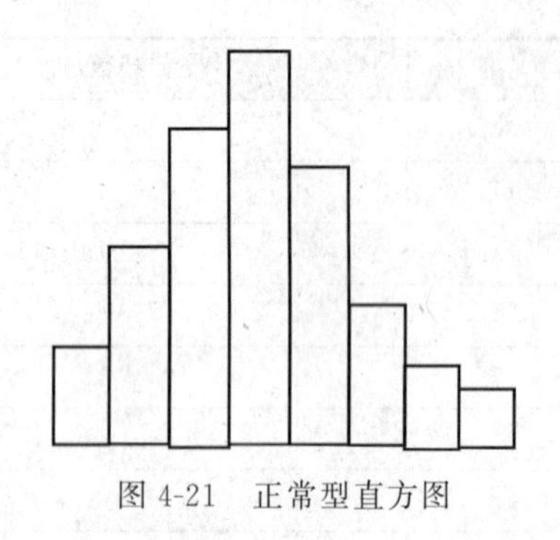

图 4-21　正常型直方图

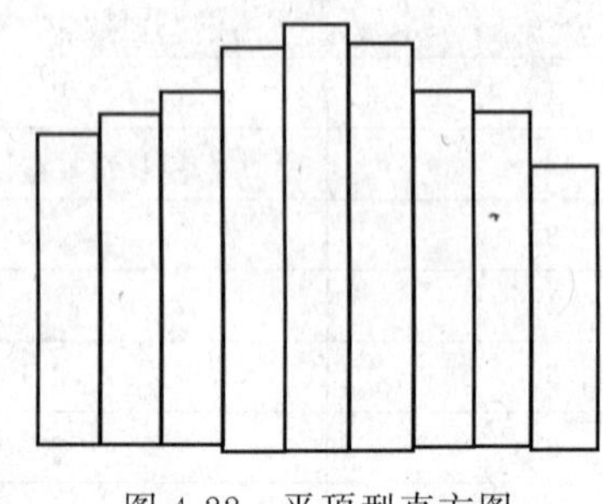

图 4-22　平顶型直方图

③ 偏向类型。在生产过程中，质量受某种因素或习惯的作用而向一边偏倒，见图 4-23 所示。

④ 锯齿类型。在生产过程中，受某种因素或习惯的作用而出现的质量波动的现象，见图 4-24 所示。

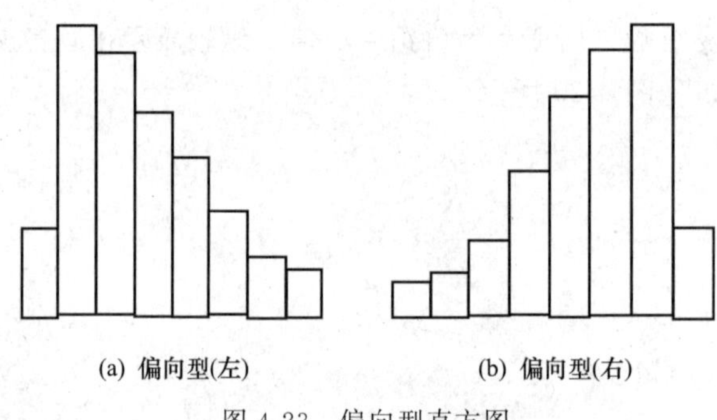

图 4-23　偏向型直方图

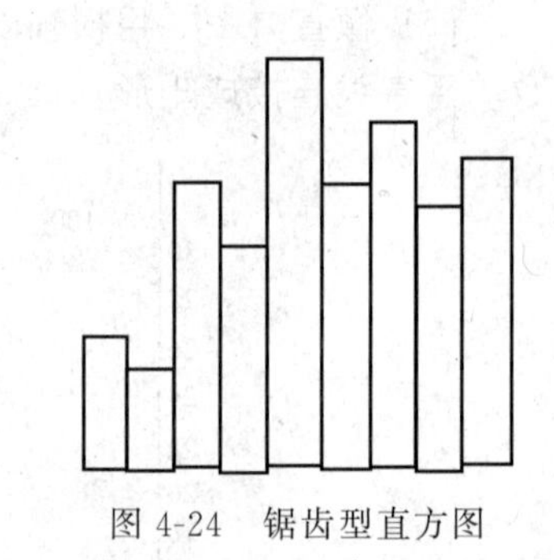

图 4-24　锯齿型直方图

(2) 判断是否符合规定的公差值　直方图中标有标准范围，就可知道不合格品的严重程度，以便采取措施予以纠正。各类直方图如图 4-25～图 4-28 所示。

① 直方图在标准范围中间，说明质量稳定。如图 4-25 所示。

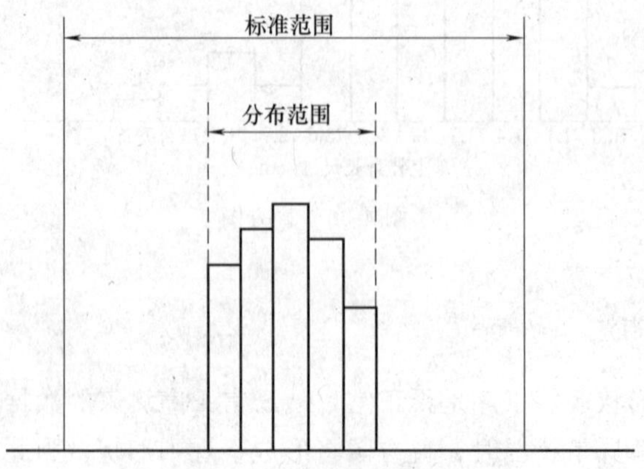

图 4-25　质量稳定的直方图

② 直方图在标准范围的一侧，有向左向右的偏差，说明质量稳定偏差大，可采取调查了解、分析问题、解决问题、消除偏差，并使分布范围值移至标准范围中央的措施，见图4-26所示。

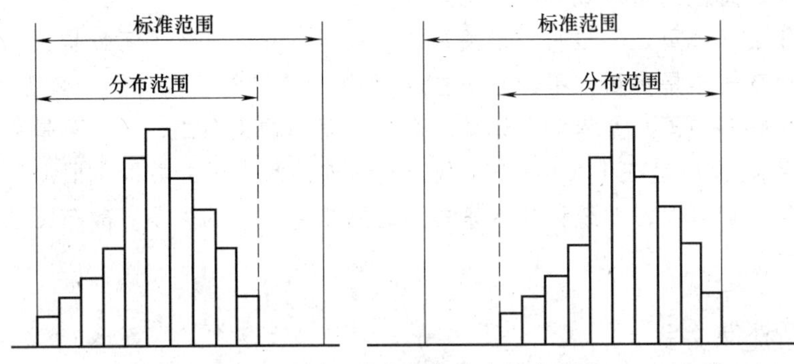

图 4-26 质量稳定但偏差大的直方图

③ 标准范围与分布范围一致，说明在生产时不能有任何差错，否则就会出现次品，这时应该调整工序等，使分布范围和标准范围之间有一定的范围，使产品在生产时其质量能得到很好的控制，见图 4-27 所示。

④ 分布范围在一侧超出标准范围，说明在生产过程中，质量受某种因素或习惯的作用而向一边偏倒并超出标准范围，可以调整生产以使质量回到标准范围之内，见图 4-28 所示。

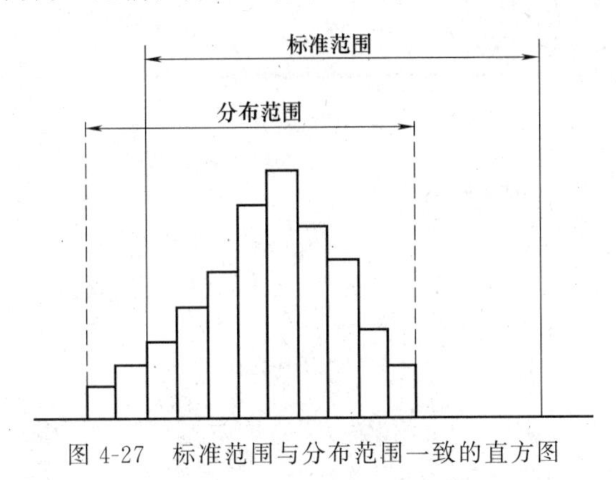

图 4-27 标准范围与分布范围一致的直方图

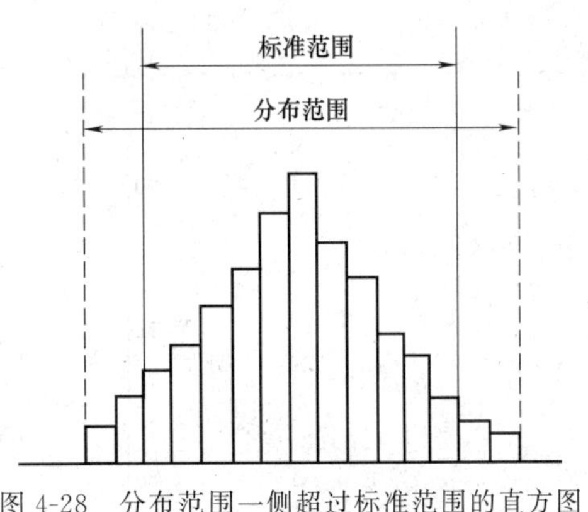

图 4-28 分布范围一侧超过标准范围的直方图

⑤ 分布范围。超出标准范围，说明在生产过程中，质量很不稳定，应尽快调整生产以使质量回到标准范围之内。

（七）散布图

散布图也叫相关图，它是表示两个变量之间变化关系的图。

我们经常会遇到这样一类问题，两个变量之间是否有互相联系、互相影响的关系，如存在关系，那么这种关系是否有规律。通过对两个变量进行分析，可以得出有关系和无关系两种结论。当我们分析两个有关系的变量时，把两组数字分别相对应地填在纵轴和横轴上，观察两种因素之间的关系，会发现这两个变量处在一个统一体中，它们相互联系、相互制约，有些变量存在着确定性关系，有些存在着相关关系。对它们之间的分析称之为相关关系。

第一种：完全确定有函数关系。

如圆的面积 S 和半径 r 之间存在着 $S=r^2$ 的关系，只要知道圆的半径就能精确求出面积是多少。

第二种：非确定性的依赖或制约关系。

如小孩的年龄和体重之间虽有一定关系，但只能一般地说孩子年龄越大，体重越重，并不是所有 2 岁小孩一定是多重，不过在一些生活书中常见到小孩体重 = 年龄 × 2 + 7（kg）。这是一个统计了很多中国儿童年龄和体重的数据后得到的关系式，虽然不是所有的 2 周岁儿童体重都是 11kg，但总是在 11kg 左右，我们把这种关系叫相关关系。相关关系不能用函数关系来表示。但是都可以借助统计技术来描述这种变量之间的关系。散布图法就是解决这个问题的统计技术。

1. 散布图的基本形式

散布图由一个纵坐标、一个横坐标和很多散布的点组成。从散布图上的点的分布状况可以观察分析出两个变量之间是否有相关关系以及关系的密切程度。

2. 散布图的作图步骤

① 收集数据，如图 4-29 所示，上衣身长与袖长的关系。

② 打点。

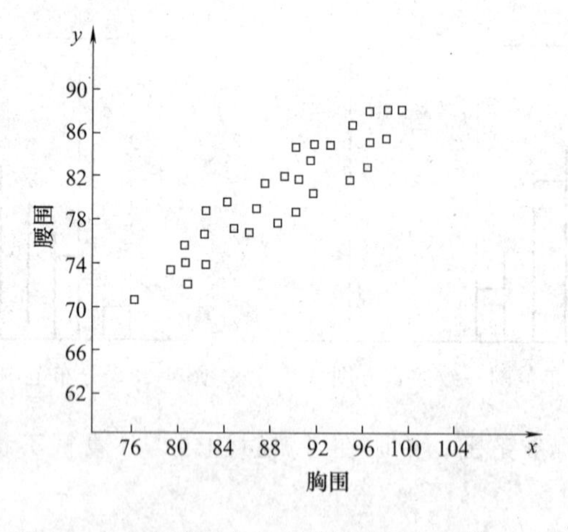

图 4-29 上衣胸围与腰围的散布图（单位：cm）

3. 散布图的分析

（1）强负相关图　说明x 增加y 明显减少、x 减少y 明显增加的关系。见图 4-30。

（2）弱负相关图　说明x 增加y 随之减少的关系，但它不如强负相关明显。见图 4-31。

（3）强正相关图　表示x 增加y 随之明显增加的关系。见图 4-32。

（4）弱正相关图　表示x 增加y 随之增加的关系，但它不如强正相关明显。见图 4-33。

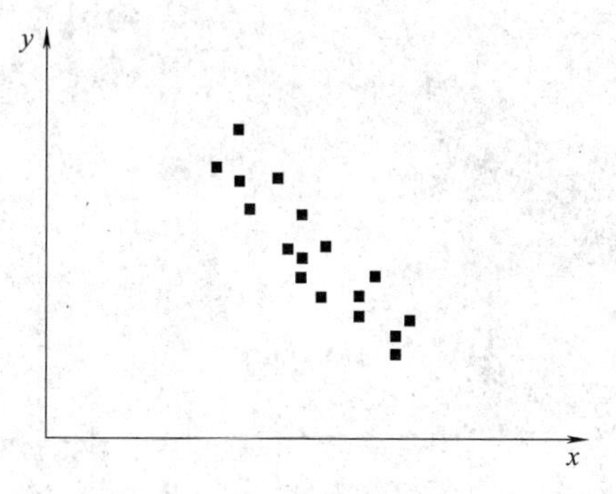

图 4-30　强负相关散布图

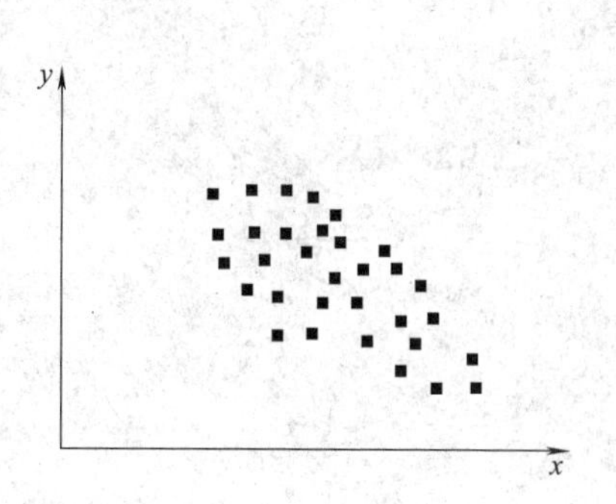

图 4-31　弱负相关散布图

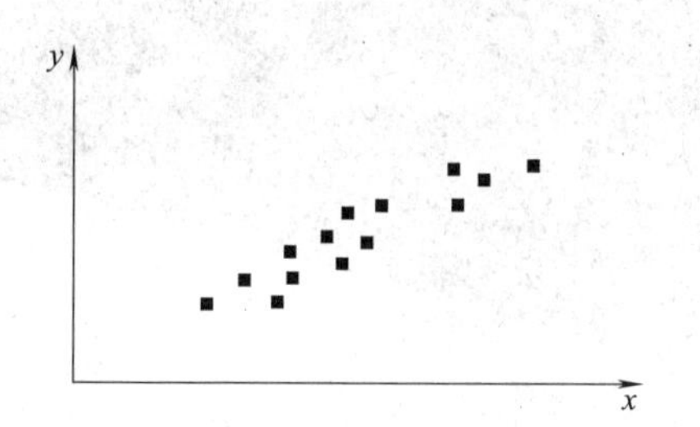

图 4-32　强正相关散布图

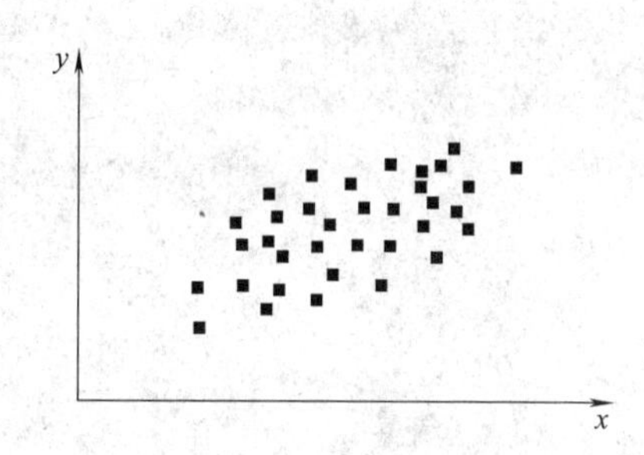

图 4-33　弱正相关散布图

思考与练习

1. 简述服装的质量特性指标。
2. 名词解释

管理　质量管理　全面质量管理　标准　检验　统计　质量统计

3. 简述质量管理的发展过程。
4. 简述全面质量管理的基本特点。
5. 简述全面质量管理的特点和目的。
6. 简述为了预防生产中出现次品，必须坚持的三个基本原则。
7. 简述标准的基本特性。
8. 简述标准的内容。
9. 简述服装质量标准的使用范围。
10. 简述检验的目的。
11. 简述检验的三种职能。
12. 简述何种场合下必须作抽样检验。
13. 简述质量统计的作用。
14. 简述统计质量管理的七种工具。
15. 简述特性要因图的特点和注意事项。
16. 简述管理图的作用和分类。
17. 简述常用的分层法。

第五章 成本管理

知识目标

1. 了解生产过程的目标成本制订和质量成本的相关内容。

2. 掌握服装生产成本及成本管理的基本概念和基本理论知识；生产过程成本管理的内容、产品成本分析、标准成本的制订和成本控制的内容。

能力目标

具备正确分析服装成本的能力；严格控制成本。

第一节　成本管理概述

一、费用与成本的概念

企业会计制度中将费用定义为“费用是指企业为销售商品、提供劳务等日常活动所发生的经济利益的流出。”成本是指在一定时期内，企业生产和销售某种产品所支出的各项费用的总和，通常以货币的形式表现。费用和成本是两个并行使用的概念，两者之间既有联系也有区别。成本是按一定对象所归集的费用，是对象化了的费用。费用是指资产的耗费，它与一定的会计期间相联系，而与生产哪种产品无关，成本与一定种类和数量的产品或商品相联系，而不论发生在哪一个会计期间。《企业会计准则》中规定我国企业的会计期间按年度划分，以日历年度为一个会计年度，即从每年 1 月 1 日至 12 月 31 日为一个会计年度。成本和费用两个术语有时可以不加区别地使用，但事实上，两者是具有时间性区别的。成本一般表示企业为赚取收入付出代价大小，而费用则是与收入相对应的概念，即只有在当期与收入配比的支出，才能称费用。

企业在生产经营过程中所发生的各种费用，其具体用途各不相同，有的直接用于生产产品，有的用于产品销售，有的用于生产经营的组织和管理。不同行业、企业的成本项目，各有其特点。

成本管理就是在企业经营方针的指导下，以降低成本或维持成本为目标，并为了实现此目标所进行的一种措施。成本管理一般包括成本预测、成本决策、成本计划、成本核算、成本控制、成本分析、成本考核等职能。服装企业为了提高企业经济效益，不仅要提高产品的质量、生产效益和交货期，同时还必须进行有效的成本管理与控制。而随着成本理念的不断深化和拓展，又涌现出变动成本、目标成本、标准成本、全面成本等新概念，构成了多元化的成本概念体系。

二、成本的分类

企业发生的成本费用多种多样，根据成本费用的特征和成本核算与管理的要求，可以按照不同的标准进行分类。下面介绍两种主要的分类方法。

1. 按照成本费用计入产品成本的方法分类

企业的生产费用按照计入产品成本的方法不同，分为直接费用和间接费用两大类。直接费用（又称直接成本）是指能够直接计入各有关成本计算对象（某种某类或某批产品），不需要间接分配的那些费用。例如，用于制造某种产品的原材料，生产工人计件工资等。间接费用（又称间接成本）是指不能够直接计入而必须按一定标准分配计入各成本计算对象的费用。例如，车间和行政部门管理和组织生产所发生的各项费用，与各种产品的生产有关，必须采用适当的方法在有关的各种产品之间进行分配。

将成本费用正确地划分为直接费用和间接费用，并且合理地选择间接费用的分配标准，将有利于正确、及时地计算产品成本，加强成本管理。

2. 按照成本费用能否被某一责任单位所控制来分类

成本费用的发生，出于人为，因而就整个企业来说，一切成本费用都是可以控制的。但在企业内部根据权责划分，把一定的成本费用交由有关单位与个人（成本责任中心）负责管理，对某一单位、个人来说，成本费用可以分为可控制费用和不可控制费用两大类。可控制费用（又称可控制成本）是指在某一单位、个人（成本责任中心）的权责范围以内，能够直接控制、影响其发生数额的费用。可控制费用一般需要符合以下三个条件：成本责任中心有办法知道将发生什么样的耗费；成本责任中心有办法来计算它的耗费；成本责任中心有办法通过自己的行动来控制与调节它的耗费。不可控制费用（又称不可控制成本）是指不在某一单位、个人（成本责任中心）的权责范围之内，不能直接控制、无法影响其发生数额的费用。

成本费用的这种分类，是从一个特定的责任中心和特定的时期作为出发点。某项成本费用从某一个责任中心来看是不可控制的，而对于另一个责任中心来说，则是可控制的；某些成本费用从基层领导来看是不可控制的，而对于高层领导来说则是可控制的；某些成本费用（如固定资产折旧费）从较短时间来看是不可控制的，但从较长时间来说则是可控制的。成本费用的这种分类，有利于确定企业内部各单位与个人的经济责任。对于各成本责任中心来说，考核和评价其工作成绩的好坏，应以其可控制费用作为主要根据，不可控制费用只具有参考意义。

三、成本的构成要素

服装企业制作产品时，成本包括耗费的人力、物力、财力，即劳务费、材料费和制造费。此外，成本还包括企业行政管理部门为保证生产经营活动的进行所发生的各种费用，如财务费、水电费、管理费等。在成本分析和计算时，首先要对服装产品成本进行分类、统计，接着按照各部门负责区域进行成本划分、统计和计算。然后运用一定的成本计算方法，经过归集与分配程序，直接和间接地计入各种产品，形成各种产品的成本。

服装产品的成本是指服装生产过程中消耗的生产资料价值、管理费用及支付给工作人员的劳动报酬等价值的货币表现，主要由材料费、劳务费和制造费三部分构成。成本费用根据第一种分类方法，可分为直接费用和间接费用。

1. 材料费

（1）直接材料费　面料费、里料费、衬料费、缝线费、附属品费等。

（2）间接材料费　缝纫机车针、缝纫机油、零件、纸、画粉（易耗物品备用品费）等。

2. 劳务费

（1）直接劳务费　基本工资、计件工资、加班费、奖金等。

（2）间接劳务费 临工工资、假日工资、退休金、奖金保险费等。

3. 制造费

（1）直接制造经费 工艺卡制作费、样衣试制费、专利费、外发加工费、设备租赁费等。

（2）间接制造经费 福利卫生费、折旧费、煤气费、通信费、修缮费、搬运费、保管费、仓储损耗费、交通费、工商税务等。

四、成本管理的意义

服装产品成本和价格定价方法有以下两种。

成本加权定价法 销售价＝成本＋利润。

竞争定价法 利润＝售价－成本。

第一种方法不适用于商品竞争激烈时期，因为只要在产品成本的基础上，加上一个适当的加权利润，即可构成销售价。这种计算方法表明制作服装需要花费一定的成本，再加上适当的利润就能形成售价，缺乏市场竞争力。第二种方法又称“倒逼成本”法，是根据市场的需要，分析竞争对手的价格，确定自己产品的价格，即在售价已定的情况下，只能通过提高产品的质量、降低产品的成本来获取更多的利润。可见在产品销售价格不变的情况下，单位产品成本越高，则单位产品利润就越低；反之，单位产品的利润就越高。

成本管理是企业管理的一个重要组成部分，它要求系统、全面、科学、合理，并对于促进增产节支、加强经济核算、改进企业管理、提高企业整体成本管理水平具有重大意义。随着市场经济的发展，企业之间、产品与产品之间的竞争日益激烈，企业单纯通过提高产品的价格去获取更多的利润是不现实的。唯一可行的就是充分动员和组织企业全体人员，在保证产品质量的前提下，对企业生产经营过程的各个环节进行科学合理的管理，力求以最少生产耗费取得最大的生产效益。因此，通过对产品成本、利润和价格三者关系的分析看出，成本管理是实现企业生产目的的重要手段，在企业中发挥非常重要的管理职能。

五、成本管理的过程和内容

要搞好成本管理和提高成本管理水平，首先要认真开展成本预测工作，规划一定时期的成本水平和成本目标，对比分析实现成本目标的各项方案，进行最有效的成本决策。然后应根据成本决策的具体内容，编制成本计划，并以此作为成本控制的依据，加强日常的成本审核监督，随时发现并克服生产过程中的损失浪费情况，在平时要认真组织成本核算工作，建立健全成本核算制度和各项基本工作，严格执行成本开支范围，采用适当的成本核算方法，正确计算产品成本。同时安排好成本的考核和分析工作，正确评价各部门的成本管理业绩，促进企业不断改善成本管理措施，提高企业的成本管理水平。要定期积极地开展成本分析，找出成本升降变动的原因，挖掘降低生产耗费和节约成本开支的潜力。

进行成本管理应该实行指标分解，将各项成本指标层层落实，分口分段地进行管理和考核，使成本降低的任务能从组织上得以保证，并与企业和部门的经济责任制结合起来。

成本是体现企业生产经营管理水平高低的一个综合指标。因此，成本管理不能仅局限于生产耗费活动，应扩展到产品设计、工艺安排、设备利用、原材料采购、人力分配等产品生产、技术、销售、储备和经营等各个领域。参与成本管理的人员也不能仅仅是专职成本管理人员，应包括各部门的生产和经营管理人员，并要发动广大职工群众，调整全体员工的积极性，实行全面成本管理，只有这样才能最大限度地挖掘企业降低成本的潜力，提高企业整体成本管理水平。

在服装生产过程中，首先要判断现有成本的高低，要用合适的生产成本制造出高利润的产品。在市场竞争激烈的情况下，服装企业进行生产成本管理是取得利润的主要手段之一。生产成本管理的主要内容如下：

① 开展生产成本调查预测，确定标准成本，编制生产成本计划。

② 在生产过程中加强成本控制。

③ 准确、及时地核算产品成本。

④ 进行成本分析。

上述过程周而复始地贯彻形成了成本管理体系，即遵循 PDCA 循环原则在成本管理中的应用。

六、国内外战略成本管理的发展状况

1. 国外战略成本管理的发展概况

战略成本管理最早于 20 世纪 80 年代由英国学者肯尼斯・西蒙兹（Kenneth simmonds）提出，他从企业在市场中的竞争地位这一视角对战略管理理论进行探讨，认为战略成本管理就是“通过对企业自身以及竞争对手的有关成本资料进行分析，为管理者提供战略决策所需的信息”。后来，美国哈佛商学院的迈克尔・波特教授在《竞争优势》和《竞争战略》两本书中提出了运用价值链（纵向价值链、横向价值链、内部价值链）进行战略成本分析的一般方法。美国管理会计学者杰克・桑克（Jack Shank）和戈文德瑞亚（V. Govindarajan）等人在迈克尔・波特研究成果的基础上，于 1993 年出版了《战略成本管理》一书，通过对成本信息在战略管理的四个阶段（战略的简单表述、战略的交流、战略的推行、战略的控制）所起的作用进行研究，将战略成本管理定义为“在战略管理的一个或多个阶段对成本信息的管理性运用”。1995 年，欧洲的克兰菲尔德（Cranfield）工商管理学院提出了一种战略管理模式，其特点是把战略成本管理的工具运用于问题的诊断以及提出战略定位的选择方案，并根据成本效益分析，对方案进行评估和规划，然后予以执行，通过对执行结果进行评价以及不断学习，开始新的循环过程。该模式认为战略成本管理工具应包括如下主要内容：竞争战略的制订；竞争对手分析和目标瞄准；行业态势分析；成本动因分析；评估组织面临的挑战，确定自身的目标。1998 年，英国教授罗宾・库珀（Robin Gooperand）提出了以作业成本制度为核心的战略成本管理模式，这种模式的实质是在传统的成本管理体系中全面引入作业成本法，关注企业竞争地位和竞争对手动向的变化，从而构成了一种崭新的会计岗位——

战略管理会计（strategic mangement accounting，SMA）。20 世纪 90 年代以后，日本成本管理的理论界和企业界也开始加强对战略成本管理及其竞争情报的应用等研究，提出了具有代表意义的战略成本管理模式——成本企划。这种战略成本管理模式是从事物的最初点开始，实施充分透彻的成本信息分析，来减少或者消除非增值作业；应用反求工程（reverse engineering）方法，在设计产品的同时，与竞争对手的产品比较，也设计产品的成本，从而使成本达到最低，其本质是一种对企业未来的利润进行战略性管理的情报研究过程。

2. 国内战略成本管理研究应用动向

烽火猎聘公司认为与国外对战略成本管理的研究相比，国内的研究相对落后，处于起步阶段。随着企业战略管理的兴起和研究的深入，也出现一批有影响的研究成果，如西南财经大学会计研究所的战略成本管理课题组就对我国实施战略成本管理进行了系统研究；夏宽云先生于 2000 年出版了专著《战略成本管理》，对战略成本管理的内容进行了全面系统的介绍；陈轲先生于 2001 年出版了专著《企业战略成本管理研究》，主要是从基本理论与应用理论两个层面对战略成本管理的理论与方法及其信息系统构建展开了系统研究。但是，在研究方法上，国内学者多局限于纯粹理论层面的分析而没有将理论分析与实证研究结合起来进行综合考察，真正有理论根据的定性研究和规范的实证研究为数甚少。而且对企业战略成本管理的研究严重滞后于国内战略成本管理的实践，例如，邯钢面对内外忧患的局面，为了摆脱困境，进行了战略定位分析，以主要竞争对手的产品成本为目标，推行了“模拟市场核算，实现成本否决，走集约化经营的道路”的管理体制，结果企业成本连年下降，并且保持了持久的低成本优势，但这一成功的经验一直不能上升到理论层面，用于指导我国的战略成本管理实践。造成这一问题的主要原因之一是，对战略成本管理中的信息结构体系建设、战略定位以及与供应链、战略联盟、外包等之间的关系问题缺乏长期深入的研究，所以，企业战略成本管理实践缺少真正的科学理论的指导，同时理论研究与实际应用脱节，现有的传统成本管理信息系统也难以对企业开展战略成本管理提供信息保障。

第二节　服装产品的成本分析及核算方法

不同的企业，由于生产的工艺过程、生产组织以及成本管理要求不同，成本计算的方法也不一样。不同成本计算方法的区别主要表现在三个方面：一是成本计算对象不同；二是成本计算期不同；三是生产费用在产成品和半成品之间的分配情况不同。

一、成本计算方法

常用的成本计算方法主要有品种法、分批法和分步法。

1. 品种法

品种法是以产品品种作为成本计算对象来归集生产费用、计算产品成本的一种方法。由于品种法不需要按批计算成本，也不需要按步骤来计算半成品成本，因而这种成本计算方法比较简单。品种法主要适用于大批量单步骤生产的企业，或者虽属于多步骤生产，但不要求计算半成品成本的小型企业。品种法一般按月定期计算产品成本，也不需要把生产费用在产成品和半成品之间进行分配。

2. 分批法

分批法也称定单法。是以产品的批次或定单作为成本计算对象来归集生产费用、计算产品成本的一种方法。分批法主要适用于单件和小批的多步骤生产。分批法的成本计算期是不固定的，一般把一个生产周期（即从投产到完工的整个时期）作为成本计算期定期计算产品成本。由于在未完工时没有产成品，完工后又没有在产品，产成品和在产品不会同时并存，因而也不需要把生产费用在产成品和半成品之间进行分配。

3. 分步法

分步法是按产品的生产步骤归集生产费用、计算产品成本的一种方法。分步法适用于大量或大批的多步骤生产。如机械、纺织、造纸等。分步法由于生产的数量大，在某一时间上往往既有已完工的产成品，又有未完工的在产品和半成品，不可能等全部产品完工后再计算成本。因而分步法一般是按月定期计算成本，并且要把生产费用在产成品和半成品之间进行分配。

二、服装生产成本计算方法

1. 材料费的计算方法

在服装生产中，服装材料进厂有两种渠道，一种是由生产企业自行采购，另一种是由订货客户提供给生产企业。

直接材料费＝材料需要量×实际价格

材料需用量＝生产成衣数量×平均单件成衣用料量(1＋用料损耗率)

第一种渠道企业由于购买服装原材料要耗费材料费，因此应按材料种类，将有关费用记录到材料费结算单中。当裁剪作业结束有余料时，应及时交回仓库并进行材料单据的修改，以便对使用服装材料的成本进行精确的计算。

由于缝纫线耗用量少，可采用单位时间内的差值来计算消耗量。即：

缝纫线消耗量＝生产前库存量－生产后库存量

若精确计算可参考表 5-1、表 5-2。

【例 1】 用平车线步（301 线步）缝制针织涤纶弹力呢外衣，设线迹密度$D=9$，双层面料总厚度$T=2.2$mm，用 70/3 股线缝制，每件衣服上使用这种线迹的总长度为 21.3m，试求每件衣服用线量是多少米?

解： 根据计算公式$L=1.571+0.07854DT+0.0124D\sqrt{T_t}$得

$$L=(1.570+0.07854\times9\times2.2+0.0124\times9\times5.036)\times21.3=78.555(\text{m})$$

表 5-1 缝线用量的计算——常用线迹的理论计算公式

线迹类型	国际标准线迹代号(ISO 4915)	每米线迹的耗线量(L)
平车线步	301	$L=1.571+0.07854DT+0.0124D\sqrt{T_t}$
单线锁链线步	101	$L=2.7854+0.08927DT+0.0186D\sqrt{T_t}$
三线锁边	504	$L=4.0916+0.1893DT+0.2DK+0.031D\sqrt{T_t}$
双针锁链线步	401	$L=3.7854+0.08927DT+0.02173D\sqrt{T_t}$

注：L——每米长线迹的耗线量，m；D——2cm 长线迹内的针数（线迹密度）；T——面料在压脚压力下的总厚度，mm；K——锁边的切缝宽度，即刀门隔距，mm；T_t——缝线的特数。

表 5-2 常用缝线支数换算表

英支	相当于公支	特(tex)	$\sqrt{T_t}$值
60 英支/3	33.86	29.53	5.434
80 英支/3	45.14	22.15	4.706
80 英支/4	33.86	29.53	5.434
42 英支/3	23.70	42.19	6.495
70 英支/3	39.43	25.36	5.036

在估算服装产品加工费时，有时可按服装产品种类列出缝纫线使用费用。大多数服装生产企业都是根据目前已掌握的典型服装种类的缝纫线平均消耗量进行类比估算。

2. 劳务费的计算

劳务费可分为直接劳务费和间接劳务费。直接劳务费还可按作业内容细分为裁剪工人的工资、缝纫工人的工资、熨烫工人的工资等，计算时可根据作业时间表，按下面公式计算工资金额。间接劳务费包括保全工、修补工、搬运工、包装工等间接工作人员的工资以及领导、职工及其他管理人员的工资，他们的工资执行另一套工资标准。

直接劳务费 = 产品作业时间 × 标准工资率

工资率 = 期间预计工资总额/工人人数 × 工作天数 × 每天作业时间 × (1 − 缺勤率)

3. 产品制造费的计算

产品制造费种类很多，与产品的关系复杂，对于加工指定产品所需的费用，即为制造经费，如表 5-3 所示。

表 5-3 制造经费的分类和内容

分类		内容
直接经费		外加工、租赁费等
间接经费	支付经费	修缮及易耗品费、搬运及一般管理费、保管费、交通费、检验费、通信费、事物用品费、杂费等
	月扣经费	折旧费、贷款分期付款费、保险费、税金、产品设计费等
	测定经费	电费、燃料费、水费等
	其他经费	仓储损耗费等

表中有些费用会与产品的产量和作业时间成正比，如电费、燃料费等。有些会与产品的

产量和作业时间无关，如保险费、交通费等。制造费用的掌握方法可根据某一时期内使用的费用来统计。

三、服装加工费的计算方法

一般来说，根据加工方式有两种加工价格，一种是经销加工价格，客户不提供面、辅料，以单件服装产品出厂时的价格来计算；另一种是纯加工价格，生产企业不仅负责加工，有时也包括一些包装材料及运输费等。在服装产品加工订单签约中，先谈判价格，习惯称报价。价格是市场竞争的主要指标，报价过高，生产企业会有失去订单的可能；报价偏低，生产企业稍有失控，会有亏损的风险。如何做到报价快速合理、有竞争力，对生产企业和客户都同样具有重要的意义。

确定服装加工费的目的，一是生产企业进行成本核算和估计，作为生产成本控制和管理的依据；二是作为贸易洽谈时报价的基础。

归纳起来，目前的加工费计算方法大致有以下几种。

(1) 预计法　确定年度工资预计总额，再与预计生产数量相除即为加工费。

$$\text{加工费}=\frac{\text{年度工资预计总额}\times\text{计划加工天数}}{\text{计划日生产件数}\times\text{全年劳动天数}}$$

(2) 扣除法　扣除从销售到订货为止每件服装的费用和利润所剩下的即为加工费。

$$\text{加工费}=\text{销售价}-(\text{利润}+\text{税收})-\text{成本费}-\text{其他费用}$$

(3) 行市法　根据市场行情确定。

(4) 估算法　根据以前类似款式服装的加工费提出各种估算方案，从中选择最佳方案确定加工费。

(5) 投标竞争法　根据市场反馈的接受价格，确定加工费在某一价位，由工厂竞争投标接受。

(6) 成本核算法　先确定一件服装加工花多少时间，计算每分钟价格，然后相乘算出加工费。

$$\text{每分钟价格}=\frac{\text{每人每天加工金额(元)}}{480(\text{min})}$$

(7) 台板工缴计算法　根据企业中两大面广的缝纫设备的数量来计算加工费。

$$U=\frac{C(1+a_1)(1+a_2)}{18.7nM}$$

式中　U——利税后加工费，元/件；

C——企业正常运转时每月的总开支，元；

a_1——税率，%；

a_2——利润率，%；

n——企业基础缝纫设备数量，台，机织面料加工以平缝机为准，针织面料加工以包缝机为准；

M——流水作业每人每天的定额，件/(人·天) 或件/(台·天)。

【例 2】 某企业生产女衬衫，采用机织面料加工，有平缝机 100 台，工人总数 150 人，每月开支的工资总额为 10 万元，设备、厂房折旧费为 4 万元，电费 1 万元，煤、水费 1 万元，通信费 0.5 万元，其他 1 万元，利润率 15%，税率 20%，女衬衫的定额标准为 14 件/(天·台) 则加工费为

$$U=C(1+\alpha_1)(1+\alpha_2)/18.7nM$$

$$=\frac{1.75\times10^5(1+20\%)(1+15\%)}{18.7\times100\times14}=9.23(\text{元/件})$$

第三节　服装产品的成本控制

一、成本控制的概念与划分

斯蒂芬·罗宾斯曾这样描述控制的作用："尽管计划可以制订出来，组织结构可以调整得非常有效，员工的积极性也可以调动起来，但是这仍然不能保证所有的行动都按计划执行，不能保证管理者追求的目标一定能达到。"其根本原因在于管理职能中的最后一个环节，即控制。控制是管理过程不可分割的一部分，是企业各级管理人员的一项重要工作内容。

成本控制从狭义上讲，是指企业在成本形成过程中，根据事先制订的成本目标和国家规定的成本开支范围和标准，对各项生产经营活动进行指导、限制和监督，使各项具体的和全部的生产耗费控制在原来规定的范围之内。这也是人们常说的"日常成本控制"。成本控制从广义上讲，是指为了促进企业降低成本所实施的一切工作方法和手段。包括上面的"日常成本控制"外，还包含有"事前成本控制"，即制订出适合企业具体情况的成本目标、计划和各种成本控制制度及其贯彻执行。成本控制的任务，就是通过建立、健全成本控制系统，运用各种控制手段，对成本的形成进行适时、全面、有效的控制，防止生产经营中的损失浪费。成本控制既不是单纯地、消极地将实际成本限制在目标、计划和定额范围内，而是从人力、财力、物力使用的效率和各项工作的效果来考核、衡量各项成本支出是否正确、合理，以较少的劳动耗费获得最佳的经济效益。因而，加强成本控制是降低成本、提高效益的重要保证。

成本控制是现代成本管理的重要方法之一。从成本形成过程划分，有事前控制、事中控制和事后控制。

成本的事前控制，就是在产品投产前先作出规划，对成本有影响的经济活动和投资活动进行控制。即从产品设计开始，就有效地控制设计成本，使产品设计合理、功能良好、降低设计成本。

成本的事中控制是指在生产过程中进行的成本控制。将这一阶段发生的成本，同计划成本、定额指标、费用限额等进行对比，一经发现偏差，立即寻找原因，采取有效措施，防止生产过程中的成本浪费。

成本的事后控制，是指在生产结束后进行的控制。在这一阶段，要进行综合分析和考核，分析成本节约、超支的因素并确定责任的归属，最后对责任部门进行评价。

二、成本控制的一般程序

1. 确定成本控制的标准

所谓成本控制标准就是在整个生产、技术、经营过程中，为各车间、各部门规定的费用开支和人力、物力等资源耗费的标准。它也是成本控制的目标。为落实和保证完成成本计划，首先要以各项成本计划指标作为成本控制标准。制订成本控制标准的方法，一般有以下几种。

(1) 计划指标分解法　是按照企业年度成本计划中规定的各项成本指标，根据成本控制的要求和各车间、部门的具体情况，分解成各个具体的指标，作为各车间、部门成本控制的标准。例如，可以将产品成本降低额分解为各车间成本降低额指标，将管理费分解为各车间、各部门的费用控制限额等。采用这种办法，有利于全面落实成本指标，确保企业成本计划的全面完成。

(2) 预算法　是由各车间、各部门根据厂办下达的年度成本控制指标，结合当月、当季的生产任务编制费用预算，经厂办综合平衡后作为成本控制标准，并进行层层落实。采用这种方法，需要注意的是，在制订费用预算和综合平衡的过程中，应根据实际发展变化的情况保持一定的弹性，并把矫正偏差和挖潜节支的措施考虑进去。

(3) 定额法　就是以各项消耗定额作为成本控制的标准。实行这一方法，要求在一切可以建立消耗定额和费用开支标准的地方，都要制订定额。定额的制订，既要具有先进合理性又要具有可行性，并根据变化的实际情况及时修订调整，使之与矫正偏差的活动结合起来。

需要注意的是，无论采用什么方法来制订成本控制标准，都应该广泛地进行大量的厂内外调查，并充分运用科学的计算方法和正确处理与其他经济指标的关系，对多种方案进行选优，从而使制订的成本控制标准先进可行。

2. 监督成本形成过程

成本控制标准制订后，还应在实施过程中经常地、系统地同实际成本进行对比，监督和引导实际成本沿着控制标准所规定的模式发展。监督成本形成过程的内容，主要有以下几个方面。

① 通过对比，确定实际成本脱离控制标准的差异，主要是确定超过实际成本的偏差。

② 预测今后成本发展的趋势。主要是预计今后会出现什么样的偏差，预计偏差的程度如何。

③ 调查在降低成本和提高经济效果方面存在的阻力和潜力，及时地提供增收节支的信息。

3. 及时纠正偏差

在监督产品成本形成过程中，如若出现偏差，应及时查明原因，并采取有效措施进行纠正，使费用和消耗仍然能控制在成本目标以内。及时地纠正偏差，需要把成本控制功能与其他管理功能有机地结合起来。一般情况下，可以运用组织功能、调整机构、调度人员、改进用料用工情况、压缩费用开支等措施来纠正偏差。

当发现所制订计划指标严重脱离实际或者企业生产经营状况有巨大变化的情况时，可以调整计划指标或修订成本目标来矫正偏差。这种调整或修正，可以是在个别局部的范围进行，也可以是全范围的。有些是属于企业权限范围内可以确定的，有些是应由上级领导部门批准同意才可以确定的。决定采取什么样的措施来矫正，首先应切实查明偏差发生原因，其次要充分考虑应采取各项措施的经济效果。最后注意的是，企业不仅要在偏差发生之后立即采取对策进行纠正，而应更多着眼于将要发生的偏差，防患于未然，以减少损失和浪费。

4. 总结工作修订标准

要定期对成本控制工作总结，考核成本指标，分析成本产生偏差的原因，明确经济责任。根据企业生产技术组织工作的进展，不断创新管理挖掘开源节流的潜力，定期修订成本控制标准。

成本控制各步骤间要前后衔接，形成一个周而复始的循环过程，每循环一次，积累的丰富经验就能够使成本控制工作更加完善。

三、成本控制的内容

生产成本是伴随着产品整个生产过程而发生的。因此，必须对生产的全过程进行成本控制，主要包括以下内容：

1. 新产品设计和产品试制过程的成本控制

新产品设计阶段的成本控制，属于成本的事前控制。产品成本的高低，在很大程度上取决于它的设计阶段。这是因为，降低成本的潜力主要在于产品设计阶段，产品一旦投产后，再要大幅度降低成本，往往是极其困难的，甚至是不可能的。因此，产品设计过程中的成本控制在整个成本控制活动中占有重要的地位。其控制方法，一般有以下几种。

(1) 产品寿命期的成本分析　产品寿命期成本，是指在产品研制和使用的全过程中所发生的一切成本。包括设计制造和购置成本、运行费用、维护保养费用、修理费用以及产品报废时的清理费用等。产品设计不但确定了它在制造过程中的费用，也影响着它在使用过程中的耗费。

(2) 产品成本的功能分析　运用价值工程对产品的价值进行分析时，需要从功能和成本两个方面对产品进行综合分析。为保证产品能够按预期的功能和成本生产出来，在设计时就要控制成本。产品设计一般要分为若干个部件，按各部件功能的重要程度，分配一定的成本。这样，在下达设计任务时，就要同时下达成本目标，要求设计人员把价值工程贯穿到整个设计工作中，在规定的成本范围内达到规定的技术要求，使产品的功能和成本达到最优化结合。

(3) 同类产品成本对比　同类产品成本对比，就是将新设计或新改型的产品所确定的材料、工艺、技术等，与原有的同类产品相比较，以检查、分析是否能提高新产品的质量并且能够降低生产成本。

(4) 目标成本控制　目标成本控制，就是根据市场情况，在国家允许的范围内确定一个能为消费者所接受，具有一定竞争能力的目标价格，然后减去期望达到的利润，计算得出产品的目标成本，并在目标成本的限制下进行产品设计。

(5) 盈亏平衡控制　盈亏平衡控制是以盈亏平衡分析为基础，将产品成本分为变动成本和固定成本两个部分，根据产量、成本、利润三者的关系，分析有关因素变动时对成本的影响，从而加强对成本进行控制。

2. 材料成本控制

产品成本中的材料费用是根据计划规定的生产任务和有关技术经济定额加以控制的。对于主要原材料、辅助材料、燃料和动力等，企业一般应分车间、分产品、分零件、分工序制订消耗定额。材料消耗定额的制订和修改，应由企业的技术部门负责，供应部门配合，组成由工人、专业人员和领导干部结合的小组来进行。财务部门也要积极配合，按照成本计划的要求，提出降低材料消耗定额的建议，并提供有关消耗定额执行情况的实际资料和分析资料。材料消耗一般是由供应部门管理的，供应部门应严格执行发料限额制度，发料限额应按月根据生产作业计划和材料消耗定额确定，凭限额领料凭证发料。至于那些使用量较少的辅助材料，则可按月由班组材料员确定，确定时应根据过去的实际消耗情况和当期生产任务并结合节约的要求，结合供应部门审查平衡后，作为车间、班组领用辅助材料的指标，并以此控制发料的总金额。对于劳保用品也应按规定标准定额发放，主要劳保用品可实行以旧换新、以废换新的制度。

3. 工资成本控制

企业的劳动工资部门应着重控制工资成本的耗费，严格执行上级下达的工资总额计划指标。车间相关负责人主要是负责控制生产现场的工时定额、出勤率、工时利用率、加班加点以及奖金、津贴等。对工时定额的控制，主要是要求工人按设计图纸和工艺技术标准进行操作，合理按工艺规定的工人技术等级和设备进行生产。生产管理人员要合理安排作业计划，合理投产，合理分工、控制待工和停工等。在工资成本控制过程中若所发生偏差，要及时查明原因，提出改进措施。

4. 费用成本控制

企业的综合性费用包括企业管理费用和车间经费。这两个项目的涉及内容多、范围较广，一般根据发生的情况来确定，有定额标准的如办公费用、劳保用品等，应按定额控制；没有定额标准的如修理费用、差旅费等，则应按各项费用的预算控制。

5. 在产品成本控制

在产品成本控制的方法，主要是加强在产品的生产、储存和核算的管理。

(1) 在产品的生产管理　在产品的数量和质量，直接影响着车间、班组和工序之间的衔接和平衡，影响企业最终产品的出产。因此，在安排生产时必须要掌握在产品初期和末期的变动情况。根据产品所需要的成套零部件数量，按计划控制投入量和产出量。防止零部件多余而形成的积压和浪费，以保证产品的均衡生产。

（2）在产品的储存管理　在产品的合理储备，可以调节生产环节之间不平衡，防止在产品的丢失，是保证生产顺利进行的重要条件。企业对半成品的储存应建立库存量的检查制度，定期或不定期地对在产品进行清查和盘点，核对账目并查明盈亏原因，落实改进措施。

（3）在产品的核算管理　在产品的核算管理，就是对生产过程中各个环节的库存量或在产品进行记录和监督，做到数据正确分布合理，以便正确反映生产计划执行情况和在产品生产情况。企业生产的核算是在财会部门的协助下，由生产部门负责实施，使业务核算和会计核算相结合，以便加快核算管理，加强对在产品的控制和管理。

6. 绝对成本控制和相对成本控制

绝对成本控制是指企业为了降低成本，对相关的成本支出进行绝对金额的控制。一般控制的内容包括材料成本控制、产品成本控制和费用支出控制。相对成本控制，是把产量、成本、收入等各项指标结合起来进行考虑，不仅要控制产品成本，还要控制产量和销售收入，分析在多少产量的情况下，成本是最合理的，多少销售量的条件下，盈利是最好的。从而求得较理想的成本和较好的经济效益。

四、成本控制的意义和程序

成本控制就是在成本的整个形成过程中，对其事先进行规划；事中进行检查、指导、限制和监督，使之符合有关成本的各项法规、方针、政策、目标、计划和定额，采取及时发现偏差及时纠正措施，把各项具体的和全部的费用消耗控制在预定的范围内；事后进行认真分析评价，并在总结先进经验和实施改进措施的基础上，建立和完善新的成本目标，控制企业成本不断降低，达到通过以较少的劳动消耗换取得较大的经济效益的目的。

成本控制是内部会计控制的重要环节，对于企业经济效益的提高具有重要作用。企业开展成本控制，就是事先限制各项费用和消耗的发生，有计划地控制成本的形成，使成本不超过预定的标准，达到降低成本、提高经济效益的目的。通过成本控制，还可以促使企业更好地贯彻执行有关成本的各项法规、方针和政策，使企业成本会计提高到一个新的水平。成本控制可按成本发生的时间划分为事前控制、事中控制和事后控制三个阶段，换句话说就是成本控制循环中的设计阶段、执行阶段和考核阶段。

（1）事前控制阶段　即在产品设计阶段对影响成本的生产经营活动所进行的事前预测、规划、审核和监督。比如，用测定产品目标成本来控制产品设计成本；从成本上对各种设计方案进行比较，从中选择最优方案；事先制订劳动工时定额、材料消耗定额、费用开支预算和各种产品、零件的成本目标，作为衡量生产费用实际支出是否超支的依据，以及建立健全成本责任制，实行成本归口分级管理等。

（2）事中控制阶段　即在实际发生生产费用过程中，按成本标准控制费用，及时纠正偏差，并预测今后发展趋势，把可能导致损失和浪费的过程消灭在萌芽状态，并随时把各种信息反馈给责任者，以利于及时采取纠正措施，保证成本目标的实现。这就需要建立实时数据记录，做好收集、传递、汇总和整理工作。

(3) 事后控制阶段　即在产品成本考核阶段主要是对实际成本脱离目标（计划）成本的原因进行深入分析，查明成本差异形成的主客观原因，确定责任归属，据以评定和考核责任单位业绩，并为下一个成本循环，提出积极有效措施，消除不利因素，发展有利的因素，修正和完善成本控制标准，以促使成本不断降低。

五、成本控制的要求

为了充分发挥成本控制的作用，成本控制应注意如下几点。

(1) 成本控制要体现在产品成本形成的全过程　产品成本形成的全过程，包括产品投产前的设计、材料成本的确定、工艺的确定以及生产过程的各个环节；另外，还要考虑产品使用中的寿命周期成本。成本控制就是以产品成本形成的全过程为对象，结合生产经营各阶段的不同特点和性质进行有效的控制。

(2) 成本控制要体现全员控制　成本涉及企业所有部门及全体职工的工作业绩，为了真正达到成本控制的目的，必须充分发挥每个部门和广大职工控制成本、降低成本的积极性。对全体职工进行政治思想教育，实施奖惩制度；按企业生产经营类型和成本管理要求，确定成本责任层次和责任单位，以及它们的责权利关系，开展班组经济核算，建立一个纵横交错的群众性成本控制组织网；应广泛发动职工讨论各项定额、费用开支标准、成本目标和降低成本措施，使其成为自己的奋斗目标。这样才能使成本控制变为全员的自觉行动。

(3) 成本控制必须进行考核　从人力、物力和财力使用的效果来衡量，考核各项成本支出是否符合成本控制目标，从而达到降低成本的最终目的。当成本目标不能体现上述原则时，即使实际成本支出不超过成本标准，也不能认为实现了成本控制的目的。所以，成本控制不能只是消极地将实际成本支出限制在成本标准范围内，它还负有对成本标准进行重新审定和修正的任务，使成本标准始终保持着积极先进的水平。

(4) 成本控制要有助于未来的工作改进和成本降低　它评定以往工作的好坏，其目的在于更好地总结过去的经验和教训，进而采取更加有效的措施，迅速纠正工作中的缺点，以降低成本、取得更大的经济效益。成本控制必须有一整套健全的管理制度同它相互配合。成本控制与其他管理手段紧密相连，开展成本控制必须做好相应的基础工作和其他准备工作，否则必将使成本控制流于形式。这就要求制订各种消耗定额、工资率等，以及费用预算的限额；要建立一套完整的原始记录和考核报告，设置一套合理完整的计量工具；要实行全面计划管理；要建立与责、权、利相结合的奖惩制度。

(5) 成本控制必须遵循例外管理原则，抓重点剖析例外差异　例外管理原则是西方国家在经营管理上进行日常控制的一种专门方法，特别是在成本指标控制方面采用更多。一般来说，每个企业日常出现的成本差异是繁多的，管理人员为了提高成本控制的工作效率，把精力集中在例外差异上。例外差异是根据差异率或差异额的大小、差异持续时间长短和差异本身性质来决定的。凡是差异率或差异额较大，差异持续时间较长，差异对企业长期盈利能力产生重大影响的，均视为例外差异。遵循这个例外差异原则，要重点剖析这些差异，并及时反馈给有关责任单位，迅速采取有效措施，这样才能有效地进行成本控制，挖掘降低成本潜力。

第四节　控制标准的建立

建立控制标准，是成本控制过程的首要环节。通常认为计划是控制的依据，计划就可以充当控制标准。其实，大多数企业的计划都无法满足控制的要求，主要原因是其详细程度不够。成本是在企业的每一项生产或管理作业中耗费的，成本控制的标准亦应具体到每一项作业，而计划编制不太可能细致到作业环节。因此，企业必须在计划之外制订具体的控制标准。通过标准成本的制订，能够促使服装生产各个环节的管理处于比较稳定的状态。

成本控制标准的具体形式是多种多样的，各企业制订这些标准时采用的方法也有很大差别。根据不同的产品和不同生产条件，设计不同种类和不同部门的成本标准，将有助于对服装生产成本进行管理与控制。我们这里只讨论用于产品制造过程成本控制的"标准成本"，以及制订标准时采用的目标管理方法。

一、标准成本

（一）标准成本的含义及其种类

标准成本是通过精确的调查、分析与技术测定而制订的，用来评价实际成本、衡量工作效率的一种预计成本。在标准成本中，基本上排除了不应该发生的"浪费"，因此被认为是一种"应该成本"。标准成本要体现企业的目标和要求，主要用于衡量产品制造过程的工作效率和控制成本，也可用于存货和销货成本计价。

标准成本一词在实际工作中有两种含义：一种是指单位产品的标准成本，它是根据单位产品的标准消耗量和标准单价计算出来的，准确地说来应称为"成本标准"。

$$成本标准=\frac{单位产品}{标准成本}=\frac{单位产品}{标准消耗量}\times\frac{标准}{单价}$$

另一种指实际产量的标准成本，是根据实际产品产量和单位产品成本标准计算出来的。

$$标准成本=实际产量\times单位产品标准成本$$

标准成本按其制订所根据的生产技术和经营管理水平，分为理想标准成本和正常标准成本。

理想标准成本是指在最优的生产条件下，利用现有的规模和设备能够达到的最低成本。制订理想标准成本的依据，是理论上的生产业绩标准、生产要素的理想价格和可能实现的最好生产经营水平。此处理论生产业绩标准，是指在生产过程中毫无技术浪费时生产要素消耗量，最熟练的工人全力以赴工作、不存在废品损失和停工时间等条件下可能实现的最优业绩。此处理想价格，是指原材料、劳动力等生产要素在计划期间最低的价格水平。此处最好生产经营水平，是指理论上可能达到的设备利用率，只扣除不可避免的改换品种、机器修理、调整设备等时间，而不考虑产品销路不好、生产技术故障等造成的影响。因此，这种标准是"工厂的理想世界"，很难成为现实，即使暂时出现也不可能持久。它的主要用途是提供一个完美无缺的目标，揭示实际成本下降的潜力。因其提出的要求太高，不可能作为考核的依据。

正常标准成本是指在效率良好的条件下，根据下期一般应该发生的生产要素消耗量、正常价格和正常生产经营能力利用程度制订出来的标准成本。在制订这种标准成本时，把生产经营活动中一般难以避免的损耗和低效率等情况也计算在内，使之符合下次的实际情况，成为切实可行的控制标准。要达到这种标准不是没有困难，但它们经过努力是可以达到的。从具体成本数量上看，正常标准成本应大于理想标准成本，但又小于历史平均水平，实施以后实际成本更大的可能是降低，要实现这个目标必须要经过努力才能达到的一种标准，因而能够调动员工的积极性。

在标准成本系统中，使用比较广泛的是正常标准成本。它具有以下特点。

(1) 客观性和科学性　它是用科学方法根据客观实验和过去实践经充分研究后制订出来的，具有客观性和科学性。

(2) 现实性　它排除了各种偶然性和意外情况，又保留了目前条件下难以避免的损失，代表正常情况下的消耗水平，具有现实性。

(3) 激励性　它是应该发生的成本，可以作为评价业绩的尺度，成为督促员工去努力争取的目标，具有激励性。

(4) 稳定性　它可以在工艺技术水平和管理有效性水平变化不大时持续使用，不需要经常修订，具有稳定性。

标准成本按其适用期，分为现行标准成本和基本标准成本。现行标准成本是指在当期的条件下，通过有效经营能达到的一种标准成本。指根据其适用期间应该发生的价格、效率和生产经营能力利用程度等预计的标准成本。在这些决定因素变化时，需要按照改变了的情况加以修订。这种标准成本可以成为评价实际成本的依据，也可以用来对存货和销货成本计价。基本标准成本是指一经制订，只要生产的基本条件无重大变化，就不予变动的一种标准成本。所谓生产的本条件的重大变化是指产品的物理结构变化，重要原材料和劳动力价格的重要变化，生产技术和工艺的根本变化等。只有这些条件发生变化，基本标准成本才需要修订。由于市场供求变化导致的售价变化和生产经营能力利用程度变化，由于工作方法改变而引起的效率变化等，不属于生产的基本条件变化，对此不需要修订基本标准成本。使用基本标准成本与各期实际成本对比，可反映成本变动的趋势。由于基本标准成本不按各期实际修订，不宜用来直接评价工作效率和成本控制的有效性。

（二）标准成本的制订

制订标准成本，通常先确定直接材料和直接人工的标准成本，其次确定制造费用的标准成本，最后确定单位产品的标准成本。

在制订时，无论是哪一个成本项目，都需要分别确定其用量标准和价格标准，两者相乘后得出成本标准。

$$\text{成本标准}=\frac{\text{单位产品}}{\text{标准成本}}=\frac{\text{单位产品}}{\text{标准消耗量}}\times\frac{\text{标准}}{\text{单价}}$$

其中标准消耗量包括单位产品材料消耗量、单位产品直接人工工时等，主要由生产技术部门负责制订，吸收执行标准的部门和职工参加。其中标准单价包括原材料单价、小时工资率、小时制造费用分配率等，由会计部门和有关其他部门共同研究确定。采购部门是材料价格的责任部门，劳资部门和生产部门对小时工资率负有责任，各生产车间对小时制造费用率承担责任，在制订有关价格标准时要与他们协商。

无论是价格标准还是用量标准，都可以是理想状态的或正常状态的，据此得出理想的标准成本或正常的标准成本。下面介绍标准成本的制订。

1. 直接材料的标准成本

（1）确定直接材料的标准消耗量　是用统计方法、工业工程法或其他技术分析方法确定的。它是现有技术条件生产单位产品所需的材料数量，其中包括净用料量和裁剪加工时必不可少的消耗，以及各种难以避免的损失，比如生产出不合格产品所消耗的材料。

在实际生产中，确定材料的标准消耗量可以通过以下几种方法结合使用：凭借以往的单位产品材料消耗量的统计资料来分析；技术科通过精确计算单位产品的材料消耗量来确定；根据实际试制产品来确定。

（2）确定直接材料的价格标准　是预计下一年度实际需要支付的进料单位成本，包括发票价格、运费、检验和正常损耗等成本，是取得材料的完全成本。材料的标准价格要在充分考虑以往市场价格的统计资料和现行市场价格以及将来价格动向的基础上来确定的。

（3）确定标准直接材料费　以上两个因素确定后，即可按标准成本计算公式算出。表5-4是一个直接材料标准成本的实例。

表 5-4　直接材料标准成本

标准	面料 A	面料 B
价格标准： 发票单价 装卸检验费 每米标准价格	 5 元 0.5 元 5.5 元	 8 元 0.5 元 8.5 元
用量标准： 面料用量 允许损耗量 单产标准用量	 1.2 米 0.05 米 1.25 米	 0.5 米 0.05 米 0.55 米
成本标准： 面料 A 面料 B	6.875 元	4.675 元
单位产品标准成本	11.55 元	

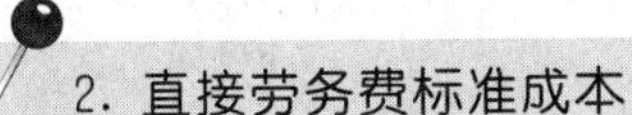

2. 直接劳务费标准成本

（1）直接人工的用量标准　是指单位产品的标准工时。确定单位产品所需要的直接生产工人工时，需要按产品的加工工序分别进行，然后加以汇总。标准工时是指现有生产技术条件下，生产产品所需要的时间，包括直接加工操作必不可少的时间，以及必要的间歇和停工，如工间休息、调整设备时间、不可避免的废品耗用工时等。标准工时应以作业研究和工时研究为基础，参考有关统计资料来确定。

（2）直接人工的价格标准　是指标准工资率。它可能是预定的工资率，也可能是正常的工资率。标准工资率是指标准使用期间的预定工资总额与预计作业时间的比值，或者与设备预计运转的时间的比值，即单位时间的工资值。

如果采用计件工资制，标准工资率是预定的每件产品支付的工资除以标准工时；如果采用计时工资制，标准工资率是指每一标准工时应分配的工资。标准工资率应根据工种、操作工人技术等级以及所在车间等情况分别确定。如果同一项操作在不同情况下需要不同的技能才能完成，那么也应制订不同的工资率标准。

采用计件工资时，则以单位产品的计件工资作为标准工资率。标准工资率的计算公式为：

$$标准工资率=\frac{计划作业期间预计(工资总额)}{预计开工天数\times 工人人数\times 每天作业时间\times 出勤率}$$

根据设备开动时间计算标准工资率的公式为：

$$标准工资率=\frac{计划作业期间预计工资总额(不同工种的直接工人工资)}{设备每天开动的时间\times 预计天数\times 设备台数}$$

(3) 确定标准直接劳务费　以上两个因素确定后，即可按标准成本计算公式算出。

3. 制造费用标准成本

确定标准制造费用，必须先确定单位产品直接人工的标准工时和制造费用标准分配率，然后两者相乘便可算出标准制造费用。

(1) 确定标准时间　与直接劳务费的标准作业时间的确定方法相同。

(2) 确实标准制造费用分配率　它是指单位时间内所分摊的制造费用。其计算公式为：

制造费用标准分配率=固定制造费用预算总额/直接人工标准总工时

(3) 确定标准制造费用　确定数量标准和价格标准之后，两者相乘即可得出变动制造费用标准成本：

制造费用标准成本单位产品直接人工标准工时×每小时固定制造费用的标准分配率

将以上确定的直接材料、直接人工和制造费用的标准成本按产品加以汇总，就可确定有关产品完整的标准成本。通常，企业编成标准成本卡见表 5-5，反映产成品标准成本的具体构成。在每种产品生产之前，它的标准成本卡要送达各级生产部门的负责人、会计部门、仓库等，作为领料、分工和支付其他费用的依据。

表 5-5　标准成本卡

成本项目	用量标准	价格标准	标准成本
直接材料：			
甲材料	1.25 米	5.5 元	6.875 元
乙材料	0.55 元	8.5 元	4.675 元
合计			11.55 元
直接人工：			1.6 元
第一车间	2 小时	0.8 元/时	1 元
第二车间	1 小时	1 元/时	
合计			2.6 元
制造费用：			
第一车间	2 小时	1.3 元/时	2.6 元
第二车间	1 小时	1.2 元/时	1.2 元
合计			3.8 元
单位产品标准成本总计	17.95 元		

二、目标成本

1. 目标成本的概念

从20世纪初开始，随着目标管理的兴起，标准化管理与目标管理紧密配合，并逐步形成的一种最为普遍使用的目标成本形式。目标成本是指根据预计可实现的销售收入扣除目标利润计算出来的成本。它是目标管理思想在成本管理工作中应用的产物。有时候，人们也把标准成本称为目标成本。由于标准成本是应该发生的成本，可以用作评价实际成本的尺度，从而成为督促职工去努力争取的目标，因此也被称为目标成本。对产品生产和经营过程进行仔细调查分析和技术测定后，而制订的一种预计成本。

标准成本和目标成本虽然都可以作为成本预算和成本控制的基础，但是它们的含义、指导思想和制订方法并不相同。

目标成本管理就是在企业预算的基础上，根据企业的经营目标，在成本预测、成本决策、测定目标成本的基础上，进行目标成本的分解、控制分析、考核、评价的一系列成本管理工作。它以管理为核心、核算为手段、效益为目的，对成本进行事前测定、日常控制和事后考核，使成本由少数人核算到多数人管理，成本管理由核算型变为核算管理型；并将产品成本由传统的事后算账发展到事前控制，为各部门控制成本提出了明确的目标，从而形成一个全企业、全过程、全员的多层次、多方位的成本体系，以达到少投入多产出获得最佳经济效益的目的。因此，它是企业降低成本，增加盈利和提高企业管理水平的有效方法。

“标准成本”是20世纪初出现的，是科学管理的作业标准化思想和成本管理结合的产物。标准成本的制订，从最基层的作业开始，分别规定数量标准和价格标准，逐级向上汇总，成为单位标准成本。制订时强调专业人员的作用，使用观测和计量等技术方法，建立客观标准，以“调合”劳资矛盾。

“目标成本”是20世纪50年代出现的，是成本管理和目标管理结合的产物，强调对成本实行目标管理。目标成本的制订，从企业的总目标开始，逐级分解成基层的具体目标。制订时强调执行人自己参与，专业人员协助，以发挥各级管理人员和全体员工的积极性和创造性。

2. 目标成本管理出现的背景

目标成本管理最早产生于美国，后来传入了日本、西欧等地，并得到了广泛应用。日本将目标成本管理方法与本国独特经营机制相结合，形成了以丰田生产方式为代表的成本企划。在20世纪80年代，目标成本管理传入我国，先是机械工业企业扩展了目标成本管理的内涵与外延，实行全过程的目标成本管理；到了90年代，形成了以邯钢经验为代表的具有中国特色的目标成本管理。

目标成本管理在今天之所以如此重要，是由当今的产业环境性质所决定的。如今，企业必须面对全球性的竞争的环境，适应快速变化的特点。作为传统的竞争战略，通过技术领先达到产品高质量，已经不能为公司提供持久的竞争优势。另外，竞争者之间的产品质量差异正在逐渐缩小，使得依靠质量差异化的竞争战略很难奏效。产品质量需要提高的同时，成本也必须降低。除了质量和成本外，时间也构成新战略三角上的重要一点。

目标管理思想是针对“危机管理”和“压制管理”提出的。危机管理方式下的领导，不重视管理目标，平时“无为而治”，只有出了问题时才忙成一团，设法解决问题。压制管理方式下的领导，每天紧紧地盯着下级的一切行动，通过监视手段限制下级的行为。而目标管理方式下的领导，以目标作为管理的根本，一切管理行为以目标设立为开始，执行过程也以目标为指针，结束后以目标是否完成来评价业绩。目标管理强调授权，给下级一定自主权，减少干预，在统一的目标下发挥下级的主动性和创造精神；强调事前明确目标，以使下级周密计划并选择实现目标的有效的具体方法，减少对作业过程的直接干预。

3. 目标成本管理的实施原则

(1) 价格引导的成本管理　目标成本管理体系通过竞争性的市场价格减去期望利润来确定成本目标，价格通常由市场上的竞争情况决定，而目标利润则由公司及其所在行业的财务状况决定。

(2) 关注顾客　目标成本管理体系由市场驱动。顾客对质量、成本、时间的要求在产品及流程设计决策中应同时考虑，并以此引导成本分析。

(3) 关注产品与流程设计　在设计阶段投入更多的时间，消除那些昂贵而又费时的暂时不必要的改动，可以缩短产品投放市场的时间。

(4) 跨职能合作　目标成本管理体系下，产品与流程团队由来自各个职能部门的成员组成，包括设计与制造部门、生产部门、销售部门、原材料采购部门、成本会计部门等。跨职能团队要对整个产品负责。

(5) 生命周期成本削减　目标成本管理关注产品整个生命周期的成本，包括购买价格、使用成本、维护与修理成本以及处置成本。它的目标是使生产者和联合双方的产品生命周期成本最小化。

(6) 价值链参与　目标成本管理过程有赖于价值链上全部成员的参与，包括供应商、批发商、零售商以及服务提供商。

4. 目标成本管理与传统成本管理的区别

以上六项原则将目标成本管理与传统的利润和成本规划方法区别开来。许多公司所采用的传统利润规划方法是成本加成法。这种方法通常先估计成本，之后在成本上加上一定的利润率来得到产品价格。如果市场不能够接受这一价格，公司便会试图进行成本削减。而目标成本管理则从市场价格出发，结合目标利润率为某特定产品确定可接受的最高成本，之后的产品与流程设计都是为了保证成本控制在可接受范围之内。

目标成本管理与传统的利润和成本规划方法之间的差异，体现了它们所赖以建立的理论基础的不同。这些理论基础都源自系统理论，而系统理论正是许多现代管理与控制观点产生的根源。传统的成本加成法代表了“封闭系统”方法。这种方法忽视了组织与其所处环境之间的相互作用，较少考虑影响系统运作的因素。而目标成本管理则体现了“开放系统”方法。这种方法强调组织适应环境的重要性，更多地考虑影响系统运作的互动关系，在实际结果发生之前便采取预防措施，并且随着时间的推移不断提高标准。

第五节　质量成本

一、质量成本概述

质量成本的概念是由美国质量专家 A. V. 菲根堡姆在 20 世纪 50 年代提出来的。他将企业中质量预防和鉴定成本费用与产品质量不符合企业自身和顾客要求所造成的损失一并考虑，形成质量报告，为企业高层管理者了解质量问题对企业经济效益的影响，进行质量管理决策提供重要依据。此后人们充分认识了降低质量成本对提高企业经济效益的巨大潜力，从而进一步提高了质量成本管理在企业经营战略中的重要性。

二、质量成本的内涵

在国家质量体系管理的有关标准中，对质量成本和质量成本管理要素都有明确的定义和规定。GB/T 6583—ISO 84002—1994 标准中对质量成本的定义为“为了确保和保证满意的质量而发生的费用以没有达到满意的质量所造成的损失”。质量成本管理就是进行质量成本的分析，发现影响质量成本的所有要素，加以控制和改进，以进行质量成本控制的管理方式。质量成本一般包括：为确保于要求一致而作的所有工作叫作一致成本，以及由于不符合要求而引起的全部工作叫作不一致成本。这些工作引起的成本主要包括预防成本、鉴定成本、内部损失成本和外部损失成本。其中预防成本和鉴定成本属于一致成本，而内部损失成本和外部损失成本，又统称为故障成本，属于不一致成本。

具体而言，预防成本是为减少质量损失和检验费用而发生的各种费用，是在结果产生之前为了达到质量要求而进行的一些活动的成本，它包括质量管理活动费和行政费、质量改进措施费、质量教育培训费、新产品评审费、质量情报费及工序控制费；鉴定成本是按照质量标准对产品质量进行测试、评定和检验所发生的各项费用，是在结果产生之后，为了评估结果是否满足要求进行测试活动而产生的成本，包括部门行政费、材料工序成品检验费、检测设备维修费和折旧等。故障成本是在结果产生之后，通过质量测试活动发现项目结果不满足质量要求，为了纠正其错误使其满足质量要求发生的成本，分为两部分，即内部损失和外部损失。内部损失是指产品出厂前的废次品损失、返修费用、停工损失和复检费等；外部损失是在产品出售后由于质量问题而造成的各种损失，如索赔损失、违约损失和“三包”损失等。上述概念也可用公式表示如下。

质量成本 = 预防成本 + 鉴定成本 + 内部损失成本 + 外部损失成本

三、质量成本的构成

预防成本→→质量管理部门

鉴定成本→→检验部门

外部故障成本→→销售部门

内部故障成本→→生产部门

质量总成本→→财务部门与质量管理部门

(1) 预防成本　防止缺陷或不合格产品发生，以使失效和鉴定成本减至最低，其必须花费的成本费用。

企业的预防成本由以下活动所产生的费用组成：

① 质量计划及其工程；

② 新产品开发和评估；

③ 产品/过程设计；

④ 可靠度试验；

⑤ 过程控制和管理；

⑥ 质量控制和管理所需教育和培训；

⑦ 质量数据的收集、整理、分析与反馈；

⑧ 供应商评估、管理与辅导；

⑨ 质量管理会议、报告及其改进计划；

⑩ 质量管理人员的薪资（检验人员的薪资属鉴定成本，注意勿混淆）；

⑪ 测量仪器/设备的设计与发展费用；

⑫ 其他预防成本。

(2) 鉴定成本　为评估产品质量是否符合产品质量要求而进行的检验和检查、试验的费用。

鉴定成本由以下活动所产生的费用组成：

① 进货检验；

② 过程检验；

③ 成品检验；

④ 出货检验；

⑤ 材料、成品因试验而产生的损耗（即实验）；

⑥ 测量仪器/设备（包括实验设备）的维护（即维修）、校正、购置的费用和其折旧费；

⑦ 检验和试验人员的薪资；

⑧ 委外检验和试验、认证；

⑨ 为评估质量计划执行情况（即质量审核）而产生的成本；

⑩ 其他鉴定成本（因检测作业进行而发生的费用）。

(3) 内部失效成本　指产品在交付顾客之前发现缺失而进行处理所必须花费的成本费用。

内部失效成本由以下活动所产生的费用组成：

① 企业内发生的不良产品，加以挑选/剔除后而进行的报废处理；

② 企业内发生的不良产品，加以挑选/剔除后而进行的返工/返修作业；

③ 不合格产品经返工/返修后的重新检验；

④ 失效分析；

⑤ 怠工；
⑥ 生产损失；
⑦ 次级产品降价求售所造成的损失；
⑧ 其他内部失效成本。

（4）外部失效成本　指产品在交付顾客后所发现的缺失，而进行处理所必须花费的成本费用。

外部失效成本由以下活动所产生的费用组成：
① 顾客抱怨（包括顾客退货）分析、处理；
② 售后服务的人工、材料、培训费用；
③ 折扣/折让损失费用；
④ 责任赔偿成本；
⑤ 延期交付的交通运输超额费用；
⑥ 保证服务费用；
⑦ 其他外部失效成本（如商业信誉、名声、形象损失）。

（5）外部保证质量成本　指当顾客要求企业出示客观的产品质量证据时，企业所做的有关示范及证明而发生的一切成本。

外部保证质量成本由以下活动所产生的费用组成：
① 产品认证；
② 质量管理体系认证；
③ 材质验证；
④ 其他外部保证质量成本。

四、实行质量成本管理的准备工作

① 针对所需用的分类项目，制订相应的定价体系。
② 确定各部门应定期向财务口输送的相关信息。
③ 进行针对性的培训。
④ 形成必要的程序或规章制度。
⑤ 财务口建立相应的凭证及账目。

a. 质量成本数据不能依靠从原有的生产成本中提取，要建立独立的获取渠道。

b. 根据需要设立相应的质量成本凭证（供参考）：建立会计分离凭证；建立统计记录凭证；建立统计凭证；建立质量成本分账。

五、质量成本管理的原则和程序

1. 质量成本管理应当遵循的原则

（1）以寻求适宜的质量成本为目的　任何企业都有与其产品结构、生产批量、设备条件、管理方式和人员素质等相适应的质量成本，开展质量成本管理的目的就是找到适宜的质量成本控制方式，来优化企业的质量成本。

（2）以严格、准确的记录数据为依据　实施质量成本管理非常重要的一点就是要对成本数据流进行细致的核算和分析，所以提供的各种数据和记录必须真实、可靠，否则对决策只能起到误导作用。

（3）建立完善的成本决算体系　要对成本进行控制，就要对成本的核算有统一的口径，应有对人工的工时、成品的加工成本、损失成本、生产定额等有统一的核算和计价标准，这样对于质量成本的计算才能快速、及时、准确，并且可以减少相关职能部门统计数据的主观性。

2. 开展质量成本管理工作的程序

① 要深入开展质量成本管理的宣传和学习，对主要从事质量成本管理的人员进行专门培训，明确其职责和任务。

② 制订质量成本管理的有效标准，即确定适宜的质量成本水平。

③ 编制、实施质量成本计划，同时要对有关数据进行统计、核算与分析，对质量成本计划的实施进行适时控制。

④ 对质量成本的控制情况进行考核，并结合企业的具体情况，提出质量成本改进计划和相应的质量成本改进措施。

六、质量成本的管理

1. 最佳质量成本水平的确定

一般来讲，质量成本诸要素之间客观上存在着内在逻辑关系。比如，随着产品质量的提高，预防鉴定成本随着增加，而内外部损失成本（事故成本）则减少。如果预防鉴定成本过少，将导致内外部损失成本（事故成本）剧增，利润急剧下降。从理论上讲，最佳质量水平应是内外部损失成本曲线与预防鉴定成本曲线的交点。如图 5-1 所示。

图 5-1 中C_1为预防成本曲线，C_2为鉴定成本曲线，C_3为事故成本曲线。当产品质量为100%不合格时，其预防费用为零。随着质量升高，预防、鉴定费用逐渐增高；当质量为 100% 合格时，预防成本很高。事故成本曲线C_3变动规律是：当产品质量较低时，事故损失大；当质量提高到100%合格时，事故损失为零。C_4为基本生产成本线，不随质量成本而变化，属于不变成本。C为总成本曲线，任一点的总成本为C_1、C_2、C_3、C_4之和。当质量水平较低或较高时，总成本都比较高，在M 点或M 点附近区域总成本最低，它就是最佳质量水平。

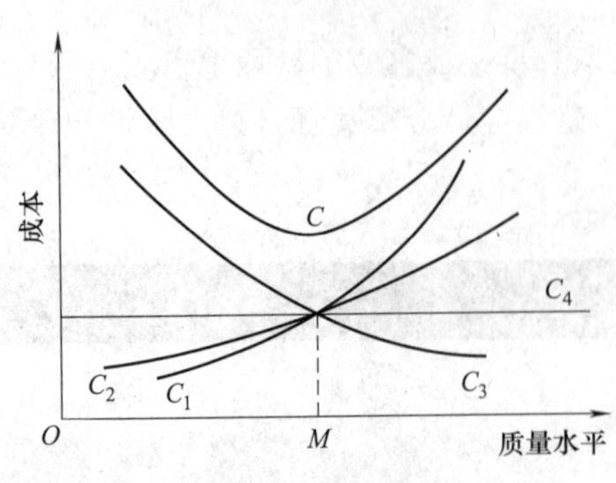

图 5-1　成本与质量水平关系图

2. 质量成本预测与计划

质量成本预测一般指企业根据当前的技术经济条件和采取一定的质量管理措施之后，规划一定时期内为保证产品达到必要的质量标准而需要支付的最佳质量成本水平和计划目标。开展质量成本预测工作，其目的主要是编制计划和提出控制的目标。质量成本预测的方法主要有两种：一是经验判断法，即组织企业中质管技术人员、财会人员就手头掌握了的质量方面资料进行综合分析，作出较为客观的判断。二是数学计算分析法，即利用企业良好的管理基础所积累的资料，找出趋近最佳的质量成本数据，运用数学模型等方法展开预测。质量成本计划的制订应与企业的总体经营计划、质量计划和产品成本计划相协调，其内容主要包括总质量成本计划、主要产品的单位产品质量成本计划、质量成本构成比例计划、质量费用计划、质量改进措施计划等。

3. 质量成本的核算和分析

质量成本核算是以货币的形式综合反映企业质量管理活动的状况和成效，是企业质量成本管理的重要内容，具体包括如下内容。

(1) 质量成本数据的收集和统计　质量成本数据来源于记录质量成本数据的有关原始凭证，主要指发生在一个报告期内的相关质量费用。具体来说，预防成本的数据由质量管理部门及检验、产品开发、工艺等有关部门根据费用凭证进行统计；鉴别成本数据由检验和开发部门根据检验、试验的费用凭证进行统计；内部质量损失成本数据由检验部门和车间根据废品报告和生产返工等有关凭证统计；外部质量损失成本数据由市场、销售服务等部门根据客户的反馈信息进行统计。

(2) 质量成本的核算　企业质量成本的核算属于管理会计的范畴，应该以会计核算为主、统计核算为辅的原则进行。如果企业已经设置比较完善的质量成本科目，即“质量成本”一级科目和“预防成本”“鉴定成本”“内部损失成本”“外部损失成本”二级科目以及二级科目展开的三级科目，则也应同时设立相应的总分类台账和明细表，即质量成本总分类台账、质量成本预提费用明细账、质量成本鉴定费用明细账、质量成本内部损失费用明细账、质量成本外部损失费用明细账。

企业在进行质量成本核算时，既要利用现代会计制度，又不能干扰企业会计系统的正常运作，要按规定的工作程序对相关的科目进行分解、还原、归集。

(3) 质量成本的分析　质量成本分析是通过分析质量成本的构成比例找出影响质量成本的关键因素，主要为质量改进提供信息，指出改进方向，降低产品成本。因此，质量成本分析是质量成本管理的核心内容。质量成本分析一般包括以下内容：目标质量成本完成情况分析、质量成本变化情况分析、质量成本结构分析、质量成本与其他相关指标对比分析、质量成本灵敏度分析等。

4. 质量成本报告

质量成本报告是根据日常质量会计核算资料归集、加工、汇总而成的用以反映质量成本管理活动过程和结果的一种总结性文件。质量成本报告可按报送的时间、对象和形式不同作不同的分类。按报送时间分为定期和不定期质量成本报告；按报送对象分为厂级和各责任单位质量成本报告；按报告形式分为报表式、图表式和陈述式三种。就其所要披露的内容以及为了满足质量成本控制的要求，企业的质量成本报告一般有质量成本表、质量损失表、质量收入表、质量损益表、质量成本及损益表、质量成本财务情况说明书等。质量成本报告可依重要性原则，按年、季、月编制，这样可以对管理人员和工人朝着实现“零缺点”的理想目标不断施加压力。质量成本报告披露的内容一般有各成本项目的实际金额与比较标准、各成本项目的比例关系、以往各期质量成本的数据资料、质量成本与销售额、销售成本（制造成本）、直接人工工时、固定资产等的比例关系、质量收入、质量损益、与同行业或竞争对手的比较资料、特殊或重大项目的分析说明以及其他等。

5. 质量成本考核

质量成本考核是实行质量成本管理的必备环节。为了进行有效的考核，一般要建立从厂部到班组直至责任人的考核指标体系，并和经济责任制、“质量否决权”“成本否决权”等结合起来，制订相应的考核奖惩办法，严格执行，强化管理，定期进行奖惩，鼓励先进，鞭策先进，保证质量成本管理的实施和质量成本控制目标的实现。

七、质量成本的分析

1. 质量成本总额的分析

(1) 质量成本总额/销售收入＝K

$K \leqslant 1\%$，质量控制效果较好，可达 6σ 水平（见表 5-6）；

$1\% < K \leqslant 5\%$，质量控制效果一般，可达 5.5σ 水平；

$5\% < K \leqslant 15\%$，质量控制较差，可达 5σ 水平。

表 5-6　西格玛（σ）水平

西格玛(σ)水平
6 个西格玛＝3.4 失误/百万机会——意味着卓越的管理，强大的竞争力和忠诚的客户
5 个西格玛＝230 失误/百万机会——优秀的管理、很强的竞争力和比较忠诚的客户
4 个西格玛＝6210 失误/百万机会——意味着较好的管理和运营能力，满意的客户
3 个西格玛＝66800 失误/百万机会——意味着平平常常的管理，缺乏竞争力
2 个西格玛＝308000 失误/百万机会——意味着企业资源每天都有 1/3 的浪费
1 个西格玛＝690000 失误/百万机会——每天有 2/3 的事情做错的企业无法生存

(2) 质量成本总额与上期/去年同期进行绝对数额的比较，若质量成本总额较高，应分析主要升高科目及原因，提出改进建议。

2. 质量成本构成分析

(1) 质量成本平衡点　平衡点由企业自身特点所决定。只有当处于平衡点时，质量成本最低。

一般情况下：多品种小批量生产模式，故障损失费＞质量保持费；大批量生产模式，故障损失费＜质量保持费。

(2) 质量成本构成要素之间的关系　当内部损失成本上升，应增加预防成本，采取预防措施；当外部损失成本上升，应增加鉴定成本，加强检验；当内外损失成本均上升，应增加预防及鉴定成本。

(3) 质量成本平衡点的分析　设：内部损失成本为C_1，外部损失成本为C_2，预防成本为C_3，鉴定成本为C_4，

则：平衡点为$C_1+C_2=C_3+C_4$，

当增加C_3和C_4时，C_1和C_2应降低。

原则为：$C_3+C_4<(C_1+C_2)$ 的降低额，否则不经济。

3. 内部损失成本的分析

① 应分析内损的主要构成因素。

② 用图示的方法，明确各类产品、各个工序的内部损失额。

4. 外部损失成本的分析

① 应分析外部损失成本的主要来源。

② 分析并评估外部损失成本带来的无形损失。

5. 形成质量成本分析报告

① 对质量成本总额的分析及改进建议。

② 对质量成本构成分析及改进建议。

③ 对内、外部损失成本的分析及改进建议。

④ 与质量成本目标进行比较，并进行差距分析。

八、质量成本的控制

1. 制订质量成本目标

① 为质量目标的一部分。

② 制订有依据。

③ 分解到相关部门、工序及过程。

2. 根据当期质量成本分析，采取相应措施

① 质量成本分析输入领导层。

② 领导层明确相应措施、职责、完成期限。

③ 实施。

3. 在运行中对质量成本进行监控

① 比较法。
② 抓关键环节，采取应对措施。
③ 指标归口，严格考核。

4. 应注意的问题

① 结合企业实际，确定细目不能照抄。
② 重点要放在故障损失的研究上。
③ 质量成本目标要合理。
④ 内部统计与核算要真实，分摊及评估要可行。
⑤ 要狠抓关键环节。
⑥ 质量成本要服从于生产成本，最终目的是降低生产成本。
⑦ 要将质量成本管理与质量改进相结合。

思考与练习

1. 名称解释
费用　成本　成本控制　标准成本　目标成本　质量成本
2. 简述产品成本的构成。
3. 成本管理的目的和意义是什么？
4. 成本控制的一般程序是什么？
5. 如何确定和理解质量成本的平衡点？
6. 如何做好服装企业的成本管理？

第六章　现代服装生产管理的发展趋势

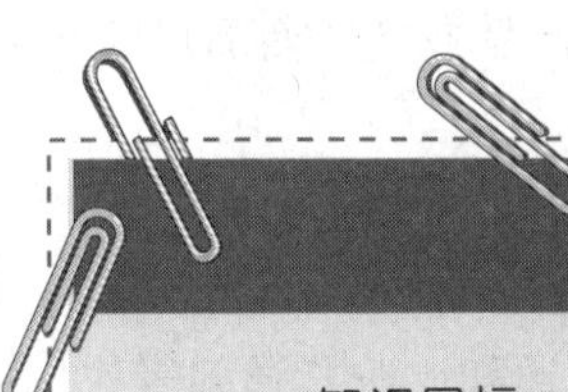

知识目标

1. 了解快速反应系统的概念；CIMS 的特点；建立电子商务平台的原则。

2. 了解我国服装行业电子商务发展模式；服装 CAD 的概念；FMS 的概念；FMS 所采用的主要技术。

能力目标

能够利用服装生产和管理的软件进行服装制作，服装生产技术管理。

第一节 信息化管理与电子商务

一、快速反应系统

从20世纪70年代后期开始，美国纺织服装的进口急剧增加，到80年代初期，进口商品大约占到纺织服装行业总销售量的40%。针对这种情况，美国纺织服装企业一方面要求政府和国会采取措施阻止纺织品的大量进口；另一方面进行设备投资来提高企业的生产率。但是，即使这样，廉价进口纺织品的市场占有率仍在不断上升，而本地生产的纺织品市场占有率却在连续下降。为此，一些主要的经销商成立了“用国货为荣委员会”。一方面通过媒体宣传国产纺织品的优点，采取共同的销售促进活动；另一方面，委托零售业咨询公司Kurt salmon从事提高竞争力的调查。Kurt salmon公司在经过了大量充分的调查后指出，纺织品产业供应链全体的效率并不高。为此，Kurt salmon公司建议零售业者和纺织服装生产厂家合作，共享信息资源，建立一个快速反应系统（quick response）来实现销售额增长。

1. 快速反应系统的概念

快速反应系统（QR）是指通过零售商和生产厂家建立良好的伙伴关系，利用EDI等信息技术，进行销售时点以及订货补充等经营信息的交换，用多频度、小数量配送方式连续补充商品。以此来实现销售额增长、客户服务的最佳化以及库存量、商品缺货、商品风险和减价最小化的目标的一个物流管理系统模式。

QR实施包括如下三个阶段。

① 对所有的商品单元条码化，利用EDI传输订购单文档和发票文档；

② 增加内部业务处理功能，采用EDI传输更多的文档，如发货通知、收货通知等；

③ 与贸易伙伴密切合作，采用更高级的策略，如联合补库系统等，以对客户的需求作出迅速的反映。

2. 速反应系统的作用

快速反应关系到一个厂商是否能及时满足顾客的服务需求的能力。信息技术提高了在最近的可能时间内完成物流作业和尽快地交付所需存货的能力。这样就可减少传统上按预期的顾客需求过度地储备存货的情况。快速反应的能力把作业的重点从根据预测和对存货储备的预期，转移到以从装运到装运的方式对顾客需求作出反应方面上来。不过，由于在还不知道货主需求和尚未承担任务之前，存货实际上并没有发生移动，因此，必须仔细安排作业，不能存在任何缺陷。

这里需要指出的是虽然应用QR的初衷是为了对抗进口商品，但是实际上并没有出现这样的结果。相反，随着竞争的全球化和企业经营业员全球化，QR系统管理迅速在各国企业界扩展。航空运输为国际间的快速供应提供了保证。现在，QR 方法成为零售商实现竞争优势的工具。同时随着零售商和供应商结成战略联盟，竞争方式也从企业与企业间的竞争转变为战略联盟与战略联盟之间的竞争。

二、CIMS

随着自动化技术、电子计算机技术、信息技术和人工智能等高科技的迅速发展，计算机集成（computer integrated manfacturing 简称 CIM）制造被看作是未来企业发展的必由之路。服装行业对市场的变化反应最为强烈，服装流行周期越来越短，花色越来越多。因此，CIM 思想很快被服装行业所接受，许多先进国家都在研究和实施服装 CIM，相应的技术和设备也在不断推出，传统的服装企业面临着新的抉择。

1. 服装 CIMS 的兴起

CIMS 是在 CIM 的基础上通过计算机硬件、软件、自动化技术和系统工程技术，将企业生产全过程中有关人、技术、经营管理、生产等要素及其信息流和物流有机地集成并优化运行的大系统。CIMS 首先起源于机械制造业，但其基本思想和原理很快向其他行业传播、辐射。服装业以其对市场变化的特殊敏感性，首先接受了 CIM 思想，于是，从 20 世纪 80 年代末开始，许多先进国家的企业致力于服装 CIMS 的开发，不断推出集成化的产品和系统，把服装 CIMS 的发展推向前进，对传统服装业的改造和革新起到了很大的促进作用。

在服装 CIMS 的开发项目中，最有影响的是英国的 CIMTEX。此外，日本、德国、法国、西班牙等也都推出了各自的 CIM 产品，新加坡、香港等地区也建立了服装制造示范中心。经过短短的几年时间，服装 CIM 与 IMS 在世界范围内兴起，在服装业产生了很大的影响。

2. 服装 CIMS 的特点

① 从系统结构看，服装 CIMS 以 FMS（柔性制造系统）为核心，以管理信息系统 268 和计算机辅助工艺设计 CAPP 为 FMS 服务、与 FMS 紧密集成为一体。

② 柔性装配线的编排、设计和重组技术是关键，是实现多品种混流式平衡生产的重要保证。

③ 物流系统的重点是实现多品种混流式生产中衣片和在制品的跟踪以及路径的管理与控制。

④ CAPP 的装配以工艺设计为重点，同时解决各工序操作的标准时间的估算问题。

⑤ MIS 以库存管理、成本工资管理、计划统计管理与订单管理为主。

按照上述要点，去实现服装的 CIMS 才能体现出特色。

3. 我国服装 CIMS 的探索与应用

为了提高我国服装工业的水平，适应新形势的需要，国家科委在八五科技重点攻关项目中设立了“服装设计与加工工艺示范中心”的课题，并纳入国家“863”计划，成为 CIMS 主题的 CIMS 应用工程之一。

该项目在1993年底初步建成了一条服装生产示范线，年产2.5万套高档西服，同时实现了服装CAD、CAM与FMS的初步集成，在服装CIMS的方向迈出了第一步，集成技术接近国际20世纪90年代初的水平。该服装CIMS的系统构成和功能设计，基本上体现了上述的特点和原则。整个系统由两部分构成：一部分为控制中心，包括服装信息网络系统、二维服装CAD系统和三维服装款式设计系统；另一部分为生产车间，车间内也由计算机相连，然后通过网络把两部分连通，进行数据的传输和生产情况的监控。

现在，该系统还在进一步的研究和开发中，经过努力，我国定能在服装CIMS方面赶上国外的水平。

三、电子商务

所谓电子商务（electronic commerce）是利用计算机技术、网络技术和远程通信技术，实现整个商务（买卖）过程中的电子化、数字化和网络化。人们不再是面对面的、看着实实在在的货物、靠纸介质单据（包括现金）进行买卖交易。而是通过网络，通过网上琳琅满目的商品信息、完善的物流配送系统和方便安全的资金结算系统进行交易（买卖）。电子商务始于1997年（如果把EDI也作为电子商务来看待，则起始时间要追溯到90年代初），就整体而言，中国电子商务仍处于初级阶段，交易手段、范围、交易人数、安全认证等均处于初级探索过程。1998年人们主要集中于电子商务概念的推广和可行性的探讨。1999年人们已将电子商务落实到了行动上，电子商务进入到实质性的发展阶段。到目前为止，证券公司、金融结算机构、民航订票中心、信用卡发放等领域均已成功进入电子商务领域。

服装行业是纺织业中的支柱子行业，在拉动整个纺织业的经济效益方面起到极其重要的作用，也是国内消费市场中的热点，更是我国对外出口贸易获得外汇顺差的主要产业之一。

1. 服装行业电子商务的发展史

从20世纪60年代起，服装企业就经过了产品产量、产品质量、生产成本的竞争。进入21世纪，产品的市场竞争已转变为服装企业对市场响应速度、服装产品品牌和技术创新能力的竞争。而竞争的核心就在于服装企业对知识经济时代的理解和追赶，也就是服装企业要将信息化作为重点来抓。

电子商务正悄然兴起。近几年全球电子商务仍然处在高速发展的阶段。联合国2003年关于电子商务发展的相关报告中统计，发达国家的电子商务B2B交易量占全球电子商务交易量的95%，在纺织服装领域跨国公司、批发零售商也已普遍应用电子商务。美国官方统计，2003年与纺织有关的B2B交易超过800亿美元。中国电子商务还处于成长阶段，2004年中国B2B电子商务成交额达到17亿美元，纺织服装类电子商务交易额为8.5亿美元，占7.5%。虽然数额不大，但已经开始起步。2003年“非典”期间，具有一定信息化基础和电子商务能力的企业就未受到太大影响，甚至有的企业业务还有很大的增长，就是电子商务使然。

2. 服装行业电子商务发展的现状

服装行业开展电子商务有如下益处。

① 对于服装生产企业可以通过开展电子商务降低成本，提高效率来获取利润。这是绝大多数公司开展电子商务的主要利润来源，特别是传统的国有大中型企业。对于一个产、供、销环节烦琐，每年销售额过亿的大中型企业来讲，节约费用要比创造同等数额的利润困难得多。调查表明，在一些发达国家，利用电子商务技术（主要指内部网）来降低采购管理成本的公司，投资回报率平均在 10 倍以上。

② 时尚的变化要求服装企业实时跟踪市场行情，预见客户需求变化，迅速对客户要求作出反应，并以批量生产的价格，为客户提供订制化的产品，从而取得最大的市场利益。而电子商务，通过对用户兴趣度的调查，和客户反馈信息的搜集，恰恰为企业实现这一目标提供了一种低成本的技术手段。

③ 电子商务将促使信息与技术在国际间快速传播，至少在获取信息的能力上，我国服装企业将缩小与发达国家同行的距离。以网络技术为代表的“新经济”的发展，代表着发达国家又一次产业大升级，这将为我国带来巨大的市场空间，而电子商务，则可以成为我国服装企业进入这一市场的利器。

3. 建立服装行业电子商务平台的原则

（1）以推进先进的电子商务的思想为目的　因为网站只有包含先进的电子商务思想才会有生命力，网站的建设与发展应有长远目光，不应局限于某个企业的一些眼前利益。网站的功能应具诱导性，逐渐引导中小服装企业正确地走到电子商务轨道上来。

（2）不宜一蹴而就，应逐步发展完善　网站的技术水平应与企业的应用能力和效率相配合，若网站一次实现设定的所有功能，其开发周期将会拖得较长，将会延误中小服装企业利用网站实现电子商务的进程。另外，我国的电子商务正处于探索阶段，不确定因素很多，因此基于对投资者负责的态度，应逐渐扩大网站规模，将创意逐渐实现，使网站独具特色，增加盈利。

（3）企业提供良好服务　网站应该能够为企业提供先进的商务技术手段和服务，为企业带来实际利益。应充分考虑到中小型服装企业的计算机水平，做到操作简单。

（4）信息准确，更新快　网站上的信息应由用户自己提供，以保障网上信息的准确性，提高信息发布的效率。网上信息应是动态的，要采取手段使其及时更新，保持网站的活力。

（5）组织结构化　为了有利于网站信息的自动化分析和处理，网站上的信息应该具备严格的组织结构和管理方式。

4. 建立有效的 ERP 管理系统

全球经济一体化使得国内服装企业面临更为严峻市场竞争，建立一个全效的 ERP 管理系统，可以使企业拥有更严谨的业务管理和控制，可以更快速地获得业务信息。但服装行业的生产、销售与其他制造业有很多显著的不同，这就决定了服装企业需要有专业的 ERP 管理系统，服装 ERP 系统，简单地说，它是一个对服装企业资源进行有效共享与利用的系统。ERP 的标准定义来自于其英文原意，即企业资源规划（enterprise resource planning），ERP 通过信息系统对信息进行充分整理、有效传递，使企业的资源在购、存、产、销、人、财、物等各个方面能够得到合理的配置与利用，从而实现企业经营效率的提高。服装 ERP

系统的成功实施，可以实现对整个企业供应链的管理，达到降低库存、提高资金利用率和控制经营风险；控制产品生产成本，缩短产品生产周期；提高产品质量和合格率；减少财务坏账、呆账金额等目的。

但是，服装行业有其自身的特点，单是服装的款式和号码就超出了标准 ERP 物流模块所能满足的范围，因此供应商需要在统一标准的 ERP 系统基础上，根据服装行业的特点制订应用模块及行业性解决方案；服装产品生命周期较短，据统计，一类服装从进入市场到退出市场，平均寿命只有 2～3 周，这就意味着企业的 ERP 系统每两三周就要做调整以适应产品的变化，在实施 ERP 系统时应把 ERP 开发的重点放在最终产品上，即销售规划支持系统 MDSS（merchandising support system，MDSS），而将财务等管理模块放到次要位置，做到总体规划、分步实施。

5. 服装企业发展电子商务要遵循的原则

（1）首先要确立“商务为本”思想　以商务为主，以技术为辅，将电子商务技术作为实现业务目标的手段。网络服务商和提供电子商务技术支持的 IT 厂商在努力推广电子商务技术的同时，企业要有针对性地进行商务选择和利益判断，避免过度技术化的倾向，避免追求表面的商务“电子化”而忽略了商务活动本身的需求；要认真研究企业的商务需求，以此确立其技术方案和服务方式。现在，一些三维实体造型、配色和展示技术被炒作得很火爆，但从用户带宽和该技术的成熟度等方面考虑，一定要慎重采用。

（2）加速服装企业内部的信息化建设　服装生产企业电子商务建设和功能的充分实现，离不开企业内部的信息化建设。目前我国服装企业普遍存在的信息化基础落后的现状，与网络和电子商务技术的现代化形成了巨大反差，已经不适应甚至阻碍了我国服装企业电子商务的应用与发展。应当从人员（特别是中高层管理人员）培训、技术建设、管理配套等多个方面加速企业信息化基础建设进程。服装企业不仅要有行业技术人员，而且要有一定量的电子商务人员、网络人员。以便提高企业的信息化、网络化，跟上时代步伐。

（3）服装行业中的大企业具有对上下游供应商和经销商等中小企业的巨大吸引力　国内不少名牌大企业拥有上百家原材料、小配件供应商、产品经销商，彼此之间以大企业为核心构成了庞大的供应链体系。因此，以大企业为核心，按照供应链关系建立企业电子商务体系，并带动中小企业电子商务应用与发展，是中国服装企业电子商务应用与发展的重要途径。

6. 我国服装行业电子商务发展模式

（1）单项业务信息技术到集成信息平台　服装企业信息化的过程必然从单项业务信息技术开始的，如财务管理、人事管理、档案管理、合同管理、库存管理等，这些信息系统在某种程度上提高服装企业的工作效率，但随着应用水平的提高及单项业务信息系统数量的增多，信息孤岛的现象日益严重，影响了企业整体效率的提高。因而实施集成的信息平台成为必然。

（2）单机本地的服装设计到网络化、异地的协同设计　完整的服装设计过程从款式设计、样板设计、推档、排料等过程，需要多种设计人员的协作，其中包括艺术创作及工程技术，从地域上往往分布在不同区域，传统的单机的服装设计 CAD 系统已不能满足企业发展需求，另外从企业的经营上看，跨地区甚至于跨国经营已成为趋势，势必要求服装设计支持跨区域的数据共享及协同。

(3) 支持服装大规模定制 对于服装行业而言，大规模定制方式的营销模式在国外已形成规模经营，通过 internet 的大规模定制营销生产方式已经成熟，并且成为未来服装网络营销的典范，作为解决面向大规模定制的最有效手段，支持大规模定制的服装企业信息化平台将成为技术发展的重要趋势。

因此服装信息技术的发展，涉及了服装信息化的系列产品，有服装 CAD（二维和三维）、服装 ERP、服装 PDM、服装 CAPP、服装 CRM、服装 DRP、服装电子商务和服装 CAM 等等。通过服装信息系列产品的应用，实现了用信息技术改造纺织服装业的发展，同时也促进服装信息业技术产业的发展。

7. 中国服装行业电子商务发展存在的主要问题

当前我国服装行业发展中出现的问题主要集中在如下方面。

(1) 由于缺乏有效的市场调查和研究，缺乏有效的引导，社会服装生产规模的扩张大都带有一定盲目性和短视性 一些新增生产能力都集中在利润率相对较高的常规产品，如羽绒服、男装中的西服、衬衫等产品上。男装生产渐成格局，知名品牌求“系列化”“层次化”趋势明显，在扩大规模效益、经销策略和营销方式上大动脑筋，但鲜有企业花大力气在深入市场调研、提高产品创新能力、提高企业人员素质、加强企业经营管理、研究服装板型设计以及相关基础研究等方面下真功夫。其实这些都是动摇企业发展根基，妨碍企业和产品提高附加值、持续扩大和保持市场占有率的关键因素，因此才会出现一方面服装供量过剩、价格猛跌，另一方面消费者仍有买不到称心如意的服装的局面。这也是我国服装产品难敌进口品牌的原因所在。

(2) 行业内部发展不平衡，东西部差距没有得到改善 大、中、小型企业发展不均衡，盲目跟风的现象还广泛存在，特别是相当多的中小企业不能根据自己能力的大小，开发适合企业特点的产品来吸引和满足特定的市场，不论条件地“克隆”好销的产品、成功的营销模式等的“一窝蜂”现象常见于市，妨碍了中小企业的发展。服装行业的主体应在中小企业，中小企业可以发挥的优势还远远没有发挥出来。

由于缺乏交流和合作，东西部服装业不论是在经营理念、管理模式上，还是在产品档次、人员素质上，以及在信息集散等方面都存在相当大的反差，东部的能力得不到延伸，西部的水平无法提高，影响了我国服装行业的整体均衡发展。

(3) 供需失衡，产品结构调整难以到位 由于国内企业缺乏对市场的调研，加之国内市场尚不规范，生产同一类型、同等档次产品企业多；而认真研究市场、调查市场，生产符合特定消费群、并能进一步研究其爱好和变化，以达到稳定消费群体的企业少。这种情况造成市场上有的产品积压过剩，有的产品难觅其踪，产品结构调整始终难以到位，市场的有效供给能力急待得到提高。

(4) 重视硬件，轻视软件；注重外功，忽视内功 对于许多服装企业来说，投入大量资金对企业和产品形象进行策划和宣传，引进先进服装生产设备和电脑系统，都已不成问题，但声势浩大的外表后面到底有多少货真价实的内容，如先进设备的利用率有多高、投入产出是否合理、企业的发展后劲如何等，企业家心里难有一本明白账，这直接影响到每个企业的可持续发展。

8. 世界服装行业电子商务的发展趋势

21世纪服装业的发展趋势主要将呈现如下特点：专用设备的功能更趋集成化，即一个操作工可操作几台设备；电脑控制技术进一步向纵深发展，服装的设计将采用三维立体设计；特种服装的门类越来越多，制造具有永久件的防水、防火、防污、防腐蚀等特种要求的服装品种将在世界服装业掀起高潮；服装的设计研究趋于个性化；时装款式更趋向于个性化；先进的黏合技术不断发展，将会采用先进的黏合技术，生产出“无缝西装”与“黏合衬衫”；电子商务技术在服装界广泛应用将大大缩短了原料→成本→货币的转换时间，使商品和原料的规划同步进行，降低了生产成本和产品价格。

9. 中国服装行业电子商务的发展趋势

(1) 我国服饰市场概况

① 大部分的中国服饰企业还处于发展的初级阶段，因我国自开放至今只有30多年的发展，企业发展时间短、底子薄、实力弱是服饰业的基本情况，所以我国的服饰企业规模和实力与世界各国的大型服饰企业根本无法相比。

② 近几年，中国服饰市场进程虽然很快，但目前市场化程度仍然不够、存在信息流通不畅、竞争机会不平等、商企不分等现象；绝大多数国内服饰企业，主要依靠传统经验与模式在做营销，造成企业的经营成本居高不下；另一方面，在整个中国市场上，存在着信用危机和竞争手段不规则等现象。

③ 中国地域广阔、发展水平的差异性极大。北京、上海、深圳三座城市的终端市场现已经高度连锁，而在中西部地区，连锁业态还刚刚起步。

④ 国内的服饰企业虽然整体上发展很快，但与国际知名服饰企业和服饰品牌相比，在管理、服饰研发、人力资源及品牌建设等诸多方面存在着非常大的差距。

⑤ 入关后，大量国外知名服饰品牌纷纷涌入我国市场，对我国服饰企业的生存与发展构成极大的威胁，加上国内消费大众的消费观念崇洋媚外，更加深了我国服饰品牌的危机感。

⑥ 服饰企业的门槛越来越高，致使中小企业生存困难，只有少数大型、超大型企业有丰厚利润；2002年国内市场服饰销售总额的60%被极少数的名优品牌获得（其中包括外来服饰品牌）。而多数企业因产品同质化等因素在剩余市场份额内作激烈的竞争。

⑦ 服饰业属于劳动密集型行业，我国的人工比发达国家便宜，形成较低的生产成本。与发展中国家的人工相比，我们的人工又较高，直接影响部分服饰企业（专做委托加工）的发展前景。

总体上讲，国内服饰市场的整体发展速度仍在持续增长，竞争程度相对发达国家较低，并存有大量发展的机会。

以上市场概况说明，中国服饰企业赖以生存的环境，与世界上其他国家的服饰企业和市场环境截然不同，企业的总体水平也存在着太大的差距。在这种环境下我国服饰企业如何生存、发展、壮大，与大量涌入国内市场的国外品牌相抗衡，已到了需要行业关注并积极寻求解决方案的关键时刻。

(2) 中国服装电子商务发展现状及趋势　近年来，已有部分实力雄后的服饰企业运用物流理论改变企业的营运结构使资金在中间环节上停留的时间降到最低，从而降低企业的成本，这使得许多企业增加了利润。

据统计，服装企业对财务软件和CAD设计软件的应用相对来说比较普遍，而ERP系统的应用比较少，且自行开发和购买的比例相当。也许他们有一套最基础的财务软件或是一套进销存系统来管理企业的物流，但许多中型甚至大型服装企业的运作都没有使用MRP（物料需求计划）或MRPⅡ（制造资源计划）系统来集成预测、生产计划、采购管理，更提不上通过ERP（企业资源计划）系统来集成业务与财务流程。企业所拥有的这些计算机系统很多是他们自己开发的。

刚开始往往是因为急需管理居高不下的库存，而不得不花很长时间开发了库存管理系统，接下去，进货有了问题，再开始编写采购系统……而这些子系统往往是独立的模块，形成了信息的孤岛，无法与购买的财务软件集成。虽然这些系统也是企业完善了很多年而形成的，然而当前，这些还不成熟的系统都面临着如何赶上21世纪步伐的巨大挑战。

一般来说，服装行业的控制物流中遇到的最大难题就是销售的不确定，作为一种非标产品，销售的偶然性和季节性使得库存控制变得非常困难，再小的批量，也有压货的风险。

我们现在可以将服装企业的状况作如下的描述：凭经验采购生产一季的产品→入库→发给销售商→销售商入库→逐渐发给销售点→将销售不掉的产品退货→库存。按这一流程，据全国服装科技信息中心的预测，随着政府对国有大中型企业信息化的大力推进，我国的服装行业信息化发展势头良好。

我们国家愈来愈多的企业意识到ERP可以帮他们做更多的事情，他们正在主动加强对ERP的了解，一些企业已经进行了局部的或者全面的信息化管理，并且从中初步得到了甜头。有些人甚至认为ERP系统能成为企业运作中的一件战略性武器。据全国服装科技信息中心的预测，随着政府对国有大中型企业信息化的大力推进，我国的服装行业信息化发展势头良好。

特别是加入WTO以后，我国将继续保持世界服装贸易中纺织品服装的最大出口国的地位，对OEM的需求会大大增加，电子商务必将成为服装交易的主要模式之一。而更重要的是电子商务平台与企业ERP系统的无缝集成。

WTO带给品牌服装企业的则是瞬息万变的世界性市场和更加激烈的竞争，自有品牌服装企业要想在残酷的市场搏击中立于不败之地，就要保持较低的竞争成本、优质的产品质量和高水平的客户服务。这就要求高度的一体化，这种一体化是把企业自身和它后端的供应商、前端的客户有机联系在一起，形成一条完整的供应链，企业通过管理这条供应链实现高效率的市场运作。

第二节　服装生产管理软件的应用

一、服装CAD

随着计算机技术的飞速发展，计算机辅助设计层出不穷，广泛应用在商业、工业、医疗、艺术设计、娱乐等各个领域中。目前，计算机在服装界的应用包括：服装计算机辅助制造（服装 CAM），服装企业管理信息系统（MIS），服装裁床技术系统（CAM），还有服装销售系统、服装试衣系统、无接触服装量体系统等。

1. 何为服装 CAD

服装 CAD（computer aided design）技术，即计算机辅助服装设计技术，是利用计算机的软、硬件技术对服装新产品、服装工艺过程，按照服装设计的基本要求，进行输入、设计及输出等的一项专门技术，是一项综合性的，集计算机图形学、数据库、网络通信等计算机及其他领域知识于一体的高新技术，用以实现产品技术开发和工程设计。它被人们称为艺术和计算机科学交叉的边缘学科，是以尖端科学为基础的不同于以往任何一门艺术的全新的艺术流派。

服装 CAD 技术融合了设计师的思想、技术经验，通过计算机强大的计算功能，使服装设计更加科学化、高效化，为服装设计师提供了一种现代化的工具。它是未来服装设计的重要手段。

服装 CAD 系统主要包括：款式设计系统（fashion design system）、结构设计系统（pattern design system）、推板设计系统（grading system）、排料设计系统（marking system）、试衣设计系统（fitting design system）、服装管理系统（management system）等。

服装 CAD 是于 20 世纪 60 年代初在美国发展起来的，目前美国、日本等发达国家的服装 CAD 普及率已达到 90% 以上。我国的服装 CAD 技术起步较晚，虽然发展的速度很快，但是和国外技术还是有很大差距。

服装 CAD 的普及、应用、推广是我国服装业技术改造的重要内容和长期的任务。服装 CAD 软件是现代服装行业的常用工具，也是服装企业的生产效率和产品质量。进入 WTO 后，我国的服装业必将会进一步飞速发展，因此，服装 CAD 软件的使用和推广是我国服装业进一步发展的必然趋势。

2. 国外服装 CAD 技术状况

20 世纪 70 年代，亚洲纺织服装产品冲击西方市场，西方国家的纺织服装工业为了摆脱危机，在计算机技术的高度发展下，促进了服装 CAD 的研制和开发。作为现代化高科技设计工具的 CAD 技术，便是计算机技术与传统的服装行业相结合的产物。美国研制出首套 MARCON 服装 CAD 系统，相继，美国 PGM/Gerber 公司又把服装 CAD 推向市场，这在 CAD 领域引起了不错的反响，并引发了其他为数不少的公司对服装 CAD 的研制。美国的格柏（GGT）公司、美国的匹吉姆（PGM）公司、法国的力克（Lectra）公司也相继推出了各自的服装 CAD 系统。这 3 家公司在国际服装 CAD/CAM 领域形成了三足鼎立之势。目前国外的服装 CAD/CAM 系统除了上述 3 家公司的产品外，主要还有美国的 SGI，日本的 Toray、Juki、Nissyo，瑞士的 Alexis 等。

当时的服装 CAD 对缓解工业化大批量服装制作过程中的瓶颈环节——服装工艺设计，即推档和排料的计算机操作问题，起了重要的作用，不仅生产效率得以显著提高，生产条件和环境也得到很大的改善。

（1）美国 Gerber 公司 20 世纪 80 年代初期美国 Gerber 公司的 AM-5 服装 CAD 系统，以 HP 小型机为主机，以“定点”读图的方式输入放码规则后，将打板的几何开关及相关信息转换成计算机所能接受的数据，存入计算机数据库中进行管理，并在计算机屏幕上进行排料后，再经过计算机自动裁剪系统进行精确裁片。

Gerber 公司的另一套服装 CAD 系统是以 IBM PC 为主机的 Accumark，它代表了新一代服装 CAD 系统的发展方向。该系统采用微机工作站结构，通过高速以太网相互通信，以具有几百兆比特到几千兆比特容量的服务器作为信息存储和管理中心，通过网络将自动裁床、单元生产系统、管理信息系统以及其他的 CAD/CAM 系统连接起来，形成计算机集成的生产系统 CIMS。

（2）美国 PGM 公司 唯一针对中国市场作针对性软件开发和升级的国外公司，其系统突出突出特点表现在应用人工智能和人性化等尖端技术方面。在软件方面的功能性强大，操作却非常简单化。并全球首先推出全智能自动排版系统（自动排版的用布率可以和人工媲美）PGM 系统从顾客选定款式、面料，对顾客进行体型测量，经过自动样片设计、放码、排料、自动单件裁片机、单元生产系统，到高速度、高质量地完成服装的制作，是一个高度自动化的面向顾客的服装制作系统，并开发了成本管理、缝制、仓库存储管理综合系统，即服装 CIM。在三维领域，PGM 已经研制成真正的从二维衣片到三维人体穿着修改软件，具有三维服装穿着、搭配设计并修改，能反映服装穿着运动舒适性的动画效果，模拟不同布料的三维悬垂效果，实时地生成服装穿着效果图，实现 360°旋转，从各个不同侧面观察模特着装。

（3）法国力克公司 法国力克公司的 301 + /303 + 系统，将服装的概念创作与打板设计、制板及排料连成一体。它最新推出的系统 OPEN CAD 系统，该系统具有模块式和开放式的特点，它包含 5 种基本系统，即 M100，M200，X400，X400G + 以及 X600S 系统，用户可根据速度、容量、显示、存储器等要求进行选择。模块式包含了力克开发的功能模块以及 CAD/CAM 联机运行系统。最近，法国力克公司又推出了 OPEN CAD 开放式模块软件，不仅在公司内自成系统，而且它的系统可以与非力克系统兼容。

（4）其他 CAD/CAM 系统公司 基于计算机视觉的原理，研制出无接触式人体测量系统的美国 Technotailors 和 second Skin Swimmear 公司服装设计系统。

应用了大容量的光盘存储器，系统中采用了更加形象和易懂的图形菜单界面技术的日本 Shima Selkl 公司服装设计系统。

采用电子计算机基本信息的分散处理形式，是不同地点实现系统化及信息网络化的日本重机工业公司服装设计系统。

二、FMS

柔性制造系统是由统一的信息控制系统、物料储运系统和一组数字控制加工设备组成，能适应加工对象变换的自动化机械制造系统，英文缩写为 FMS。

随着社会的进步和生活水平的提高，社会对产品多样化，低制造成本及短制造周期等需求日趋迫切，传统的制造技术已不能满足市场对多品种小批量，更具特色符合顾客个人要求样式和功能的产品的需求。20 世纪 90 年代后，由于微电子技术、计算机技术、通信技术、机械与控制设备的发展，制造业自动化进入一个崭新的时代，技术日臻成熟。柔性制造技术已成为各工业化国家机械制造自动化的研制发展重点。

（一）基本概念

1. 柔性

柔性可以表述为两个方面。第一方面是系统适应外部环境变化的能力，可用系统满足新产品要求的程度来衡量；第二方面是系统适应内部变化的能力，可用在有干扰（如机器出现故障）情况下，系统的生产率与无干扰情况下的生产率期望值之比来衡量。“柔性”是相对于“刚性”而言的，传统的“刚性”自动化生产线主要实现单一品种的大批量生产。其优点是生产率很高，由于设备是固定的，所以设备利用率也很高，单件产品的成本低。但价格相当昂贵，且只能加工一个或几个相类似的零件，难以应付多品种中小批量的生产。随着批量生产时代正逐渐被适应市场动态变化的生产所替换，一个制造自动化系统的生存能力和竞争能力在很大程度上取决于它是否能在很短的开发周期内，生产出较低成本、较高质量的不同品种产品的能力。柔性已占有相当重要的位置。柔性主要包括如下几个方面。

（1）机器柔性　当要求生产一系列不同类型的产品时，机器随产品变化而加工不同零件的难易程度。

（2）工艺柔性　一是工艺流程不变时自身适应产品或原材料变化的能力；二是制造系统内为适应产品或原材料变化而改变相应工艺的难易程度。

（3）产品柔性　一是产品更新或完全转向后，系统能够非常经济和迅速地生产出新产品的能力；二是产品更新后，对老产品有用特性的继承能力和兼容能力。

（4）维护柔性　采用多种方式查询、处理故障，保障生产正常进行的能力。

（5）生产能力柔性　当生产量改变、系统也能经济地运行的能力。对于根据订货而组织生产的制造系统，这一点尤为重要。

（6）扩展柔性　当生产需要的时候，可以很容易地扩展系统结构，增加模块，构成一个更大系统的能力。

（7）运行柔性　利用不同的机器、材料、工艺流程来生产一系列产品的能力和同样的产品，换用不同工序加工的能力。

2. 柔性制造技术

柔性制造技术是对各种不同形状加工对象实现程序化柔性制造加工的各种技术的总和。柔性制造技术是技术密集型的技术群，我们认为凡是侧重于柔性，适应于多品种、中小批量（包括单件产品）的加工技术都属于柔性制造技术。目前按规模大小划分为如下系统。

（1）柔性制造系统（FMS）　美国国家标准局把 FMS 定义为“由一个传输系统联系起来的一些设备，传输装置把工件放在其他联结装置上送到各加工设备，使工件加工准确、迅速和自动化。中央计算机控制机床和传输系统，柔性制造系统有时可同时加工几种不同的零件。国际生产工程研究协会指出“柔性制造系统是一个自动化的生产制造系统，在最少人的干预下，能够生产任何范围的产品族，系统的柔性通常受到系统设计时所考虑的产品族的限制。”而我国国家军用标准则定义为“柔性制造系统是由数控加工设备、物料运储装置和计算机控制系统组成的自动化制造系统，它包括多个柔性制造单元，能根据制造任务或生产环境的变化迅速进行调整，适用于多品种、中小批量生产。”简单地说，FMS是由若干数控设备、物料运贮装置和计算机控制系统组成的并能根据制造任务和生产品种变化而迅速进行调整的自动化制造系统。目前常见的组成通常包括4台或更多台全自动数控机床（加工中心与车削中心等），由集中的控制系统及物料搬运系统连接起来，可在不停机的情况下实现多品种、中小批量的加工及管理。目前反映工厂整体水平的FMS是第一代FMS，日本从1991年开始实施的“智能制造系统”（IMS）国际性开发项目，属于第二代FMS。

（2）柔性制造单元（FMC）　FMC的问世并在生产中使用约比FMS晚6～8年，FMC可视为一个规模最小的FMS，是FMS向廉价化及小型化方向发展的一种产物，它由1～2台加工中心、工业机器人、数控机床及物料运送存贮设备构成，其特点是实现单机柔性化及自动化，具有适应加工多品种产品的灵活性。迄今已进入普及应用阶段。

（3）柔性制造线（FML）　它是处于单一或少品种大批量非柔性自动线与中小批量多品种FMS之间的生产线。其加工设备可以是通用的加工中心、CNC机床；亦可采用专用机床或NC专用机床，对物料搬运系统柔性的要求低于FMS，但生产产率更高。它是以离散型生产中的柔性制造系统和连续生产过程中的分散型控制系统（DCS）为代表，其特点是实现生产线柔性化及自动化，其技术已日臻成熟，迄今已进入实用化阶段。

（4）柔性制造工厂（FMF）　FMF是将多条FMS连接起来，配以自动化立体仓库，用计算机系统进行联系，采用从订货、设计、加工、装配、检验、运送至发货的完整FMS。它包括了CAD/CAM，并使计算机集成制造系统（CIMS）投入实际，实现生产系统柔性化及自动化，进而实现全厂范围的生产管理、产品加工及物料贮运进程的全盘化。FMF是自动化生产的最高水平，反映出世界上最先进的自动化应用技术。它是将制造、产品开发及经营管理的自动化连成一个整体，以信息流控制物质流的智能制造系统（IMS）为代表，其特点是实现工厂柔性化及自动化。

（二）FMS所采用的主要技术

1. 计算机辅助设计

未来CAD技术发展将会引入专家系统，使之具有智能化，可处理各种复杂的问题。当前设计技术最新的一个突破是光敏立体成形技术，该项新技术是直接利用CAD数据，通过计算机控制的激光扫描系统，将三维数字模型分成若干层二维片状图形，并按二维片状图形对池内的光敏树脂液面进行光学扫描，被扫描到的液面则变成固化塑料，如此循环操作，逐层扫描成形，并自动地将分层成形的各片状固化塑料黏合在一起，仅需确定数据，数小时内便可制出精确的原型。它有助于加快开发新产品和研制新结构的速度。

2. 模糊控制技术

模糊数学的实际应用是模糊控制器。最近开发出的高性能模糊控制器具有自学习功能，可在控制过程中不断获取新的信息并自动地对控制量作调整，使系统性能大为改善，其中尤其以基于人工神经网络的自学方法更引起人们极大的关注。

3. 人工智能、专家系统及智能传感器技术

迄今，柔性制造技术中所采用的人工智能大多指基于规则的专家系统。专家系统利用专家知识和推理规则进行推理，求解各类问题（如解释、预测、诊断、查找故障、设计、计划、监视、修复、命令及控制等）。由于专家系统能简便地将各种事实及经验证过的理论与通过经验获得的知识相结合，因而专家系统为柔性制造的诸方面工作增强了柔性。展望未来，以知识密集为特征，以知识处理为手段的人工智能（包括专家系统）技术必将在柔性制造业（尤其智能型）中起着日趋重要的关键性的作用。目前用于柔性制造中的各种技术，预计最有发展前途的仍是人工智能。智能制造技术（IMT）旨在将人工智能融入制造过程的各个环节，借助模拟专家的智能活动，取代或延伸制造环境中人的部分脑力劳动。在制造过程，系统能自动监测其运行状态，在受到外界或内部激励时能自动调节其参数，以达到最佳工作状态，具备自组织能力。故 IMT 被称为未来 21 世纪的制造技术。对未来智能化柔性制造技术具有重要意义的一个正在急速发展的领域是智能传感器技术。该项技术是伴随计算机应用技术和人工智能而产生的，它使传感器具有内在的“决策”功能。

4. 人工神经网络技术

人工神经网络（ANN）是模拟智能生物的神经网络对信息进行并处理的一种方法。故人工神经网络也就是一种人工智能工具。在自动控制领域，神经网络不久将并列于专家系统和模糊控制系统，成为现代自动化系统中的一个组成部分。

（三）柔性制造技术的发展趋势

1. FMC 将成为发展和应用的热门技术

这是因为 FMC 的投资比 FMS 少得多而经济效益相接近，更适用于财力有限的中小型企业。目前国外众多厂家将 FMC 列为发展之重。

2. 发展效率更高的 FML

多品种大批量的生产企业如汽车及拖拉机等工厂对 FML 的需求引起了 FMS 制造厂的极大关注。采用价格低廉的专用数控机床替代通用的加工中心将是 FML 的发展趋势。

3. 朝多功能方向发展

由单纯加工型 FMS 进一步开发以焊接、装配、检验及钣材加工乃至铸、锻等制造工序兼具的多种功能 FMS。

思考与练习

1. 什么是快速反应系统、CIMS、电子商务？

2. 通过调查相关材料，写出一份关于国内成衣企业应用信息化管理、电子商务的生产技术状况。

附录1　缝型图示与代号

缝型构成形态	缝针穿刺位置	数字
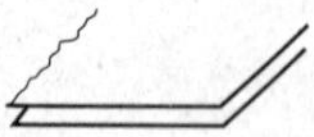	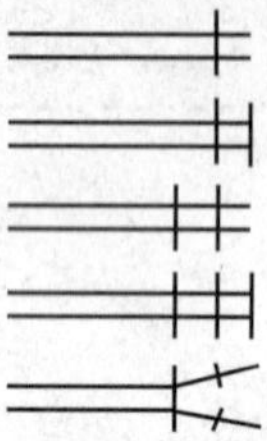	1.01.01 1.01.02 1.01.03 1.01.04 1.01.05
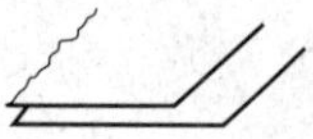	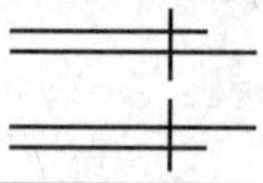	1.02.01 1.02.02
	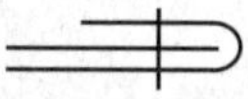	1.03.01
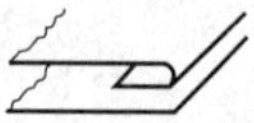	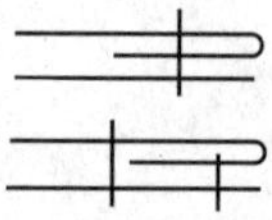	1.04.01 1.04.02
	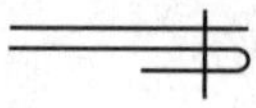	1.05.01
	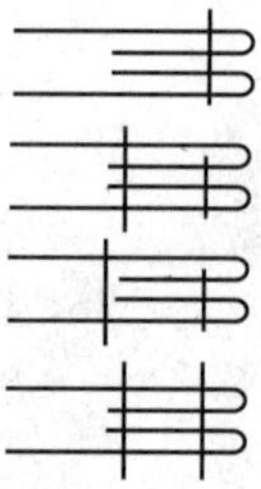	1.06.01 1.06.02 1.06.03 1.06.04
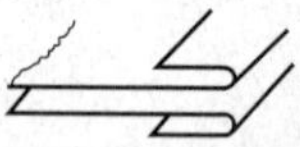	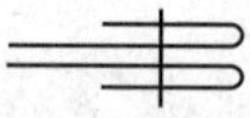	1.07.01
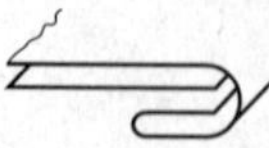	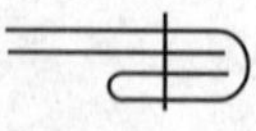	1.08.01
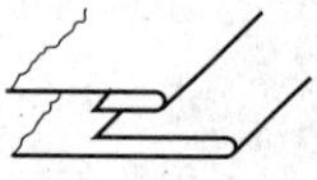	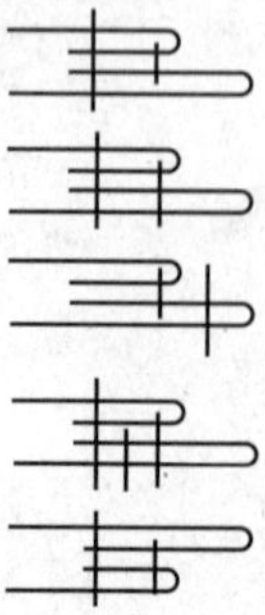	1.09.01 1.09.02 1.09.03 1.09.04 1.09.05
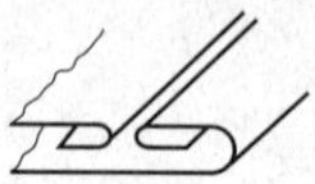	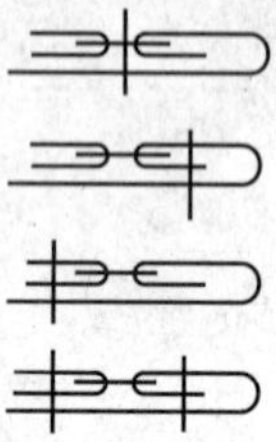	1.10.01 1.10.02 1.10.03 1.10.04
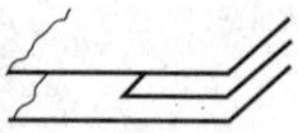	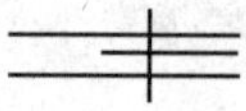	1.11.01
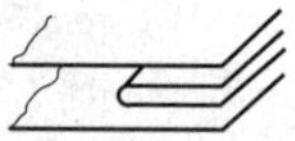	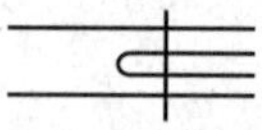	1.12.01
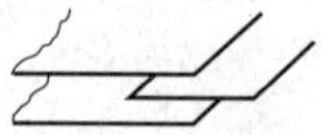	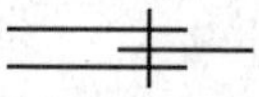	1.13.01
	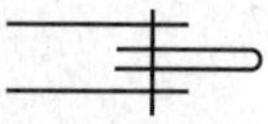	1.14.01
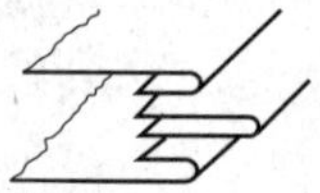	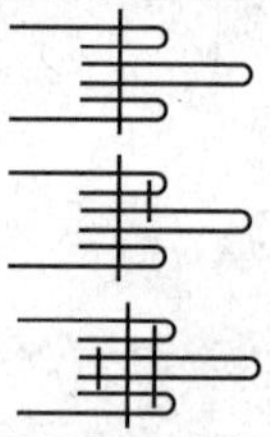	1.15.01 1.15.02 1.15.03
	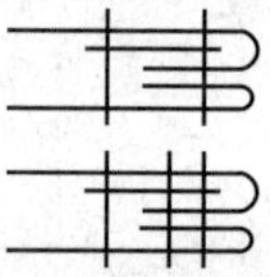	1.16.01 1.16.02
	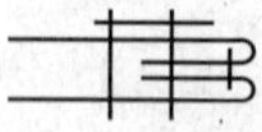	1.17.01
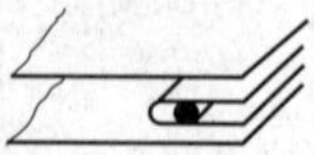		1.18.01
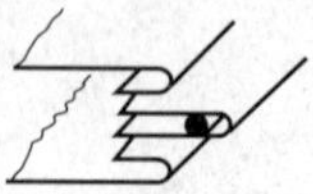	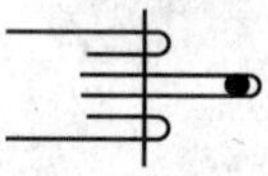	1.19.01
	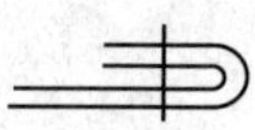	1.20.01

续表

缝型构成形态	缝针穿刺位置	数字
	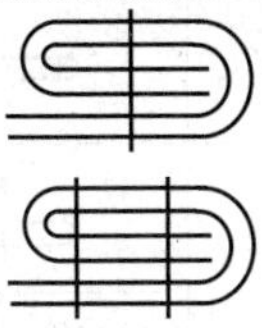	1.21.01 1.21.02
	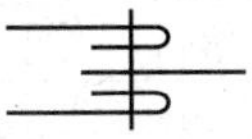	1.22.01
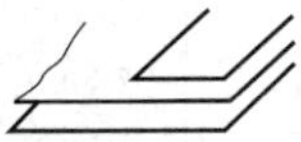	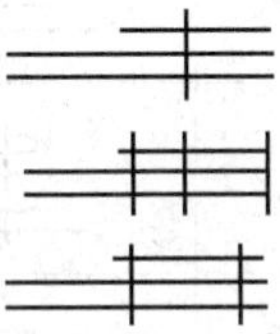	1.23.01 1.23.02 1.23.03
	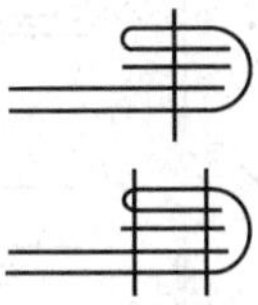	1.24.01 1.24.02
	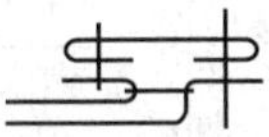	1.25.01
	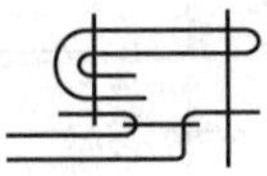	1.26.01
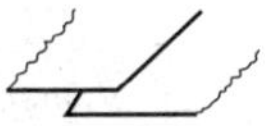	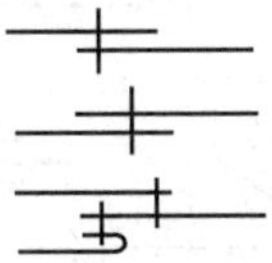	2.01.01 2.01.02 2.01.03
	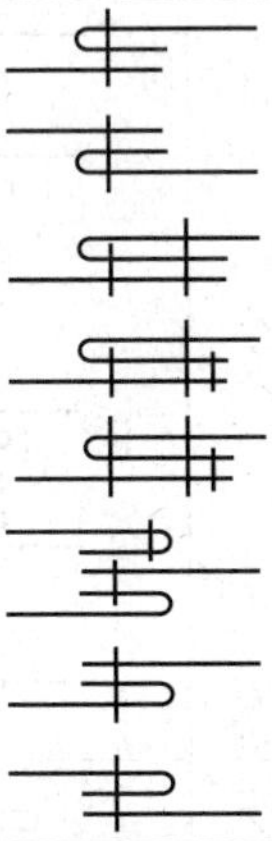	2.02.01 2.02.02 2.02.03 2.02.04 2.02.05 2.02.06 2.02.07 2.02.08
	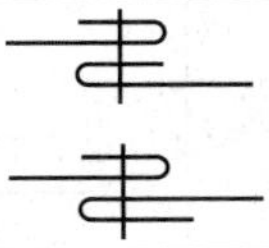	2.03.01 2.03.02
	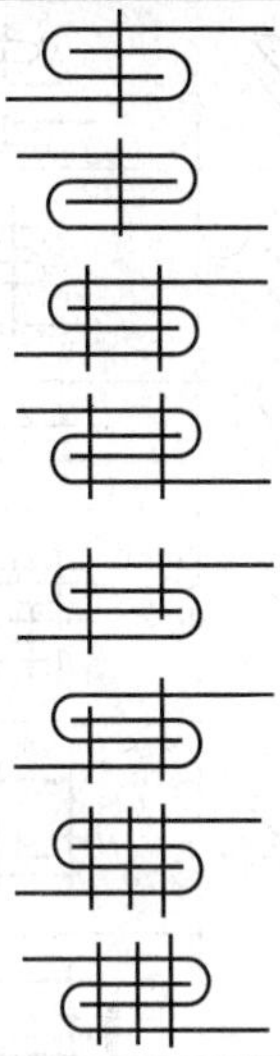	2.04.01 2.04.02 2.04.03 2.04.04 2.04.05 2.04.06 2.04.07 2.04.08
	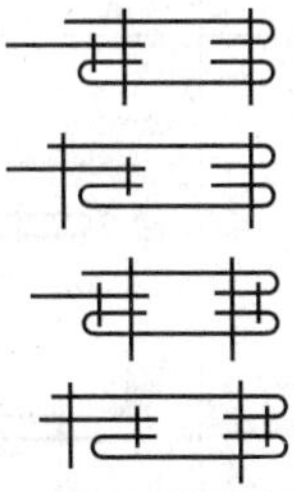	7.72.01 7.72.02 7.72.03 7.72.04
	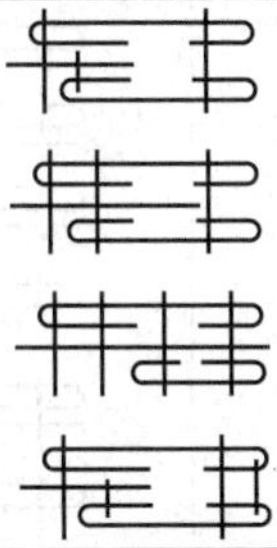	7.73.01 7.73.02 7.73.03 7.73.04
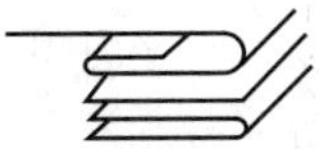		7.74.01
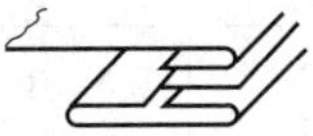	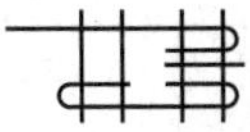	7.75.01
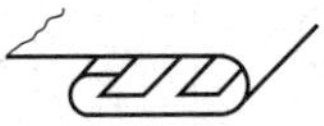	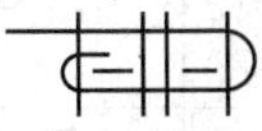	7.76.01
	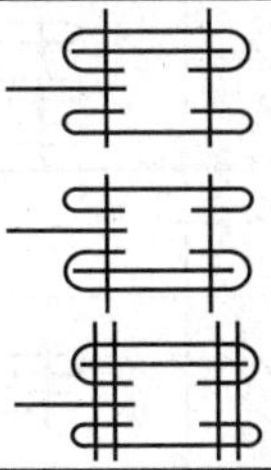	7.77.01 7.77.02 7.77.03

续表

缝型构成形态	缝针穿刺位置	数字
		7.78.01
		7.79.01
		7.80.01
		7.81.01
		7.82.01
		7.83.01
		8.01.01
		8.02.01
		8.03.01
		8.03.02
		8.03.03
		8.03.04
		8.03.05
		8.03.06
		8.03.07
		8.03.08
		8.04.01
		8.04.02
		8.05.01
		8.05.02
		8.06.01
		8.06.02
		8.07.01
		8.08.01
		8.09.01
		8.10.01
		8.11.01
		7.49.01
		7.50.01
		7.51.01
		7.52.01
		7.52.02
		7.53.01
		7.54.01
		7.55.01
		7.56.01
		7.57.01
		7.57.02
		7.57.03
		7.57.04
		7.57.05
		7.57.06
		7.58.01
		7.59.01

续表

缝型构成形态	缝针穿刺位置	数字
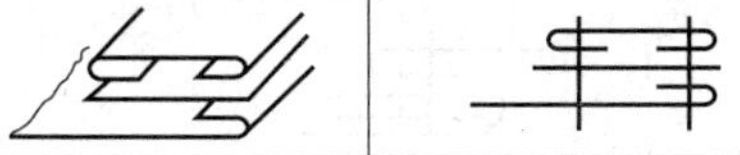		7.60.01
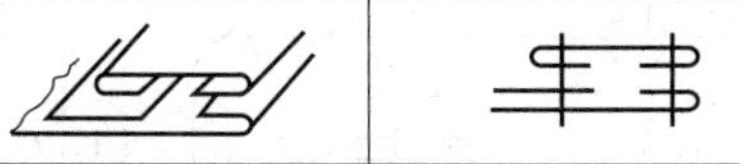		7.61.01
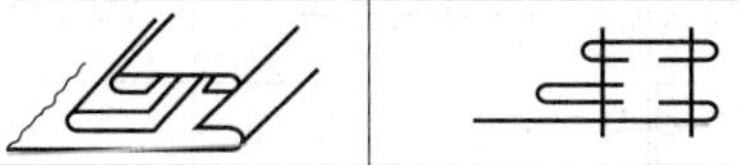		7.62.01
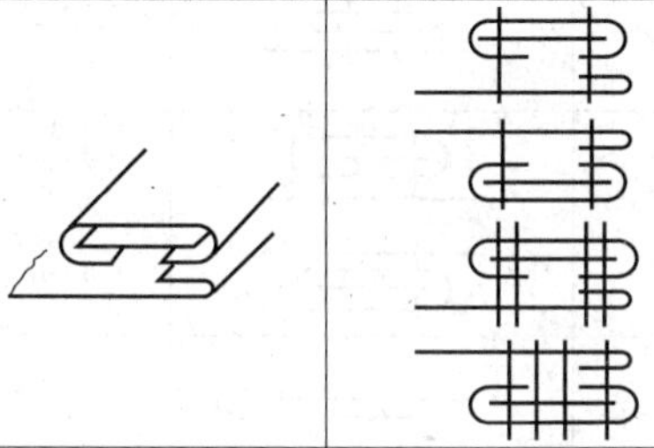		7.63.01 7.63.02 7.63.03 7.63.04
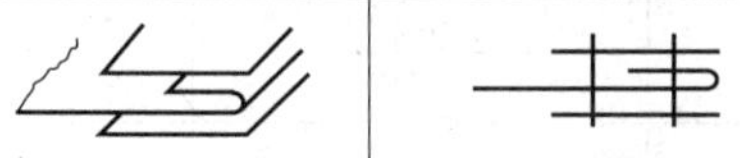		7.64.01
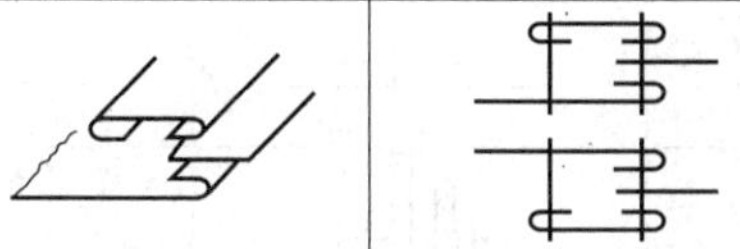		7.65.01 7.65.02
		7.66.01
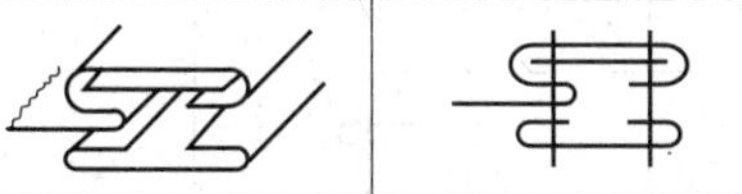		7.67.01
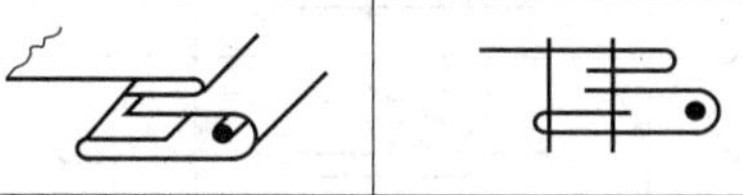		7.68.01
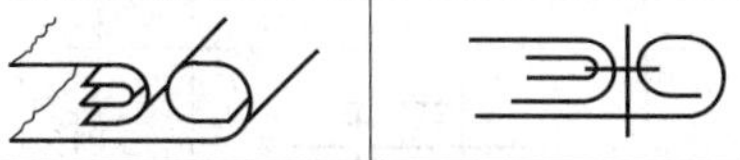		7.69.01
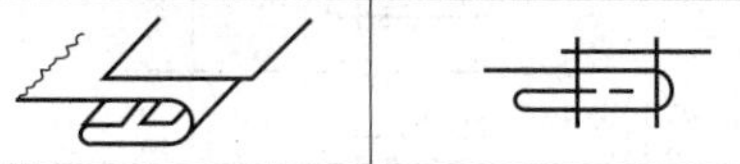		7.70.01
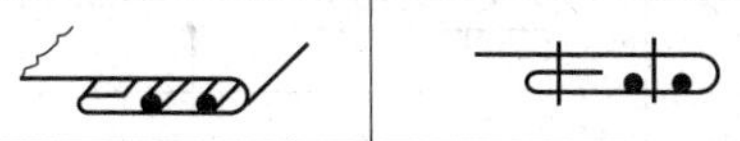		7.71.01
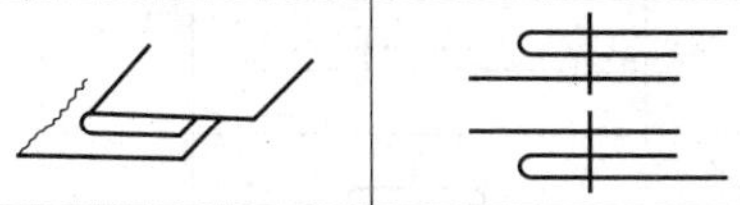		7.06.01 7.06.02
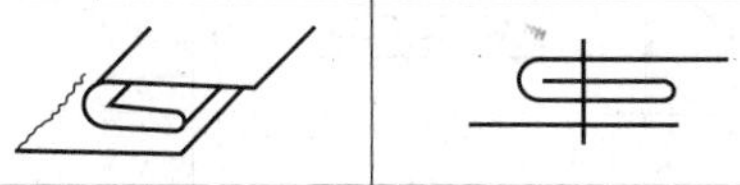		7.07.01
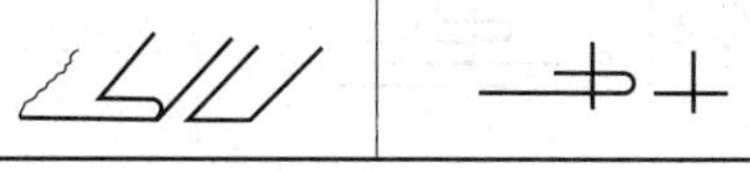		7.08.01
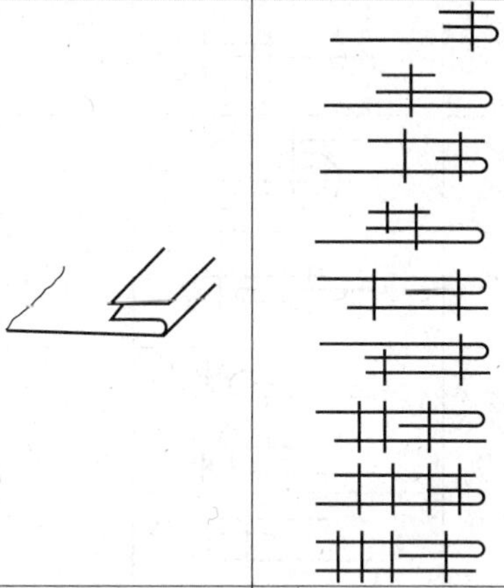		7.09.01 7.09.02 7.09.03 7.09.04 7.09.05 7.09.06 7.09.07 7.09.08 7.09.09
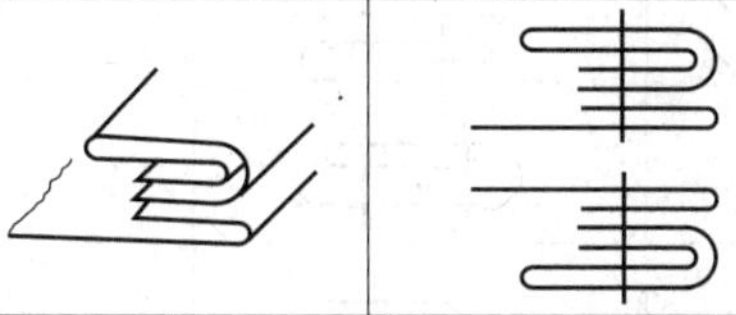		7.10.01 7.10.02
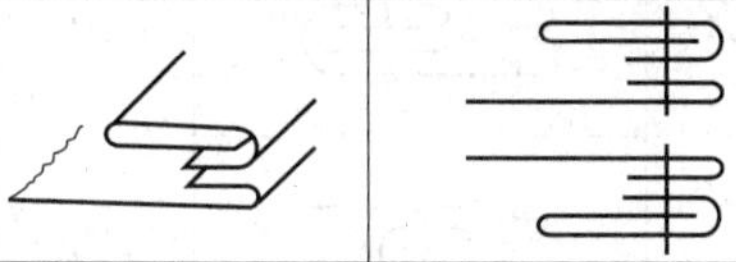		7.11.01 7.11.02
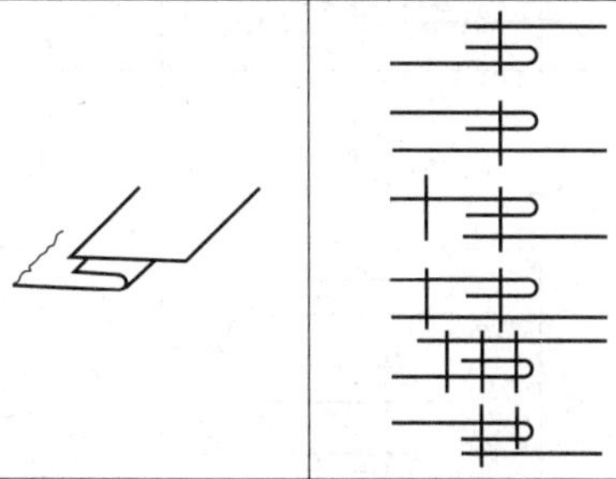		7.12.01 7.12.02 7.12.03 7.12.04 7.12.05 7.12.06
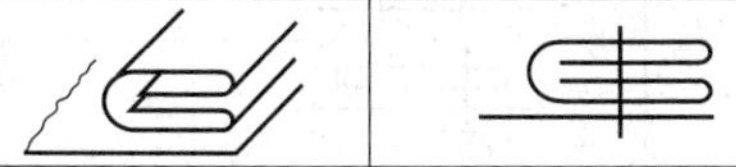		7.13.01
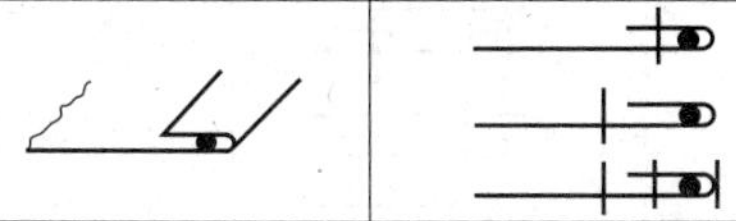		7.14.01 7.14.02 7.14.03
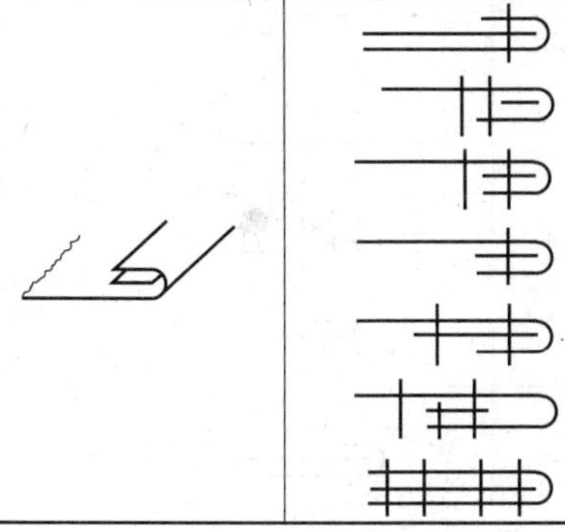		7.15.01 7.15.02 7.15.03 7.15.04 7.15.05 7.15.06 7.15.07

续表

缝型构成形态	缝针穿刺位置	数字	缝型构成形态	缝针穿刺位置	数字
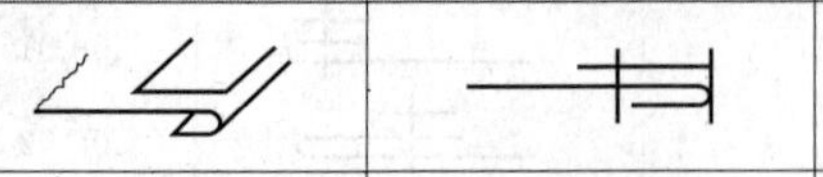		7.16.01			5.11.01
		7.17.01			5.12.01
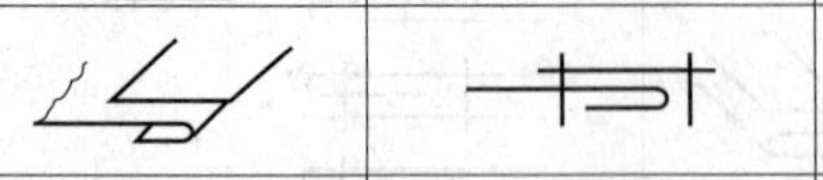		7.18.01			5.13.01
		7.19.01			5.14.01
		7.19.02			5.14.02
		7.20.01			5.15.01
		7.20.02			5.15.02
		7.20.03			5.16.01
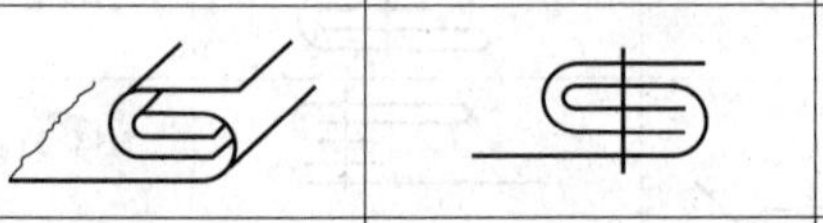		7.21.01			5.17.01
		7.22.01			5.18.01
		7.23.01			5.19.01
		5.05.01			5.20.01
		5.05.02			5.21.01
		5.05.03			5.22.01
		5.06.01			5.23.01
		5.06.02			5.24.01
		5.06.03			5.25.01
		5.06.04			
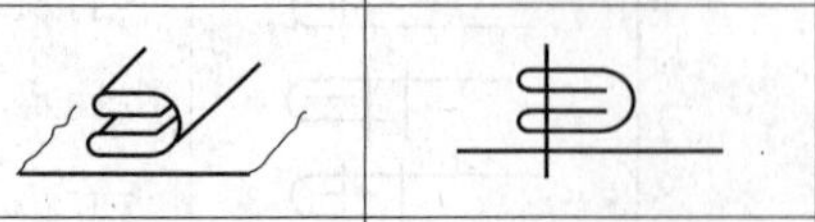		5.07.01			
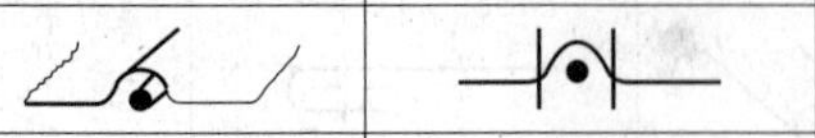		5.08.01			
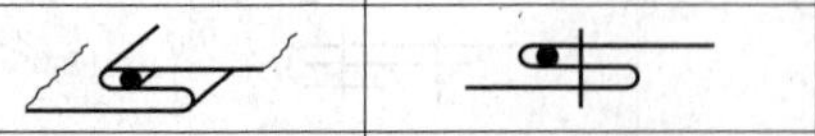		5.09.01			
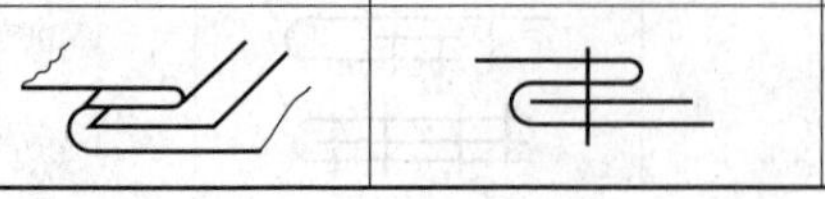		5.10.01			

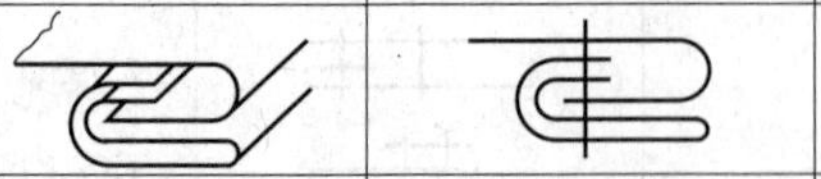

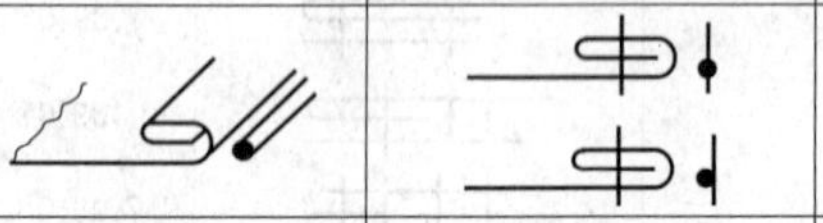

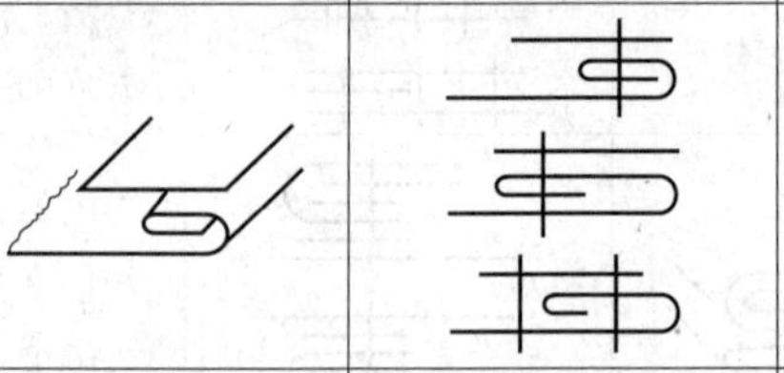

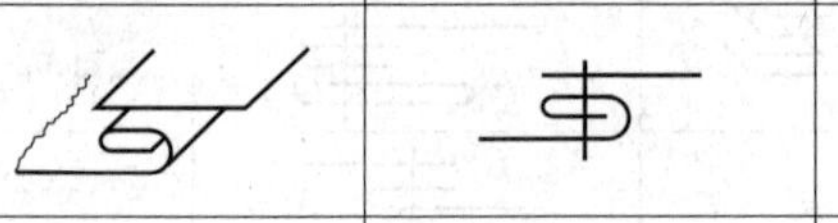

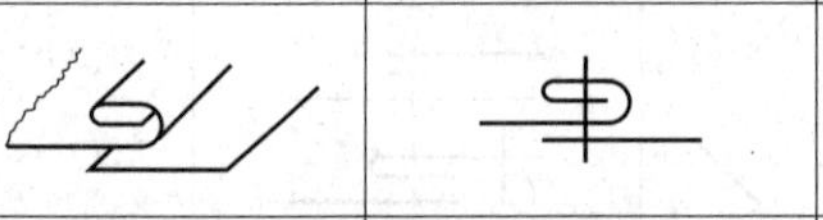

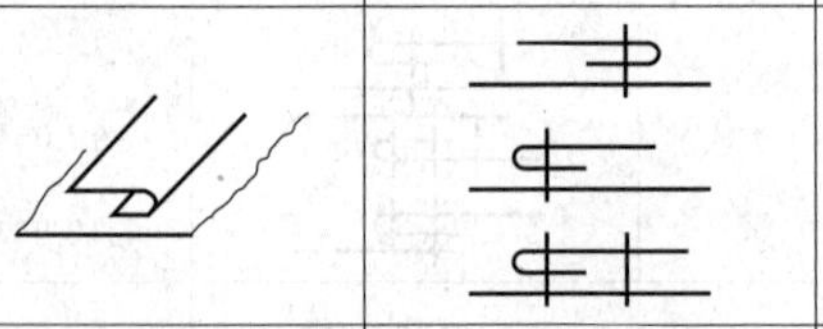

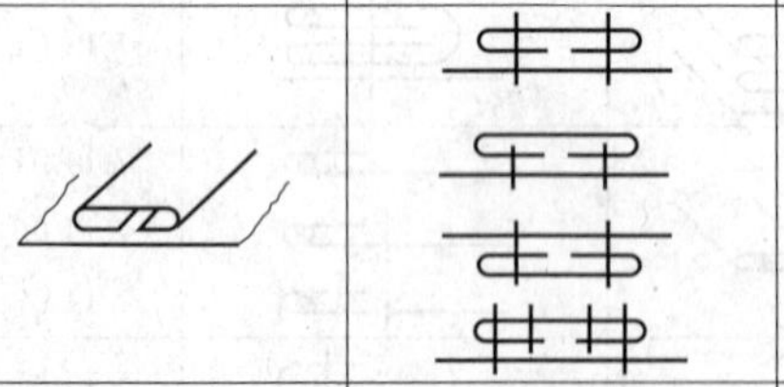

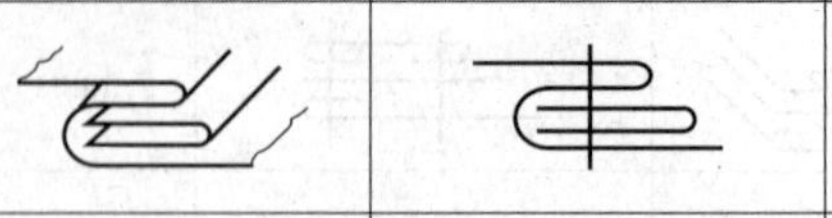

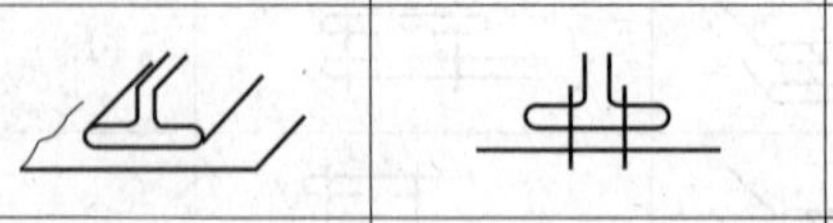

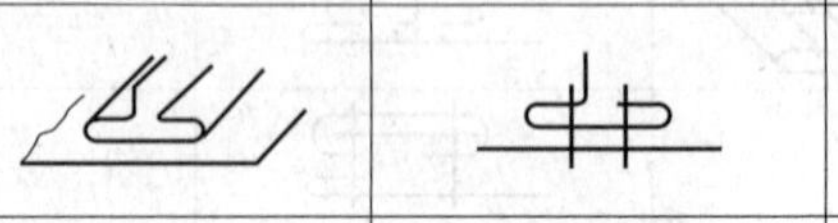

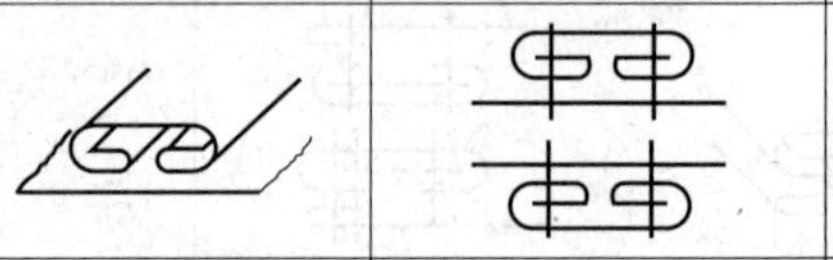

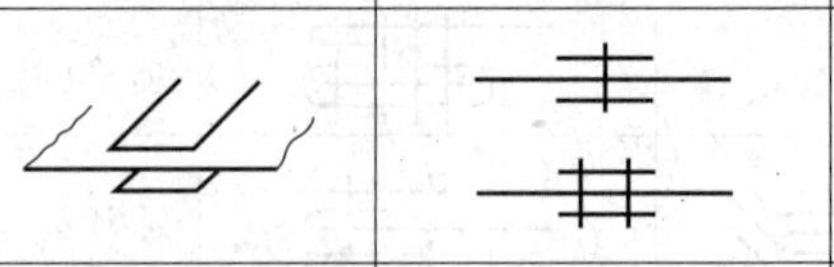

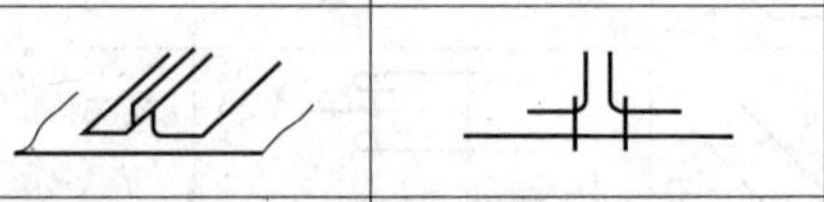

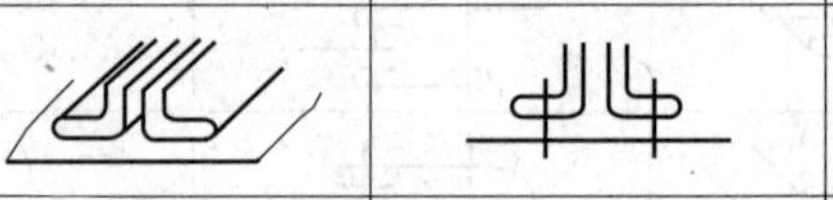

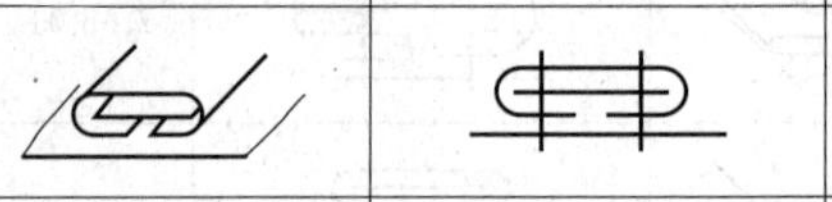

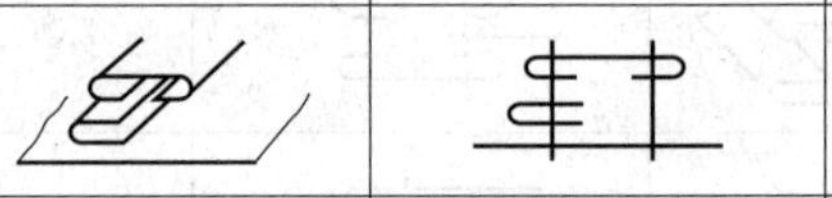

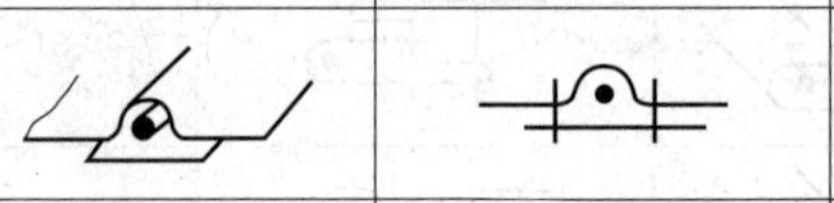

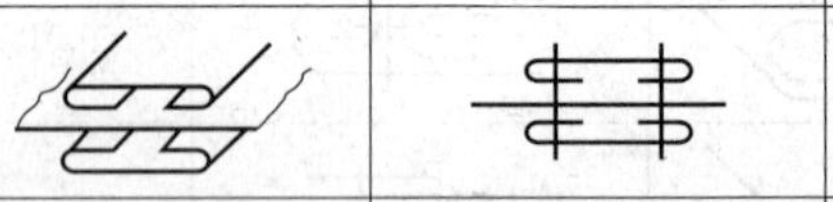

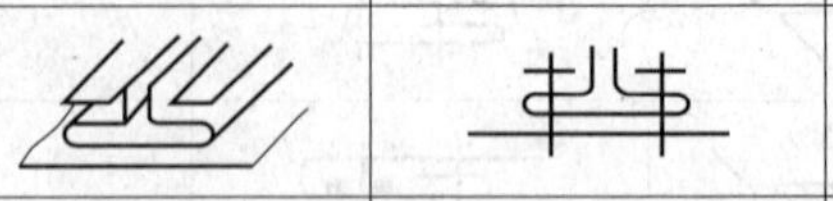

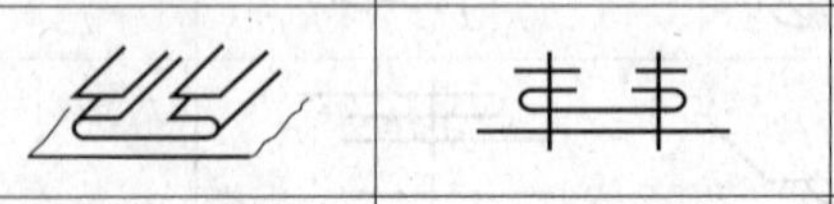

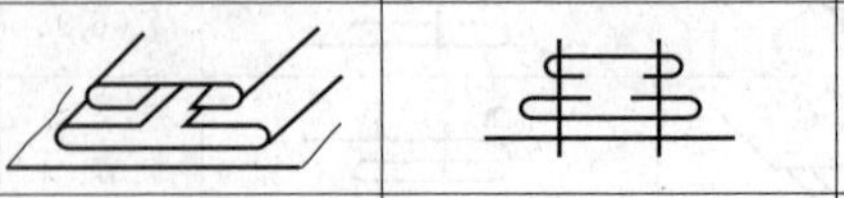

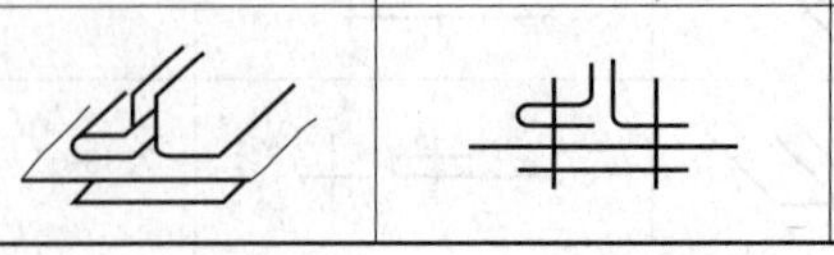

续表

缝型构成形态	缝针穿刺位置	数字
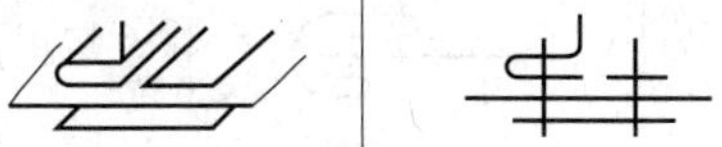		5.26.01
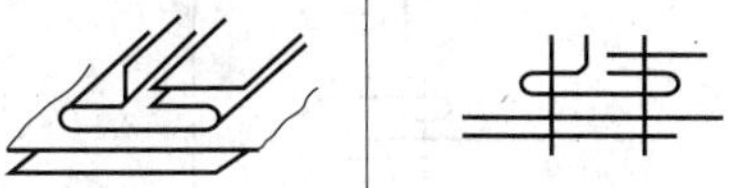		5.27.01
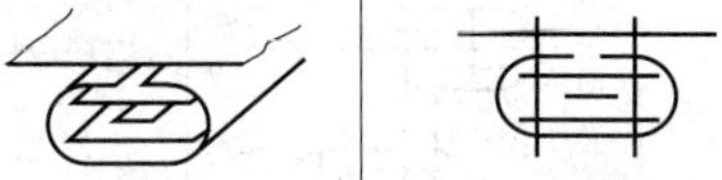		5.28.01
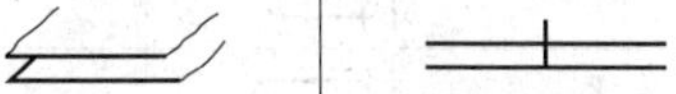		5.29.01
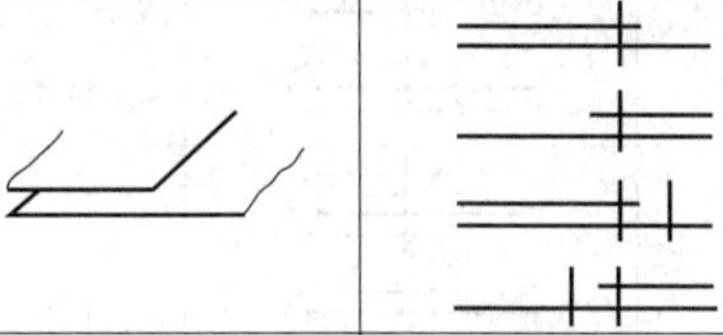		5.30.01 5.30.02 5.30.03 5.30.04
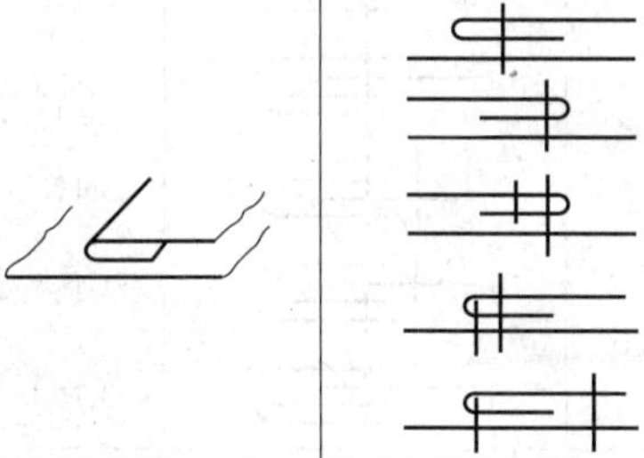		5.31.01 5.31.02 5.31.03 5.31.04 5.31.05
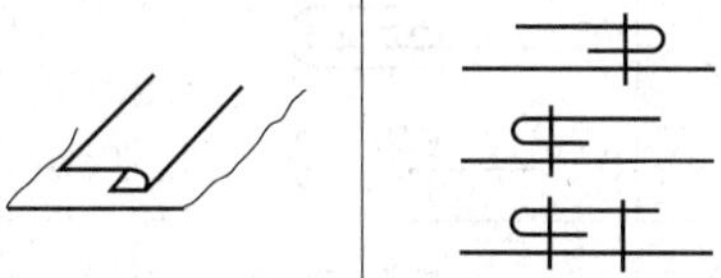		5.05.01 5.05.02 5.05.03
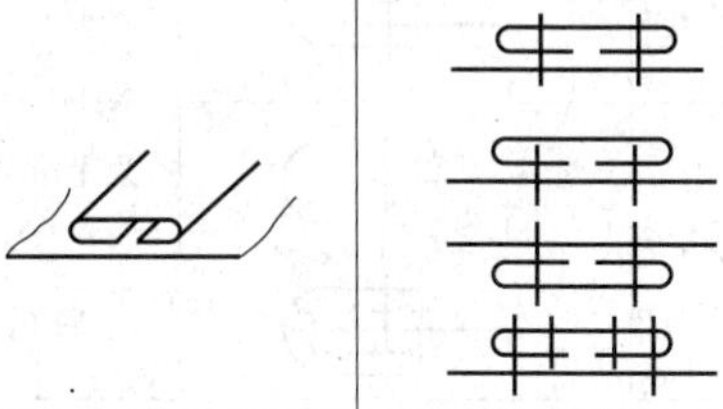		5.06.01 5.06.02 5.06.03 5.06.04
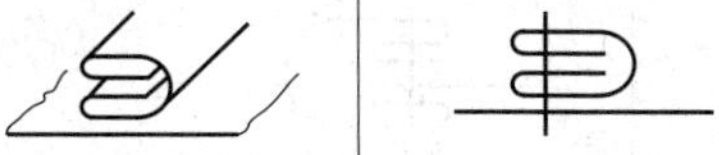		5.07.01
		5.08.01
		5.09.01
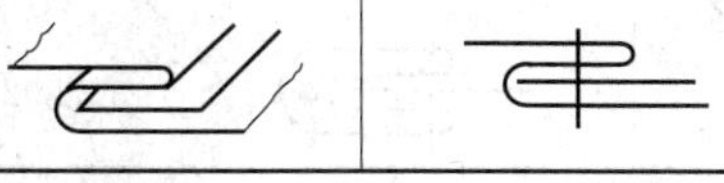		5.10.01

缝型构成形态	缝针穿刺位置	数字
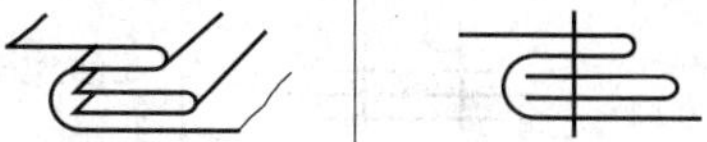		5.11.01
		5.12.01
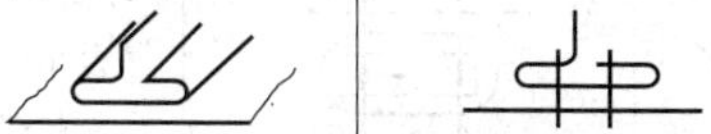		5.13.01
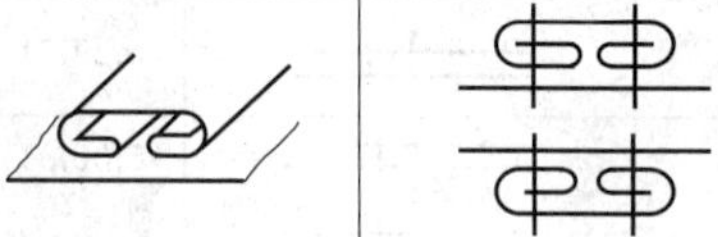		5.14.01 5.14.02
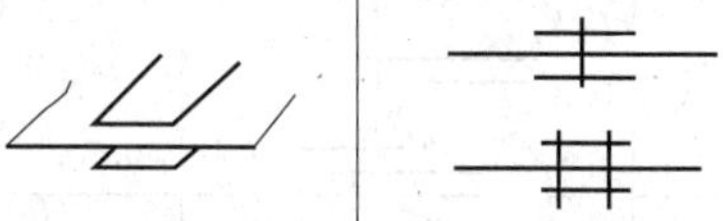		5.15.01 5.15.02
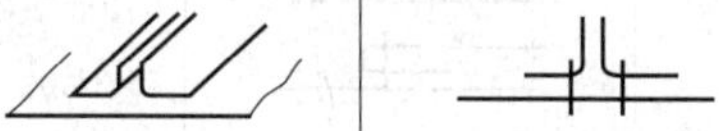		5.16.01
		5.17.01
		5.18.01
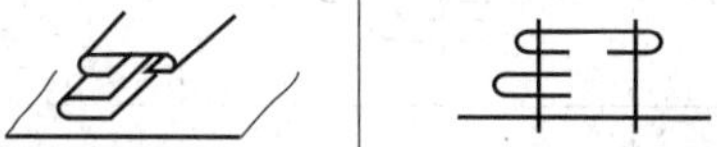		5.19.01
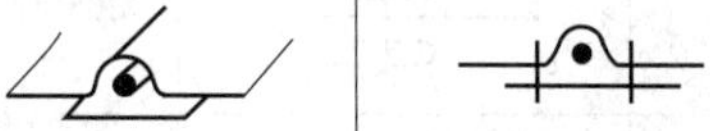		5.20.01
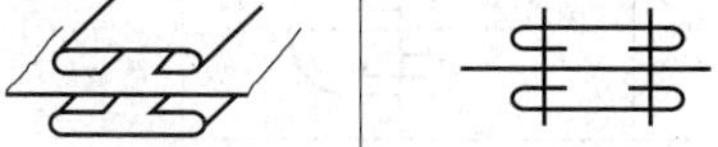		5.21.01
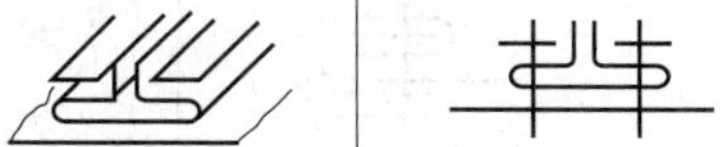		5.22.01
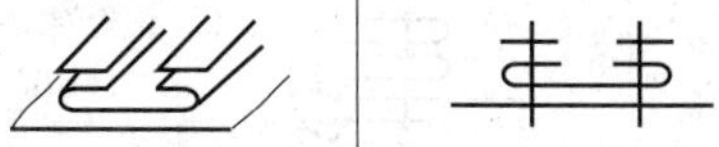		5.23.01
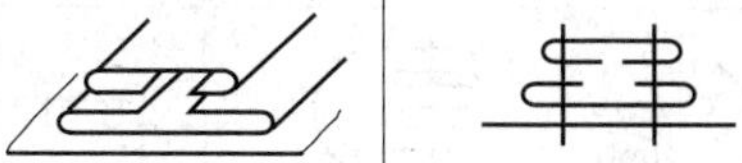		5.24.01
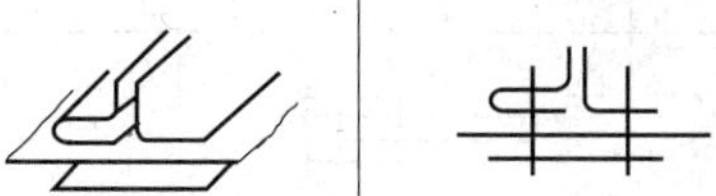		5.25.01

续表

缝型构成形态	缝针穿刺位置	数字
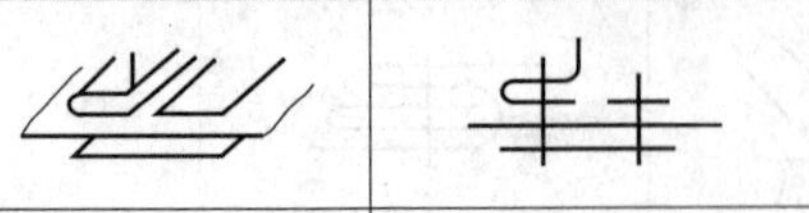		5.26.01
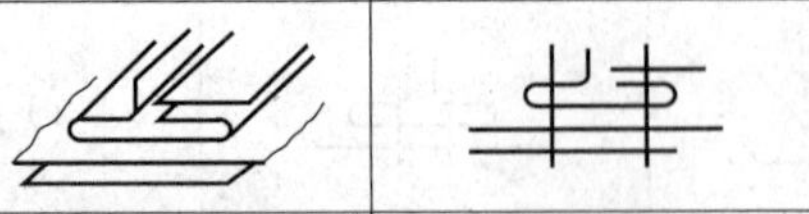		5.27.01
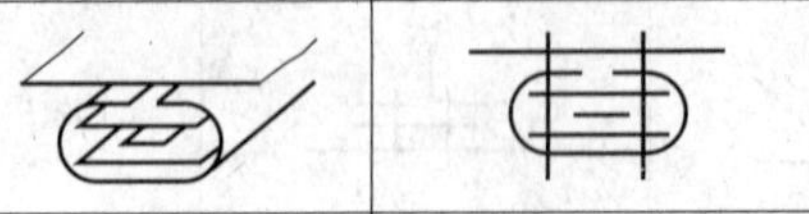		5.28.01
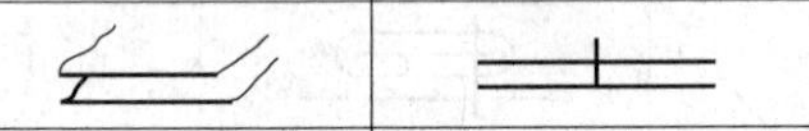		5.29.01
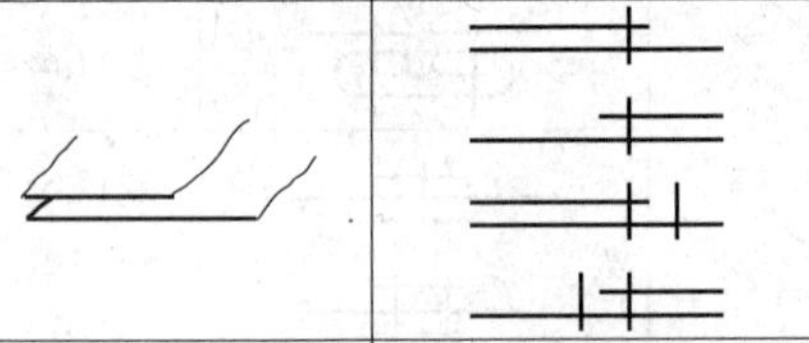		5.30.01 5.30.02 5.30.03 5.30.04
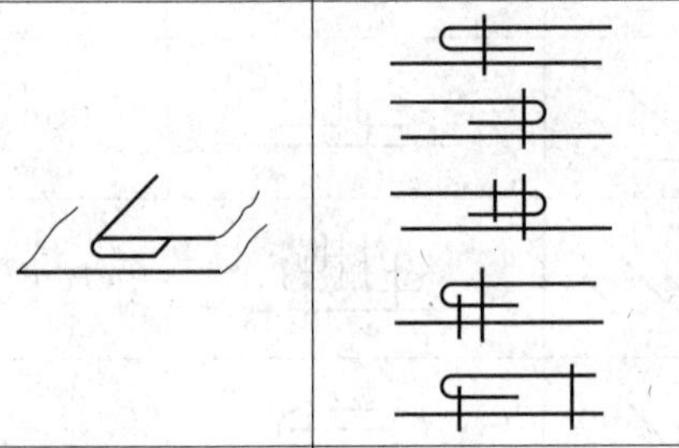		5.31.01 5.31.02 5.31.03 5.31.04 5.31.05
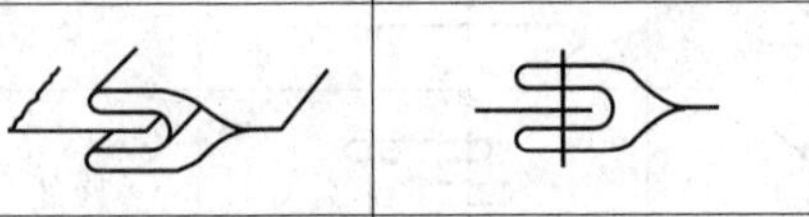		3.07.01
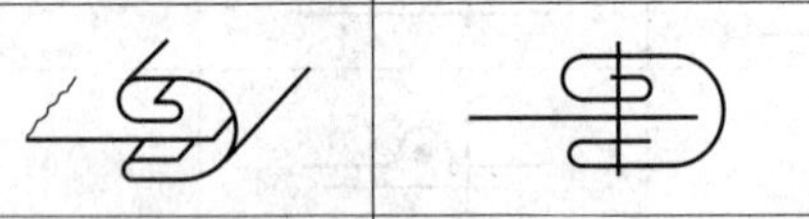		3.08.01
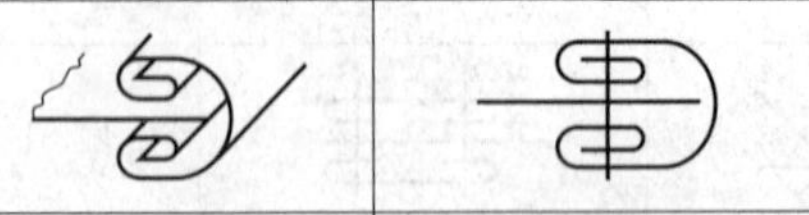		3.09.01
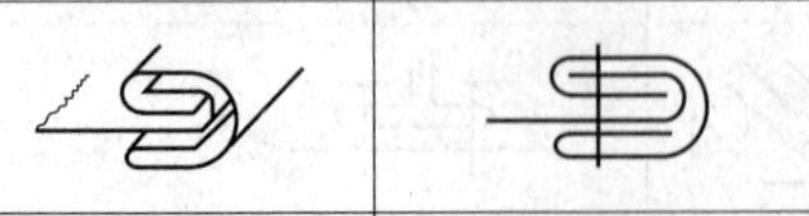		3.10.01
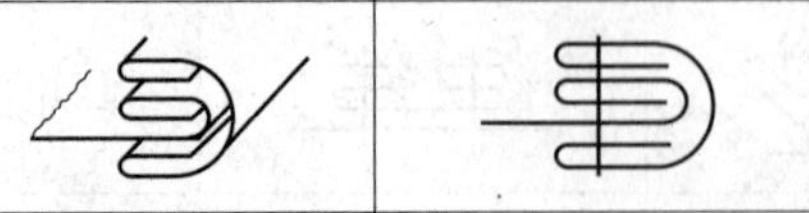		3.11.01
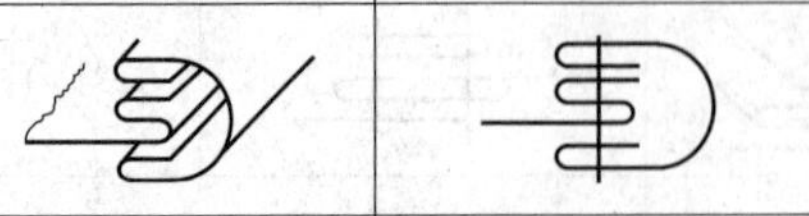		3.12.01
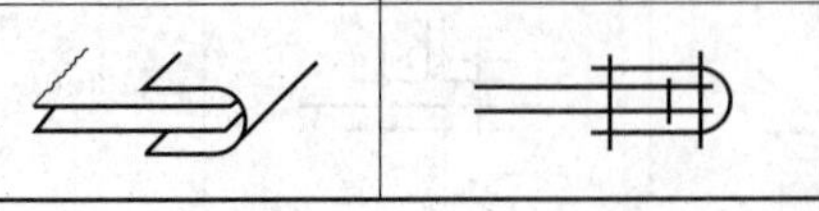		3.13.01
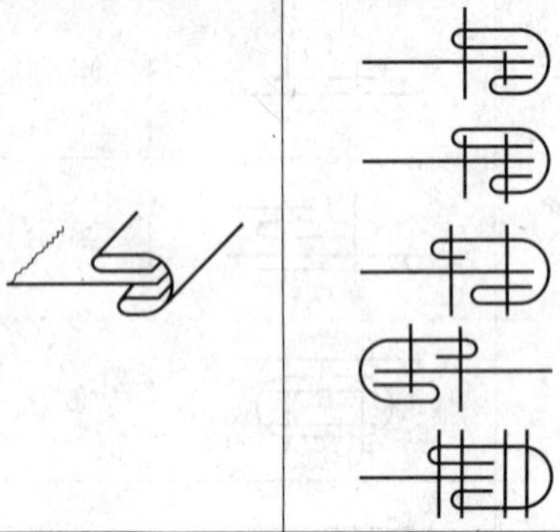		3.14.01 3.14.02 3.14.03 3.14.04 3.14.05
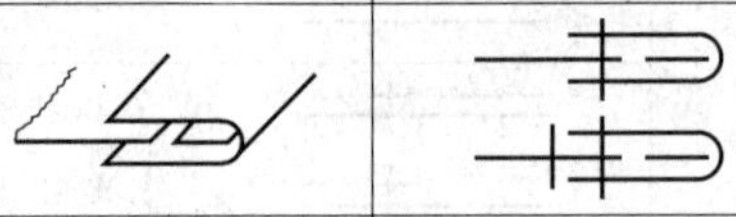		3.15.01 3.15.02
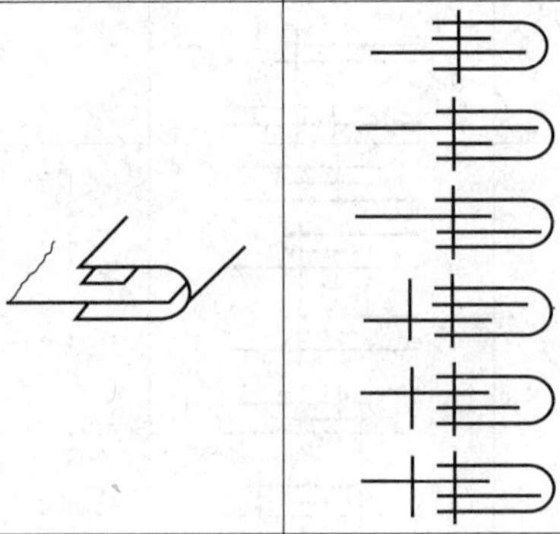		3.16.01 3.16.02 3.16.03 3.16.04 3.16.05 3.16.06
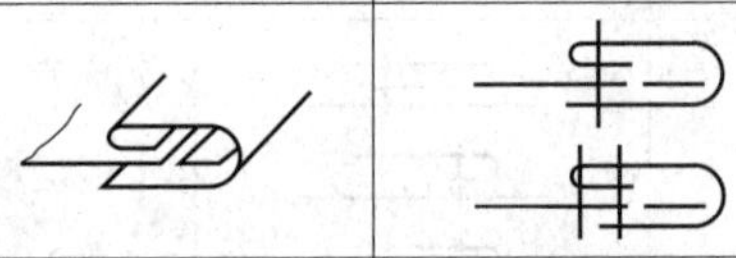		3.17.01 3.17.02
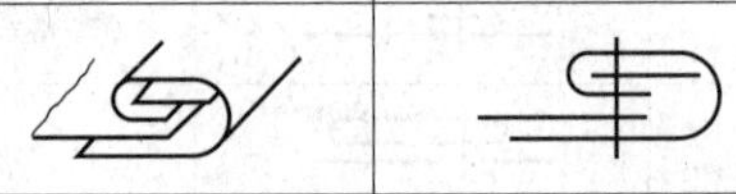		3.18.01
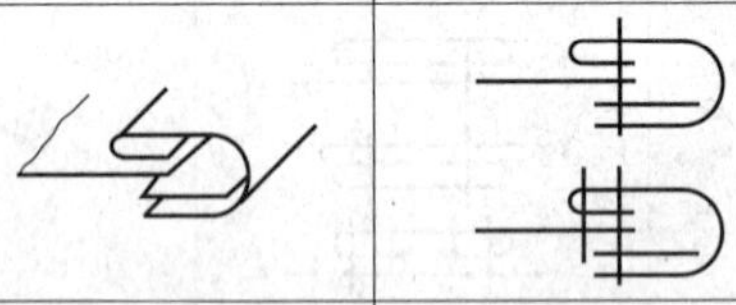		3.19.01 3.19.02
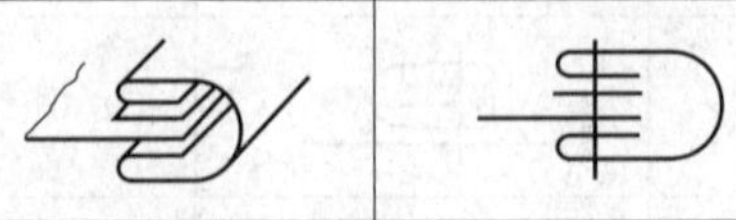		3.20.01
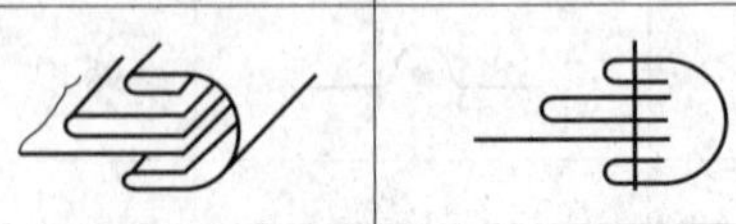		3.21.01
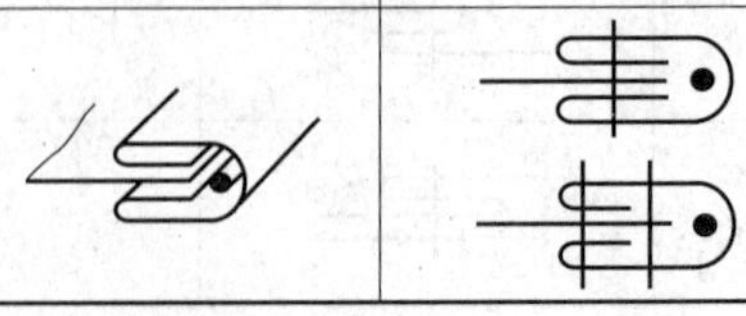		3.22.01 3.22.02

续表

缝型构成形态	缝针穿刺位置	数字
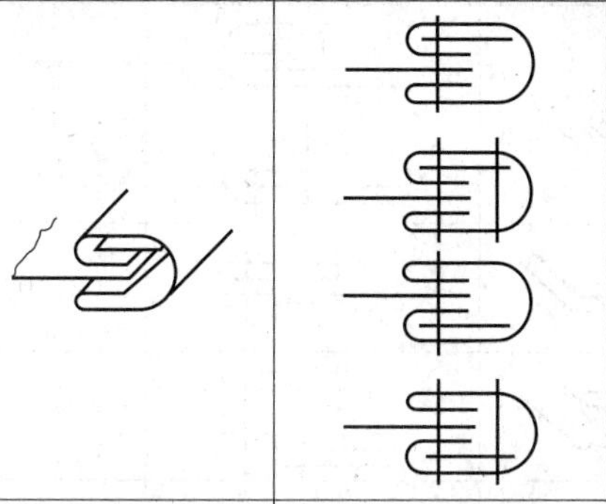		3.23.01 3.23.02 3.23.03 3.23.04
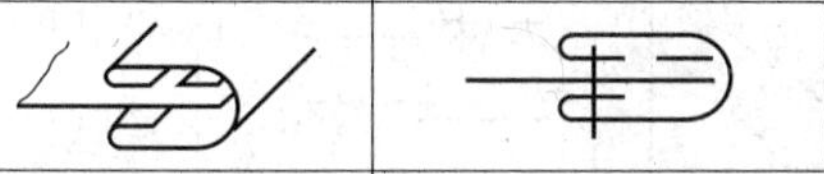		3.24.01
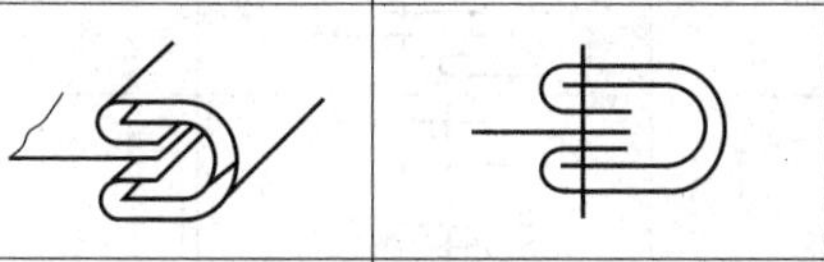		3.25.01
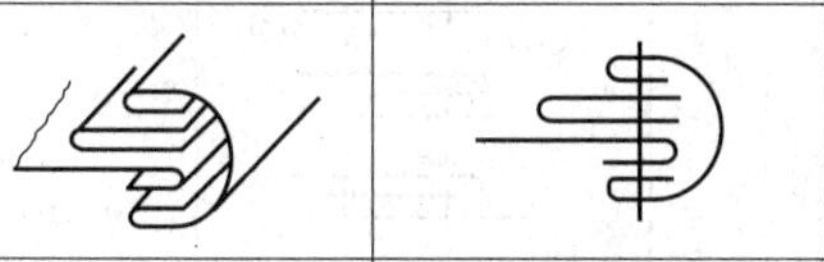		3.26.01
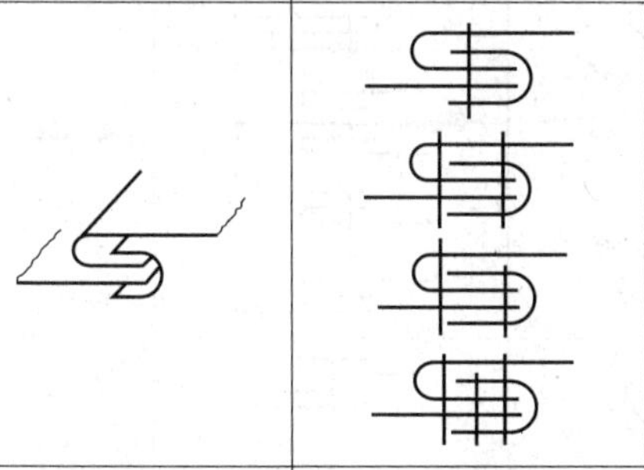		2.22.01 2.22.02 2.22.03 2.22.04
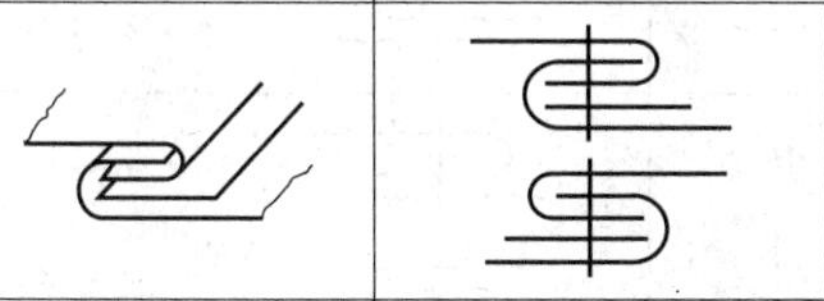		2.23.01 2.23.02
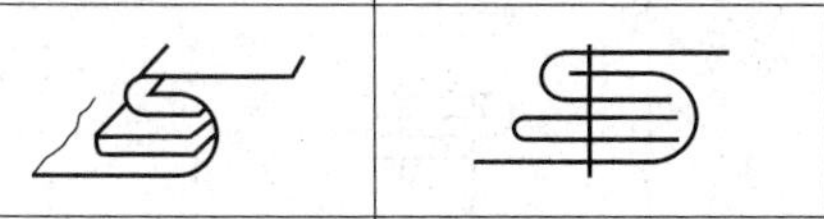		2.24.01
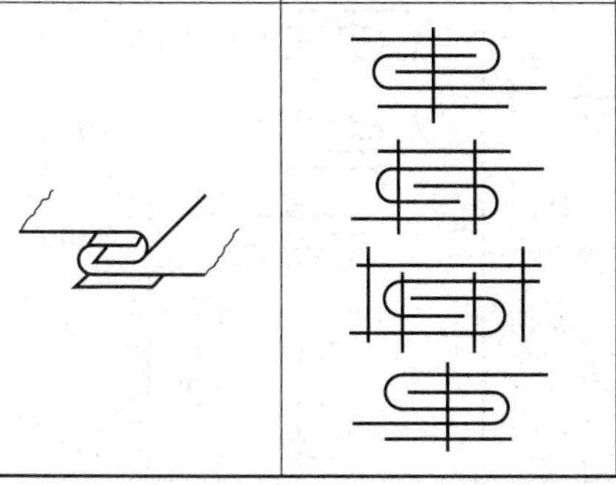		2.25.01 2.25.02 2.25.03 2.25.04
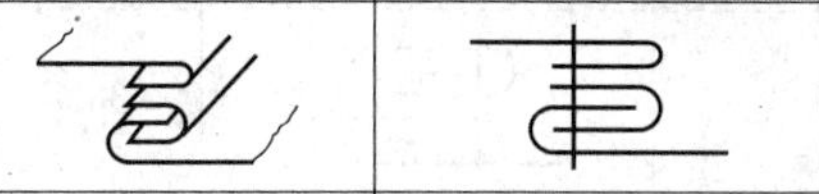		2.26.01
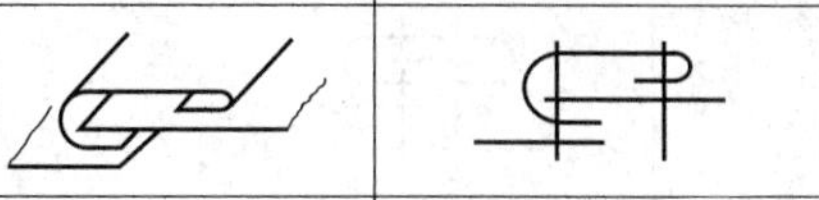		2.27.01
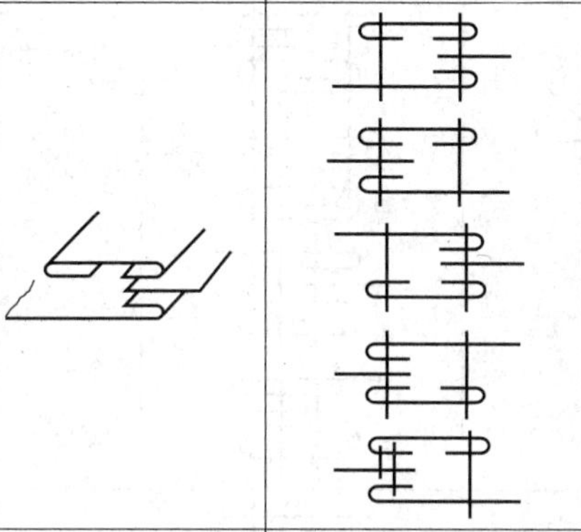		2.28.01 2.28.02 2.28.03 2.28.04 2.28.05
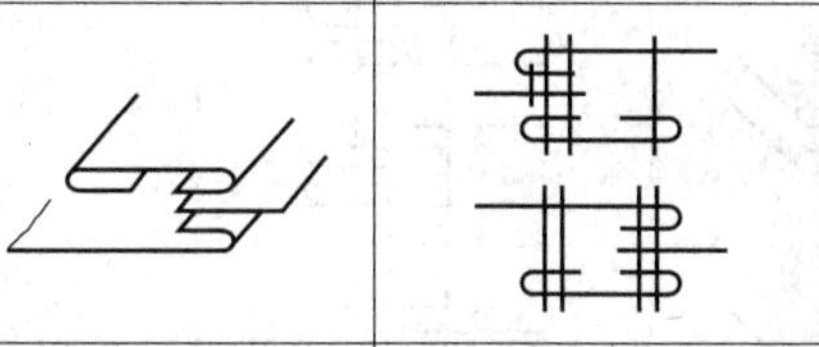		2.28.06 2.28.07
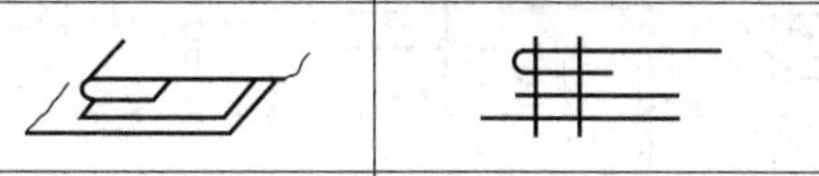		2.29.01
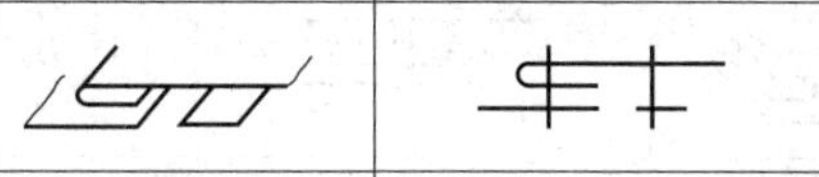		2.30.01
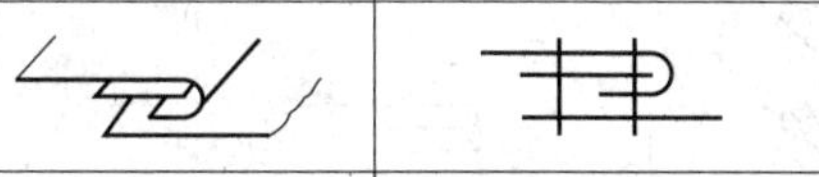		2.31.01
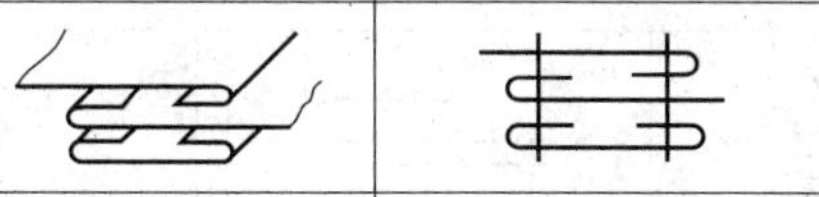		2.32.01
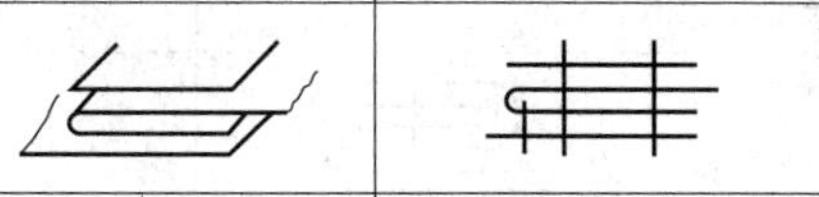		2.33.01
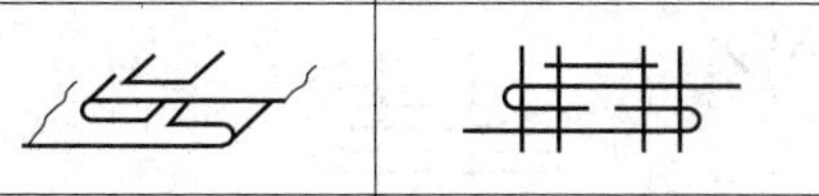		2.34.01
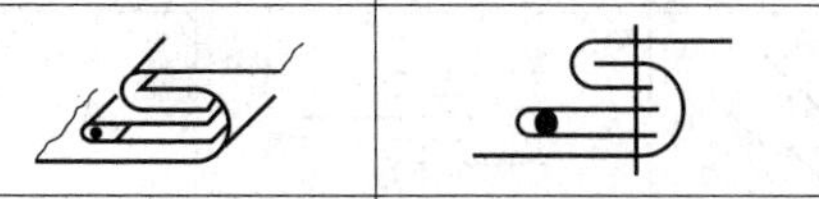		2.35.01
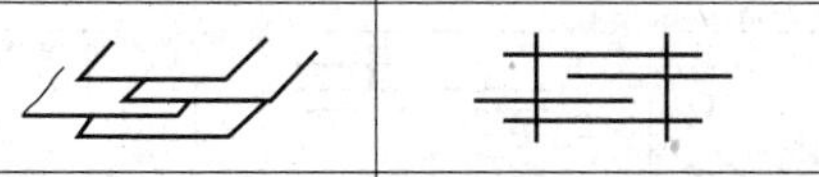		2.36.01
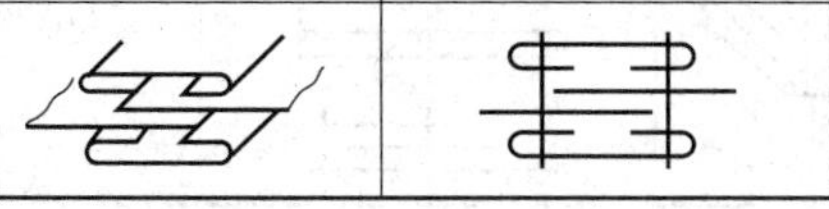		2.37.01

续表

缝型构成形态	缝针穿刺位置	数字
	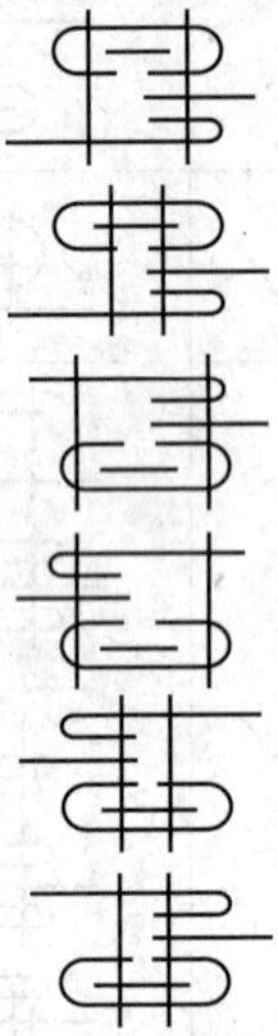	2.38.01 2.38.02 2.38.03 2.38.04 2.38.05 2.38.06
	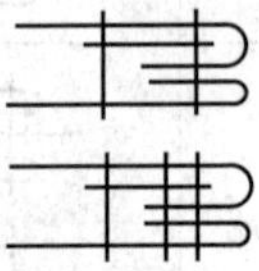	1.16.01 1.16.02
	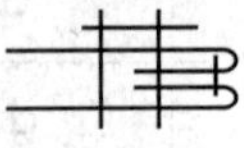	1.17.01
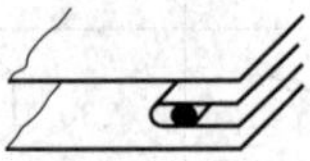	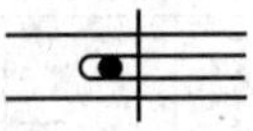	1.18.01
	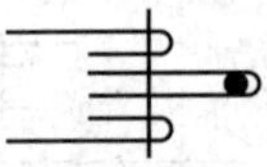	1.19.01
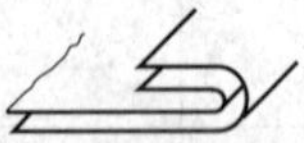	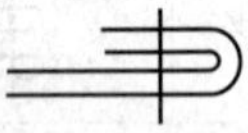	1.20.01
	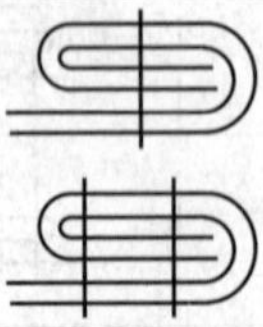	1.21.01 1.21.02
	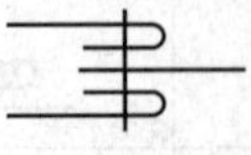	1.22.01
	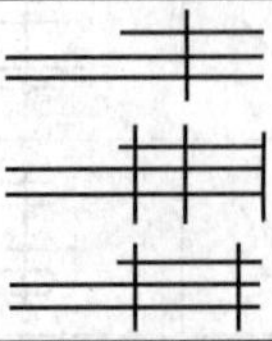	1.23.01 1.23.02 1.23.03

缝型构成形态	缝针穿刺位置	数字
	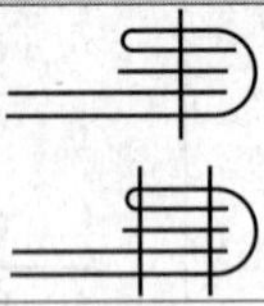	1.24.01 1.24.02
	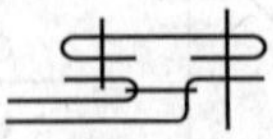	1.25.01
	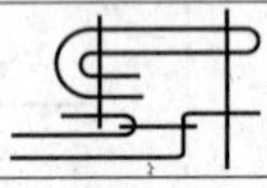	1.26.01
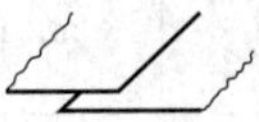	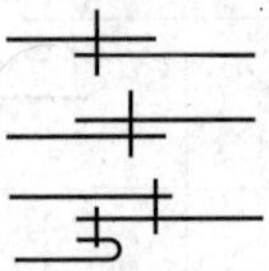	2.01.01 2.01.02 2.01.03
	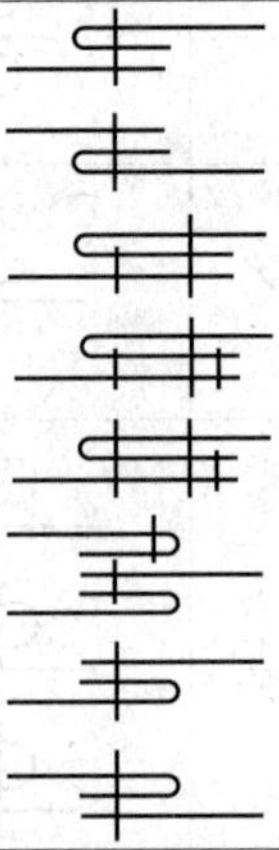	2.02.01 2.02.02 2.02.03 2.02.04 2.02.05 2.02.06 2.02.07 2.02.08
	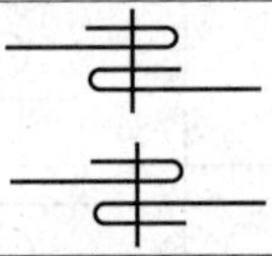	2.03.01 2.03.02
	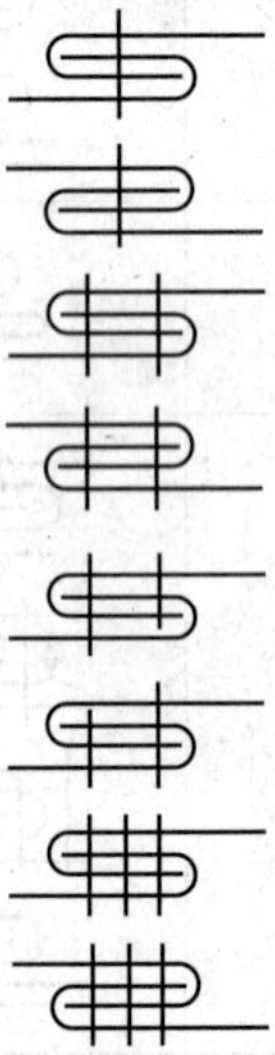	2.04.01 2.04.02 2.04.03 2.04.04 2.04.05 2.04.06 2.04.07 2.04.08

附录 2　国产缝纫机部颁型号

新中国成立后，我国的缝纫机制造业迅速发展，国产缝纫机的品种型号不断增加，1957 年轻工业部召开全国自行车、缝纫机专业会议，制定了我国缝纫机的统一型号，并于 1961 年试行颁布实施（QB 159—61 产品编号规则）。国产缝纫机的部颁型号规定如下。

第一个字母表示缝纫机的用途：

J——代表各种家用机。

G——代表各种工业用机。

F——代表各种服务性行业用机。

第二个字母表示缝纫机的结构及线迹形式分类。根据各种缝纫机的不同分作 24 类，分别以 24 个字母来表示。

A——凸轮挑线，摆梭勾线，双线连锁线迹。

B——连杆挑线，摆梭勾线，双线连锁线迹。

C——连杆捷线，旋转锁勾线，双线连锁线迹。

D——滑杆挑线，旋转锁勾线，双线连锁线迹。

E——旋转挑线，摆梭勾线，双线连锁线迹。

F——旋转挑线，旋转梭勾线，双线连锁线迹。

G——凸轮挑线，摆梭勾线，摆动针杆，双线连锁线迹。

H——连杆挑线，摆梭勾线，摆动针杆，双线连锁线迹。

I——连杆挑线，旋转梭勾线，摆动针杆，双线连锁线迹。

J——针杆挑线，旋转勾线，单线链式线迹。

K——针杆挑线，单弯针勾线，单（双）线链式线迹。

I——针杆挑线，弯针、叉针勾线，单线接缝线迹。

M——针杆挑线，弯针、叉针勾线，双线包缝线迹。

N——针杆挑线，双弯针勾线，三线切边包缝线迹。

O——针杆挑线，单勾针勾线，单（双）线编织线迹。

P——针杆挑线，单勾针勾线，单（双）拼缝线迹。

Q——凸轮挑线，旋转勾线，双线连锁线迹。

R——滑杆挑线，旋转勾线，摆动针杆，双线连锁线迹。

S——滑杆挑线，摆梭勾线，连锁线迹。

T——针杆执线，四弯针勾线，三线双链线迹。

U——使用圈针的缝纫机。

V——高频无线塑料缝合机。

W——无针线的制皮机器，包括皮件成型、切割、冲压、抛光。

X——电动刀片裁布机。

Y——凡不属以上 A 至 X 的品类。

举例，JA1-1 型

J——表示这种缝纫机是家用机。

A——表示这种机器属于凸轮挑线、摆梭勾线结构。

1-1——表示这一类型缝纫机的第一种型号，并在原有型号基础上的改进定号。

GB1-1 型

G——表示这种缝纫机是工业用机。

B——示这种机器属于连杆式挑线和摆梭勾线结构。

1-1——表示这一类型缝纫机的第一种类型，并在原有型号基础上的改进定号。

20 多年来，我国的缝纫机品种有了很大发展，不少机型早已淘汰，新的品种不断涌现，上述“产品编号规则”已经不能适应形势发展的需要。为此，1983 年由上海市缝纫机研究所负责组织起草了新的“缝纫机产品编制规则”标准，经国家标准局批准，编号为 CD 4514—84，于 1985 年 3 月 I 日起实施。当今的缝纫机正在向高质量、高性能、多品种、多规格、多用途方向发展。家用缝纫机向电子电脑化方向发展，工业缝纫机有的已实现了电脑控制，所以目前生产的各类缝纫机，从结构、性能等方面，很难与过去的机型相对应。现在只能将部分相类似的国内外缝纫机型号加以对照，供大家分类时参考。

缝纫机名称	我国型号	胜家型号
家用缝纫机	JA1-1	15-80
工业平缝机	GB1-1	44-13
中速平缝机	CC1-2	96
高速平缝机	GC3-1	241
大型厚料机	GB4-1	小 7 种
大型厚料机	CC1-3	132
双针平缝机	GR2-1	112W
厚料缝纫机	GA1-1	45-25
皮鞋缝纫机	GA3-1	18-22
双针皮鞋机	GA4-1	18-25
三线包缝机	GN1-1	81-6
高速三线包缝机	GN2-1	246-3
花针机	GI1-2	107-1
补鞋机	FS1-2	29K
草帽机	GJ2-2	25-56
切边缝纫机	GJ1-1	24K4
印染接头机	GM1-1	81-24
钉书机	GA1-2	45-50
链式封包机	GK2-1	146-1

面粉袋缝纫机	GK1-1	92-1
单针滚领机	GK7-1	147-1
钉钮扣机	GJ3-1	68
平头锁眼机	GB2-1	71-30
毯子锁边机	CO1-1	[美国] 梅罗 18A
高速平缝机	CC2-1	[美国] 友宇 61300
双针绷缝机	GK5-1	[美国] 友宇 11900
麻袋修补机	GA1-3	45-76

参考文献

[1] 周三多著. 管理学. 北京：高等教育出版社，2000.
[2] 万志琴，宋惠景. 服装生产管理. 北京：中国纺织出版社，1999.
[3] 季晓芬，叶颖. 现代服装企业生产管理. 浙江：浙江大学出版社，2005.
[4] 吴舒丹. 服装经营管理. 北京：高等教育出版社，1999.
[5] 杨以雄. 服装生产管理. 上海：东华大学，2005.
[6] 邓汝春. 服装业供应链管理. 北京：中国纺织出版社，2005.
[7] 冯旭敏，温平则. 服装工程学. 北京：中国轻工业出版社，2003.
[8] 吴俊等. 成衣跟单. 北京：中国纺织出版社，2005.
[9] 冯翼等. 服装工业技术管理与质量控制. 北京：中国纺织出版社，1997.
[10] 宁俊. 服装生产经营管理. 北京：中国纺织出版社，2002.
[11] 第一编辑室. 服装工业常用标准汇编. 北京：中国标准出版社，2005.
[12] 黄雨三，章臻荣. 服装企业成本核算与财务管理实用手册. 长春：吉林电子出版社，2003.
[13] 万志琴，宋惠景. 服装生产管理. 第3版. 北京：中国纺织出版社，2008.
[14] 刘国联. 成衣生产技术管理. 北京：高等教育出版社. 2003.
[15] 冯翼，冯以玫. 服装质量管理与质量控制. 北京：中国纺织出版社. 2000.